国际贸易实务

（第3版）

张晓明 汪 荣 主编

清华大学出版社
北京

内 容 简 介

本书第1版被评为普通高等教育"十一五"国家级规划教材。全书分为12章：导论、货物标的、货物价格、货物运输、货运保险、货款结算、货物检验、争议预防与处理、单据、合同磋商与签订、进出口合同的履行、进出口业务模拟实训(全程业务操作案例)。本书配套资源包括微课视频、电子教案、习题和模拟操作答案、网络课程等。

本书具有以下特点：一是全书以国际贸易合同条款为基础，以合同签订及履行的业务程序为主线，以实训为手段，符合教与学的规律；二是理论、方法接近工作实际，反映前沿发展动态；三是设计对应的仿真模拟训练内容，集磋商、签订合同、履行于一体；四是提供微课教学资源，支持传统教学与现代教学方法有机结合。

本书可作为国际经济与贸易专业的教学用书，也可作为进出口业务培训机构的培训用书。

本书封面贴有清华大学出版社防伪标签，无标签者不得销售。
版权所有，侵权必究。举报：010-62782989，beiqinquan@tup.tsinghua.edu.cn。

图书在版编目(CIP)数据

国际贸易实务：第3版 / 张晓明，汪荣主编. —北京：清华大学出版社，2022.2
ISBN 978-7-302-59776-6

Ⅰ.①国… Ⅱ.①张… ②汪… Ⅲ.①国际贸易—贸易实务—高等学校—教材 Ⅳ.①F740.4

中国版本图书馆 CIP 数据核字(2021)第 281603 号

责任编辑：施　猛
封面设计：常雪影
版式设计：孔祥峰
责任校对：马遥遥
责任印制：沈　露

出版发行：清华大学出版社
网　　址：http://www.tup.com.cn，http://www.wqbook.com
地　　址：北京清华大学学研大厦 A 座　　　邮　编：100084
社 总 机：010-83470000　　　邮　购：010-62786544
投稿与读者服务：010-62776969，c-service@tup.tsinghua.edu.cn
质 量 反 馈：010-62772015，zhiliang@tup.tsinghua.edu.cn

印 装 者：三河市君旺印务有限公司
经　　销：全国新华书店
开　　本：185mm×260mm　　印　张：22.75　　字　数：485 千字
版　　次：2022 年 3 月第 1 版　　印　次：2022 年 3 月第 1 次印刷
定　　价：68.00 元

产品编号：084534-01

前言（第3版）

世界政治经济形势正在发生深刻的变化，全世界范围内的新冠肺炎疫情迅速蔓延，中美经济与贸易争端加剧，对世界经济体系产生重大影响。中国作为世界第二大经济体，迅速战胜了疫情，全力维护经济全球化，构筑双循环经济体系，使我国的对外贸易进一步巩固和发展。世界已进入百年未有之大变局！在这种复杂的外部环境下，我国将出入境检验检疫系统划入海关，实行国际贸易单一窗口，全面取消报关单收付汇证明联和海关核销联，这些变化对《国际贸易实务》教材的修订提出了客观要求。

从国际贸易活动的特点来看，国际货物买卖是进口业务与出口业务的统一，进口和出口是一笔业务的两个方面，教材应在一笔交易中同时反映进口与出口的操作方法和流程，打破进口和出口分割的体系模式。同时，国际贸易是典型的单据买卖型业务，适合纸上作业和网上无纸化运行，具有得天独厚的通过纸上模拟和无纸化网络模拟开展教学的条件。

本次修订过程中，按照贸易规则的更新，我们对教材的内容、结构和表达方式进行全面的改进，使教材的体系结构与教学规律的吻合度得以提升，为实现理论与实践相结合、知识与操作相统一的目标提供了更好的载体。

本书由张晓明、汪荣主编，王素玉、王基昱、刘研、刘一等参与编写，刘文广教授审定。

本书的修订得到了清华大学出版社、长春市商务局、吉林省税务局、吉林省外汇管理局、上海敏学信息技术有限公司、光大银行长春分行、长春海关、恒瑞国际物流公司、吉春轻工业品进出口公司、吉林福达机电进出口有限公司、中外运空运发展股份有限公司、大连日华国际物流有限公司的大力支持，在此一并表示真诚的感谢！由于编者时间和水平的限制，本书难免存在不足之处，敬请专家学者及广大读者提出宝贵意见。反馈邮箱：wkservice@vip.163.com。

编者

2021年5月

前言（第2版）

　　国际贸易业务模式的不断完善对规范贸易行为、提升企业间的商务水平起到了重要作用，也为相关教材建设提供了模板。"十二五"以来，我们在第1版教材的基础上，继续构建、完善理论与实训相结合的立体化教材体系，并在主教材的内容、结构和表达方式上进一步改进，以期更好地实现理论与实践相结合、知识与操作相统一的目标。

　　本次修订，着力于语言的精准、贸易规则与惯例的更新，以及体系结构对教与学规律的适应等方面。与第1版教材相比，第2版教材内容具有以下三个特点：一是以国际贸易合同条款为基础，以合同签订及履行的业务程序为主线，以实训为手段，构成"两块三元"的结构体系，知识与训练的融合性、进口与出口的同一性、业务内容的可操作性使教材更符合教与学的思维逻辑要求；二是理论、方法阐释准确到位，业务条款与操作程序相辅相成，最高程度地接近工作实际，反映最前沿的实务发展动态；三是在实务特征突出的合同磋商签订、合同履行两部分展开对应的模拟训练，集合同内容、签订、履行于一体，进行一票业务到底的进出口操作，融汇整合全书内容，突出实务教材的应用性，有利于学生学懂弄通，有利于学生综合、分析、动手能力的形成。

　　通过本次修订，教材呈现以下四大布局特点：第一，本教材以进出口业务内容为核心，纵横交织出实务的程序和步骤，既有遵循规律性提示而产生的理性认识，又有对贸易实务的感性认识和真切感受，有助于在学习中动脑与动手相结合、理论与实际相融会。第二，本教材将典型的业务背景、仿真的交易操作和对应的理论知识相融合，不仅搭建起"教与学"的平台，也使操作与建构得到可靠保证。第三，国际货物买卖是进口业务与出口业务的统一，进口和出口是一笔业务的两个方面，本教材在一笔交易环境中同时反映出口与进口的实务内容、操作方法和流程，打破了进口出口分家的传统表述和人为分割的体系模式，避免了思维的逻辑错位和操作程序的混乱。第四，国际贸易是典型的单据买卖，更适合纸上作业和网上无纸化运行，本教材通过纸质模拟和无纸化网络模拟，为实现"单据买卖"提供有力支持。

此外，在立体化教学资源方面，除电子题库管理系统和国际贸易实务模拟教学系统之外，本教材重点对电子教案、习题答案、模拟操作答案(供教师使用)和课程网站进行全面更新，为广大师生提供助课助学的配套工具，以利于教师形成适合的教学解决方案，保证教学高品质地开展。

本教材由张晓明、刘文广主编，王素玉、王基昱、刘研、刘一等参与编写，郭国庆、刘志超审定。本教材的修订得到了高等教育出版社、长春市商务局、长春市税务局、吉林省外汇管理局、长春光大银行、长春海关、吉林省出入境检验检疫局、吉春轻工业品进出口公司、吉林福达机电进出口有限公司、大连日华国际物流有限公司等单位的大力支持，在此一并表示真诚的谢意！

编者

2012年12月

前言
(第1版)

我国加入WTO以后,全球经济的基本运行规则极大地促进了社会主义市场经济的发展,国内经济领域的各个层面都加快了与世界经济接轨的进程,国际贸易更是这种接轨的重要标志与载体。国际贸易业务具有突出的法律性、规范性及程序的合理性等特点,其业务模式对规范国内贸易行为、全面提升企业间的商务业务水平起到了重要作用。实现对外贸易行为的规范化是我国企业的基本要求,也是相关教材建设寻求创新发展的本质原因。

我国的普通高等教育在"十五"和"十一五"期间快速发展,在专业建设、课程建设、教材建设等方面取得了丰硕的成果。其中,国际贸易实务方面形成了两类具有广泛影响力的教材:一类是理论化教材,另一类是业务操作性教材。前者侧重理论,后者侧重动手操作,在理论和应用上各有优势。在这些优秀成果的基础上,在过去的10年里,我们开展了第三类教材的研究,探索理论与实训相结合的立体化实务教材的新途径。这类教材力争实现理论与实践的统一、知识与操作的结合,在知识体系、内容、方法、手段上提供立体化的教学要素。2005年,教育部在全国组织普通高等教育"十一五"国家级规划教材的招标工作,本书中标入选。

对于实践性课程,如果没有"练"这个环节,是不能最终解决问题的。知识与能力如何从无形到被感知、从易逝流失到形式与记忆的储存,授课品质(因人因时不同)的差异化如何由不可控制到最高程度的一致,这些规律性的特征和要求是寻求教学模式改革和教材模式改革的切入点。国际贸易实务涉及内容繁杂,列举说明繁多,经常造成思维混乱及操作例证的扭曲,致使这门以"做"见长的课程"讲"起来非常困难。为解决"国际贸易实务"授课的这一难题,依据基本教学理论的指导和教育服务的自身属性要求,我们在实践中形成了教学资源立体化的构想。

"国际贸易实务"立体化教学资源包括纸质主教材、电子教案、电子题库管理系统以及国际贸易实务模拟教学系统等,旨在向师生提供全套的教学解决方案,以期高品质地承载并转化知识与能力。

- 纸质主教材为《国际贸易实务与操作》。
- 电子教案为PPT形式。课程采用一票业务从头到尾的方式,将全部国际贸易的内容及实践贯穿整个系统,对提高国际贸易实务课的教学效果、缩小不同教师间或同一教师对于不同内容的授课质量差异、提供双语教学与案例教学相结合的新型教学手段和方法、增强学生的理解和应用能力,具有实际意义。

- 电子题库管理系统由无纸化考试系统和综合试卷电子考试系统组成。无纸化考试系统主要进行课程知识点的考核,可同时提供几百人同时考核的差异性试卷,在规定的时间内可进行答案修改,答毕按交卷按钮即时评定考试成绩并自动记录在考试管理系统中。综合试卷电子考试系统可按章节、知识点、难易程度、题型等要素综合配题,试卷可按手动组题或自动组题两种方式提取。电子题库管理系统大大减少了教师的工作量,提高了现代化教学管理和无纸化管理的程度,有助于教考分离,避免考试作弊及批卷作弊。
- 国际贸易实务模拟教学系统将国际贸易实务三个方面的作业活动与网络数据化手段结合起来,实现了内容、方法、手段、工具等各方面的协调配套,实现了教学方式的变革和教学手段的现代化;实现了国际贸易业务与计算机及其网络的结合,业务内容被E化;实现了理论与实践的统一,打破了教与学的两张"皮",对提高学生的动手能力具有重大作用。

《国际贸易实务与操作》教材是国际贸易实务立体化教学包的组件之一,具有知识与训练的系统性、体系结构设计的创新性、业务内容与流程的可操作性等显著特征。

全教材由导论、合同要素(业务内容)、签约与履约活动(业务程序)、一票业务的模拟实训以及演变的各种贸易方式实训(前4部分只涉及基本的买卖方式,第5部分则介绍基本买卖方式以外的其他贸易方式)等5个部分构建而成,共计13章内容,即导论、货物的描述、货物的价格、货物的运输、货物的保险、货款的结算、货物的检验、争议的预防与处理、出口合同的签订、出口合同的履行、进口合同的签订与履行、其他国际贸易方式、国际贸易实务模拟操作。

本教材由张晓明主编,吉林大学张向先教授和华南理工大学刘志超教授参与编写,全稿由郭国庆教授、张秋玲研究员审定。本教材的编写得到了高等教育出版社的大力支持。另外,长春市商务局、长春市税务局、吉林省外汇管理局、长春光大银行、长春海关、吉林省出入境检验检疫局、吉春轻工业品进出口公司、吉林福达机电进出口有限公司、大连日华国际物流有限公司和长春市图书馆等提供了大量的实务信息和全新的相关资料。同时,本教材参考了许多国内外作者的文章。在此一并表示真诚的谢意!

希望广大读者,特别是高等院校的师生提出宝贵意见,以使本教材不断得到锤炼与提高。

编者
2008年5月

目录

第一章 导论 ... 1

第一节 国际贸易实务概述 ... 1
第二节 国际货物买卖及其合同 ... 6
第三节 从事国际贸易业务的条件 ... 9
第四节 教材的体系结构与对应的"教学做"方法 ... 11

第二章 货物标的 ... 15

第一节 货物的品质 ... 15
第二节 货物的数量 ... 19
第三节 货物的包装 ... 22

第三章 货物价格 ... 32

第一节 贸易术语 ... 32
第二节 计价单位与计价货币 ... 39
第三节 单价与总值 ... 40
第四节 出口价格核算 ... 46
第五节 进口价格核算 ... 52
第六节 价格的制约因素 ... 55
第七节 价格条款 ... 58

第四章　货物运输 ……64

- 第一节　运输方式 ……64
- 第二节　装运相关事宜 ……87
- 第三节　装运条款 ……93

第五章　货运保险 ……99

- 第一节　海上风险、损失及费用的界定 ……99
- 第二节　货运适用的保险条款 ……101
- 第三节　投保相关约定 ……106
- 第四节　保险索赔 ……107
- 第五节　保险条款 ……109

第六章　货款结算 ……116

- 第一节　结算工具 ……116
- 第二节　汇款 ……118
- 第三节　跟单托收 ……121
- 第四节　信用证 ……124
- 第五节　银行保函与备用信用证 ……135
- 第六节　国际贸易结算融资 ……137
- 第七节　不同结算方式的选用与支付条款 ……139

第七章　货物检验 ……147

- 第一节　货物检验概述 ……147
- 第二节　检验条款 ……152

第八章　争议预防与处理 ……157

- 第一节　货物的索赔 ……157
- 第二节　仲裁 ……160
- 第三节　不可抗力 ……163

第九章 单据 ... 169

- 第一节 单据概述 ... 169
- 第二节 单据的种类与式样 ... 170
- 第三节 单据的制作 ... 172
- 第四节 单据条款 ... 173

第十章 合同磋商与签订 ... 182

- 第一节 交易前的准备 ... 182
- 第二节 进出口合同的磋商 ... 188
- 第三节 进出口合同的签订 ... 198

第十一章 进出口合同的履行 ... 208

- 第一节 出口合同的履行 ... 208
- 第二节 进口合同的履行 ... 245

第十二章 进出口业务模拟实训(全程业务操作案例) ... 273

- 第一节 交易前的模拟操作 ... 273
- 第二节 价格核算与发盘、还盘的模拟操作 ... 278
- 第三节 深度磋商情境下的模拟操作 ... 287
- 第四节 接受与签订合同的模拟操作 ... 298
- 第五节 合同履行情境下开证与改证的模拟操作 ... 307
- 第六节 备货与报检报关的模拟操作 ... 317
- 第七节 租船订舱与投保的模拟操作 ... 325
- 第八节 制单、理单、结汇模拟操作 ... 330
- 第九节 进口付汇提货与出口收汇退税的模拟操作 ... 345

参考文献 ... 351

第一章 导论

学习目标

从总体上把握国际贸易实务的框架、体系结构，了解国际贸易业务内容(合同要素)、业务程序，明确从业人员的必备素质，掌握使用教材的基本方法，为以下各章的学习及训练奠定基础。

第一节 国际贸易实务概述

一、国际贸易的概念

国际贸易又称世界贸易，是指世界各国(地区)之间所进行的商品交换活动。这里的商品既包括有形的商品，还包括劳务、技术等无形的商品。国际贸易是各国之间劳动分工的表现形式，反映了世界各国在经济上的相互依赖关系，是指一个国家(地区)与世界其他国家(地区)所进行的商品交换活动。从国家的角度，国际贸易可称对外贸易，也称进出口贸易。

国际贸易包括国际贸易理论、国际贸易政策和国际贸易实务等内容，本教材主要阐述国际贸易实务的相关内容。

二、国际贸易实务的概念

国际贸易实务是指国际有形商品交换的作业活动,包括进口和出口。本教材主要涉及国际货物交换实务,这是国际贸易的基本实现方式。

三、国际贸易的业务程序

国际贸易环节多,各环节之间有着密切联系,还经常出现先后交叉进行的情况。总体来说,国际贸易业务程序分为交易前的准备、交易磋商和签订合同、履行合同三个阶段(如图1.1、图1.2所示)。

(一) 交易前的准备

交易前的准备包括国际市场调研;制定经营方案;根据经营方案选择市场和客户,组织和落实货源;开展广告宣传等工作。

(二) 交易磋商和签订合同

根据有关方针政策、国际规则和经营意图,按照经营方案,运用国际通用做法,与客户就有关交易条件进行磋商,通过发盘、还盘和接受等环节达成协议。根据我国相关法律,对外贸易合同必须书面签署,双方履行义务和处理争议以书面合同(即销售确认书)为依据。

(三) 履行合同

履行合同即双方根据合同规定履行各自义务,任何一方违反规定并使对方遭受损失,均应依法承担赔偿责任。

就企业而言,履行出口合同(信用证条件)的流程如下所述:向客户催开信用证,收到后审核信用证,发现不能接受的条款,立即通知客户修改;收到改证后,备妥货物,再向运输机构办理装运手续,包括租船(订舱)、报检、报关、保险、装船(车)等工作;装运后,向进口方发出装运通知,缮制单据,向银行交单结汇。进口合同的履行与出口内容相对应。

履行合同过程中,若发生一方违约事件,另一方就要进行索赔。处理索赔事件时,应以合同条款为依据,按照法律和惯例处理。

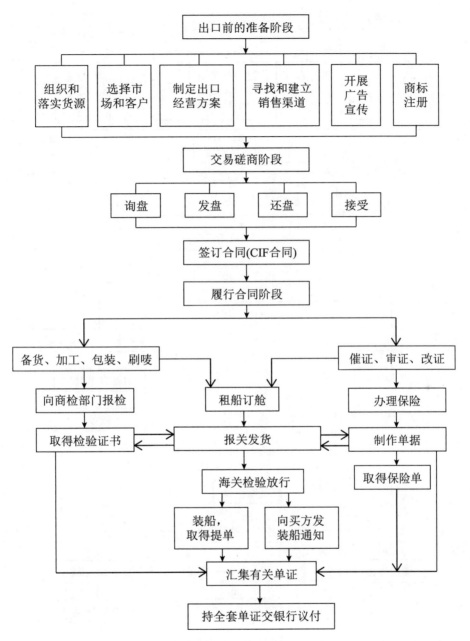

图1.1 出口业务程序

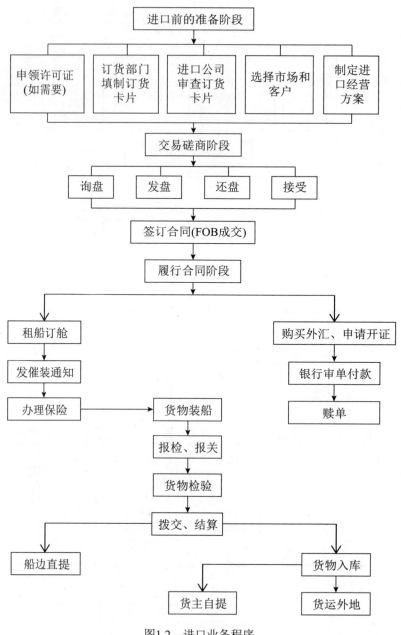

图1.2 进口业务程序

四、国际贸易业务网络化

(一) 电子商务

电子商务(electronic commerce/electronic business)有广义和狭义之分。广义的电子

商务是指所有利用电子工具(包括电报、电话、传真、广播电视和互联网)从事的商务活动。狭义的电子商务是指在因特网或EDI(electronic data interchange,电子数据交换)专线网的网络环境下,实现网上交易和在线支付的一种新型的商业运营模式。

狭义的电子商务能够利用因特网和EDI专线网进行全部的贸易活动,完整地实现信息流、商流、资金流和部分物流,从寻找客户开始,一直到洽谈、订货、在线付(收)款、开具电子发票直到电子报关、电子纳税等全部流程。通常所说的电子商务指狭义的电子商务。

(二) 电子商务与EDI

国际贸易是一种单据买卖,对外贸易行业是开展EDI技术最好的一个领域,国际贸易的单据化特点为进出口行业率先采用EDI技术奠定了基础。

EDI是电子商务的特种业务方式,是"封闭式"的电子商务系统。EDI,即"电子数据交换",俗称无纸贸易,是指按照协议,对具有一定结构性的标准经济信息,经过电子数据通信网络,在贸易伙伴的电子计算机系统之间进行交换和自动处理。

贸易的无纸化,就是用"电子文件"替代纸质单证,使贸易过程不再依赖纸质单据。电子数据交换是无纸化关键的技术手段,它能够将商业文件标准化并通过计算机自动识别处理(如综合处理产品收购、需求与销售、货物托运、报检报关、保险、银行结汇等)。

基于因特网的EDI技术既能用因特网取代昂贵的增值网服务,又能保持EDI本身保密性强等优点。EDI技术将通过嫁接和融合因特网技术获得新生。

目前,我国已建立起与进出口企业相关的电子政务系统,进出口配额许可证管理、进出口统计、出口退税、出口收汇和进口付汇监督管理等应用系统已基本完成,海关的口岸电子执法系统已运行多年,商检与报关已归于国际贸易单一窗口(https://www.singlewindow.cn/),由海关统一受理。

EDI技术给国际贸易赋予了新的经济形态,使其更扎实、更具生命力,对缩短贸易周期、减少错误、降低成本、实现贸易全球化,具有重要意义。而因特网下的跨境电子商务使报关、税收、货款收付等受到了颠覆性的挑战,它的低成本化和便捷化为国际贸易的无纸化发展方向提供了新的样板。

第二节 国际货物买卖及其合同

一、国际货物买卖

(一) 国际货物买卖中的买方、卖方及代理

一宗交易,必有一个买方和一个卖方,并随着业务的延续发生角色的转换。买方可能是消费者、批发商、零售商、出口商(购入再出口)或进口商(购入转售本地);卖方可能是生产者,也可能是批发商、零售商、出口商或进口商(进口商将海外购进的货物转售给批发商,进口商转换为卖方,批发商转换为买方)。

有时,在买卖双方之间也有居间人,这就是双方的代理人(agent),他们代表买方或卖方签订合同,但履行合同的还是买卖双方。代理人不能随意定价,只能根据已定价格购进或卖出,从买方或卖方处索取佣金作为报酬。在我国,没有外贸经营权的企业都要寻求外贸公司代理进出口业务,外贸公司从中获取一定的代理费(1%~3%)。以出口为例,我国外贸代理出口业务程序如图1.3所示。

代理出口流程扫描二维码可查看。

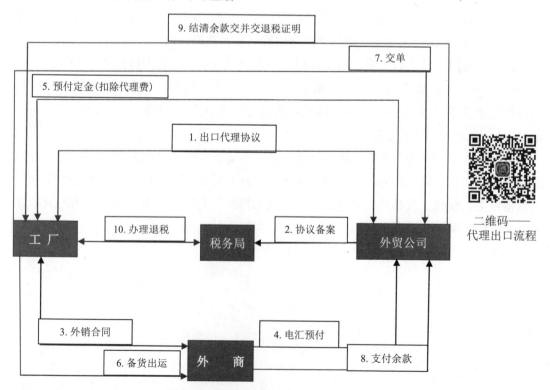

图1.3 代理出口业务程序

(二) 国际货物买卖的特点

(1) 交易规范。在国际货物买卖中，合同条款内容定义化，不能随意解释，必须遵循国际惯例办理。

(2) 与国内贸易有诸多不同，如语言不同、度量衡制度不同、海关管理不同、法律不同和风俗习惯不同等。

(3) 困难多。在国际货物买卖中，市场调查不方便，贸易限制种类繁杂，索赔困难。

(4) 风险大。在国际货物买卖中，政治风险、战争风险、信用风险、汇兑风险、运输风险等难以测定。

二、国际货物买卖合同

货物买卖合同内容及其履行过程在国际贸易实务中占有核心地位，当事人按照合同(contract)规定的义务(obligation)去履行合同，从而使整部国际商业活动的"大机器"有秩序、有节奏地运行。一份依法成立的合同，在当事人之间具有法律约束力(binding force)。双方当事人必须依据合同履行义务，否则就要承担相应的法律责任。

(一) 相关含义

1. 合同的含义

合同(contract)实际上是双方当事人意思一致的表示，是当事人之间的一纸契约。合同具有法律约束力。

2. 货物买卖合同的含义

货物买卖合同(sales contract of goods)是指双方就货物所有权，由卖方有偿转让给买方而达成的协议。从概念上来看，货物买卖合同具有以下几个特点：合同主体是卖方和买方；合同客体是货物；合同内容是当事人的权利与义务，卖方负责交货收款，买方负责接货付款；一方的权利就是另一方的义务，双方权利义务对等。

3. 国际货物买卖合同的含义

国际货物买卖合同(contract for the international sale of goods)是指处于不同国家的买卖双方之间达成的将有形动产做出入关境交易的共同意思表示，国际货物买卖合同也称为对外贸易合同、进出口贸易合同。

从合同主体(买卖双方)来看，双方当事人的一方是外国人(自然人或法人)或者是受外国法律支配的人；从合同的客体(货物)来看，货物交付必须跨越国境或关境；从合同的内容(权利与义务)来看，国际货物买卖中会出现法律适用、法律选择以及国际惯例的引用等问题，不同的法律解释使国际贸易纠纷的解决变得更为复杂。

(二) 结构

从法律角度来看，国际货物买卖合同有三部分基本内容。

1. 效力部分

效力部分是指国际货物买卖合同的开头和结尾，它规定了合同的效力范围和有效条件。合同的开头也称约首、首部或序言，通常载明合同的名称、编号、日期、地点和订约双方的名称，有时还载明据以订立合同的有关函电的日期及编号；合同的结尾也叫约尾，通常载明合同使用的文字及其效力、正本的份数、附件及其效力，以及双方当事人的签字等。这些内容是当事人双方在发生争议时承担法律后果的依据。

2. 权利与义务部分

权利与义务部分也称为主体部分或本文部分。这部分通过许多条款来具体规定买卖双方在一项交易中的权利与义务，这些都是合同的主要内容，具体包括以下4个方面：一是合同的标的，主要包括货物的品质、数量、包装等；二是货物买卖的价格，主要包括价格计量单位、单价、计价货币、交接货物地点的贸易术语、确定价格的方法、总值等；三是卖方的义务，主要包括交货、移交与货物有关的单据和转移货物所有权等；四是买方的义务，主要包括支付货款和收货方面的内容。

3. 索赔与争议解决部分

这部分也被称为合同的安全保障部分，主要包括货物的检验、索赔、不可抗力、仲裁等条款。

(三) 形式

各国法律对合同形式(form of contract)有不同的分类和要求，而不同的合同形式也会影响到合同的效力。

大陆法系把合同形式分为要式合同(formal contract)和非要式合同(informal contract)两类。要式合同，是指依照法律规定的形式和程序而成立的合同。例如，必须由双方签字、由证人或公证机关作证明、经过政府主管部门批准才生效等。非要式合同，是指用口头、书面或包括其他证明在内的形式而达成的合同。

英美法系没有要式与非要式的划分，但具有要式合同的要求。例如，签字蜡封合同接近于大陆法系的要式合同；简单合同不要求特定的形式，但在缺乏对价要素时，则要求必须以书面来表述。

(四) 合同的合法性和有效性

1. 合同的合法性

依法订立的合同才具有法律效力。合同条款不能违反公共秩序和公共利益，交易的货物不能是违禁品(毒品、走私品、败坏道德风尚的物品)，当事人不能与敌对国签订合同。不合法的合同无效，不能对当事人产生权利与义务；严重的，还要追究刑事责任。

2. 合同的有效性

缺乏生效的要素的合同，即是无效的(void)合同，因此合同具有有效性。比如，各国法律对未成年人、醉酒者、精神病人以及敌国侨民的订约能力有不同的规定；又如，在欺诈、胁迫下签订的合同无效。

(五) 合同的法律适用

合同有关当事人的权利、义务是受到法律保护的。国际货物买卖合同的当事人分处法律不同的国家，一旦双方发生争议，用哪个国家法律裁决就成了双方所关心的问题。因此，在合同中载明有关法律适用条款是解决国际贸易纠纷的唯一办法。合同的法律适用通常有4种。

第一种，适用当事人选择的国家的法律。

第二种，适用与合同有最密切联系国家的法律。如果当事人没有选择适用国家的法律，则适用与合同有最密切联系的国家法律。与合同有最密切联系的国家往往由受理合同争议的仲裁机构或法院确定。

第三种，适用国际贸易惯例。国际贸易惯例不同于各国的共同立法，也不是某一国的法律，是在国际贸易长期实践中形成的、为国际社会所普遍接受的通行做法和解释，只有在当事人承认或采用时才有法律约束力。如果合同中未指明采用某个惯例，各国法庭或仲裁机构往往会引用某些公认的或影响较大的惯例作为判决或仲裁的依据。国际商会制定的《国际贸易术语解释通则》《跟单信用证统一惯例》(UCP 600)、《托收统一规则》(URC 522)，是具有世界性影响的国际贸易惯例，已被大多数国家的银行、进出口商接受和应用。

第四种，适用当事人所在国缔结或参加的国际条约。目前，国际上常用的贸易条约和协定有《联合国国际货物销售合同公约》(1988年1月1日起正式生效)(以下简称《公约》)、通商航海条约、贸易协定和贸易议定书、支付协定、国际商品协定等。其中《公约》已成为我国国际货物买卖的重要依据。

第三节 从事国际贸易业务的条件

一、雄厚的资金和良好信誉

国际贸易多是大宗交易，厂商需要大量资金来购置原料、机器和配件，从而进行生产。至于代理商,虽不需要大量资金,但资本过少也难以取得他人信赖。此外,交货品质、按时付款及交货也是买家良好信誉的体现。

二、从业人员具备的素质、专门知识和能力

1. 从业人员应具备良好的素质

(1) 诚实守信。诚实守信是国际贸易中最可靠的"工具",能够使客户相信产品的质量,树立威信。

(2) 意志坚强与吃苦耐劳。国际贸易从业人员在业务工作中总是要遇到困难和克服困难的,因此,必须拥有坚强的意志和不怕吃苦的精神。没有坚强的意志和吃苦耐劳的精神,再好的市场或再多的资本和技术,也难达到目的,反而产生更大浪费。

(3) 强烈的事业心。有责任感、荣誉感和成就感是国际贸易从业人员有事业心的体现。把工作当做追求,而不是"任务""差事",才会有责任感、荣誉感和成就感,才能调动工作人员的全部智慧,有所创造。

(4) 敏锐的观察力。观察力是一个人输入信息的前提,捕捉不到必要的信息,不知客户的需要,就无法与客商洽谈并实现自己的目标。国际贸易从业人员要善于从"蛛丝马迹"中捕捉到别人容易忽略的情节。

(5) 创新能力。俗话说:"愚者向经验学习,智者向历史学习。"国际贸易从业人员不仅要总结前人做事良好的思维方式、理论联系实际的作风以及认识事物发展规律的方法,还要具有拓展业务的魄力,勇于创新,不断发现新商机。

(6) 良好的交际能力。在各种场合做到让人喜爱、受人欢迎,进而容易接近别人,这是良好的交际能力的体现。国际贸易从业人员应当具备这种魅力,方可在工作中施展业务才华,否则,将会失去许多贸易机会。

2. 从业人员应具备的专门知识

国际贸易从业人员必须具备一定的专门知识,才能很好地完成业务工作。这些专门知识包括以下几个方面。

(1) 企业产品知识。首先,国际贸易从业人员要了解其企业概况,如企业的地位、战略战术、定价策略,交货和付款方式等;是否具有新产品设计能力,是否具有增加生产及应变的能力,是否具有控制质量的能力及维持信誉的能力。其次,从业人员要了解产品的情况,如产品的规格、尺寸、颜色是否会被接受,零件是否在国外购买,单位包装是否有件数规定,怎样从仓库运到出口地,用铁路或公路哪个成本高,装运体积多大对国外批发商最合适,同类产品的竞争对象的特点,产品售后服务有哪些。

(2) 外国语。在对外贸易中,相通的语言是洽谈、成交的必需媒介。从业人员不仅要掌握通用的语言,还需要掌握对方国家的语言。因为靠别人翻译会丧失很多贸易机

会,并且不懂贸易的人翻译的文件也难以使用。

(3) 客户知识。例如本企业的客户数量、特点、需求偏好、购买动机与习惯、资信情况、所处的地点等。

(4) 外贸知识。国际贸易从业人员应了解以下外贸知识:本国对外贸易规章,货运、报关、检验手续,各国关税制度及非关税限制,国际汇兑知识,运输保险知识,财会、统计知识,WTO的相关规定,EDI方式等。

(5) 营销与法律知识。在买卖过程中,国际贸易从业人员应深入研究确定需求和满足需求的方法、途径,还应熟悉合同法、反不正当竞争法、反倾销法、知识产权法等法律知识。

(6) 制度背景知识。国际贸易从业人员需要了解相关企业的产权安排、企业制度、商业习惯等,否则,将增加内部与外部制度的运行成本。

3. 从业人员应具备的能力

(1) 具备对交易条件的把握能力,即对货物的品质、数量、包装、价格、运输、保险、结算、检验、单据等磋商内容的把握运用能力。

(2) 具备获取全盘操作技法的能力,即获取整个贸易过程中包括市场调研、交易洽商、签约、履约等技能方法的能力。

(3) 具备处理纠纷的能力。该能力蕴含于合同磋商和履行过程中,包括交易洽商中对贸易惯例及法律约束的把握和履约中对索赔的恰当处理。

第四节 教材的体系结构与对应的"教学做"方法

一、进出口实务活动与教材设计的关系

国际贸易实务主要由横向的业务内容(合同要素)和纵向的业务程序(签约与履约活动)两部分构成。

业务内容是交易条件的集合,包括品质、数量、包装、价格、运输、保险、支付、检验、所需单据等合同要素;业务程序包括三个阶段,大体分为交易前的准备、交易磋商和签订合同、履行合同。

这些业务内容和业务程序既是进出口业务的实际内容与过程,也是本书的框架体系设计的依据,即本书以业务程序为线索形成的章节体系反映以合同要素为线索形成的业务内容和操作程序,从思维逻辑和操作方式上最高程度地反映贸易实际状态。

二、体系结构与"教学做"方法

本书以国际贸易实务的理论知识为基础,以业务工作流程为主线,以一套国际货物贸易范例为载体,以指导和仿真的结合结构为表现方法,全环节描述和模拟进出口业务。

横向的业务内容在第二章到第九章阐述;纵向的业务程序在第十章和第十一章阐述。第二章到第十一章由主体的理论知识阐述、本章小结、关键词汇、课后作业构成;而第十二章为业务模拟实训,全程展示交易过程,反映相应的实务知识和操作内容。理论知识由教师主讲;业务模拟实训可随着前面的理论知识来学习,学到哪里就可以付之以相应的操作,消化前面的理论知识,起到巩固和理解的作用,同时通过二维码扫描呈现相应业务数据和单据以及业务微课动画,帮助和指导模拟实训。

整个教学体系和教学过程以学生为主体,教师为引领,线上与线下互为支撑,理论与实际融为一体,能够达到"教学做"一体化的目的。

本教材是课程整体的有机组成部分,是纸质教材与数字化资源的统一体,能够避免满堂灌、只讲不学或只学不做的单一方式,能够发动师生双方的热情,最大限度地实现教学目标。

三、教材的基本特点

本教材具有以下五大布局特点:一是以国际贸易合同条款为基础,以合同签订及履行的业务程序为主线,以实训为手段,知识与训练的融合性、进口与出口的同一性、业务内容的可操作性使教材更符合教与学的思维逻辑要求;二是理论、方法阐释准确到位,业务条款与操作程序相辅相成,最高程度接近工作实际,反映最前沿的实务发展动态;三是在实务特征突出的合同磋商签订和合同履行两部分展开并行的仿真模拟训练,集合同磋商、签订、履行于一体,突出实务教材的应用性,促进学生学懂弄通,有利于学生综合、分析、动手能力的形成;四是按照国家改革的实际情况,对报检报关的申请受理变更、单一窗口的使用、收付汇的监管、模拟操作的合理呈现等做了系统的配套修订,透彻反映国家在外经贸领域改革的全新成果;五是利用现代移动通信手段,以微课教学资源对教材做立体化支撑,延伸、活化了教材内容,及时对学生进行解疑和指导,使扫码微课走出了重复教材内容的误区,让在线资源和纸质资源相辅相成,支持传统教学与现代教学方法的有机结合。

【本章小结】

国际贸易实务是国际商品交换的作业活动,包括进口和出口。在进出口过程中,业务人员必须运用和把握国际货物买卖的条件、操作方法,并拥有防范和处理纠纷的能力。

国际贸易的业务程序包括交易前的准备、交易磋商和签订合同、履行合同等三大步骤。进出口合同条款是进出口业务的主要内容,合同将双方联系起来,双方依合同规定履行义务。进出口合同一般由效力、权利与义务、索赔与争议解决部分构成,包括品质、数量、包装、价格、运输、保险、支付、检验、索赔、不可抗力、仲裁及所需单据条款。由于没有通用的法律适用国际货物买卖合同,合同的法律适用一般参考以下途径:适用当事人指定某一国家的法律;适用与合同有最密切联系国家的法律;适用国际贸易惯例;适用当事人所在国缔结或参加的国际公约。

关键词汇

国际贸易　国际贸易实务　国际货物买卖合同　电子数据交换

【课后作业】

一、翻译下列词语

contract_____　right_____　obligation_____
contract for the international sale of goods_____
international trade practices_____　EDI(electronic data interchange)_____

二、思考题

1. 国际货物买卖有哪些特点?
2. 国际货物买卖合同由哪几部分构成?包括哪些条款?
3. 国际货物买卖合同纠纷的法律适用应按哪些办法来确定?

三、选择题

1. 某食品进出口公司(经营范围:食品)与美国一家机电公司签订一份出口电脑的合同,这份合同是(　　)。

　　A. 合法的　　　　B. 无效的　　　　C. 有效的　　　　D. 违法的

2. (　　)与我国货物进出口关系最大,也是最重要的一项国际条约。

A.《联合国国际货物销售合同公约》

B.《国际贸易术语解释通则》

C.《跟单信用证统一惯例》

D.《托收统一规则》

四、画图说明题

1. 画图说明出口业务程序。
2. 画图说明代理出口业务程序。
3. 画图说明进口业务程序。

第二章 货物标的

学习目标

掌握合同货物的主要构成要素；熟练运用货物品质的表达方式、惯用的计量单位及数量计算的各种方法；精于设计和选用合适的包装，善于计算和使用合理的装运空间；全面把握三项内容的相应规定、惯例要求，熟练撰写合同的货物标的条款。

货物是合同的标的。货物的名称(name of commodity)，即品名，是指能使某种货物区别于其他货物的一种专用称呼，它在一定程度上体现了货物的自然属性、用途和性能特征。在买卖双方见不到实物的情形下，规范表述国际通行的货物名称，是对货物描述的基本要求。通常在品名下面还会写出货号(item/art. no.)，这是商品的唯一编号，通常由供货商提供，出口商据以对外报价并体现在合同及商业发票中。货物的品质、数量和包装是国际货物买卖合同中的主要条款。

第一节 货物的品质

货物的品质(quality of goods)，是指货物的内在品质和外观形态的综合。内在品质包括货物的物理性能、机械性能、生物特征、化学成分等自然属性；外观形态包括货物的外形、色泽、款式、味觉、透明度和包装等特征。

一、表示货物品质的方法

表示货物品质的方法主要有实物样品表示和文字说明表示两种。

(一) 用实物样品表示

1. 看货成交

看货成交是指买卖双方根据货物的实际品质进行交易。通常先由买方或其代理人在卖方所在地查验货物，达成交易后，卖方再向买方交付查验过的货物。这种方法多用于拍卖、寄售和展卖业务，尤其适用于具有独特品质的商品，如珠宝、首饰、字画、玉雕等。

2. 凭样品买卖

样品是指足以反映和代表整批货物品质的少量实物。用样品表示货物品质并以此作为交货依据的，即称为凭样品买卖(sale by sample)。样品由买方提供的，称为"凭买方样品买卖"(sale by buyer's sample)；样品由卖方提供的，称为"凭卖方样品买卖"(sale by seller's sample)。此外，样品根据业务的需要，还有装船样品(shipping sample)和色彩样品(colour sample)。装船样品即代表装船时货物品质的样品；色彩样品即只能反映产品的某项指标，而不能反映全部的样品。凭样品买卖时应该注意以下几个方面。

(1) 样品品质的确定与表述。提交的样品要能代表货物的整体品质，品质过高会给履约带来困难，品质过低会影响成交。最好在合同中注明"品质与样品大致相同"(quality to be about equal to the sample)字样。

(2) 样品备份。向买方提交样品时要留备份，即复样。在原样(original sample)和复样(duplicate sample)上编制相同的货号、寄送日期、客户名称等，必要时可交公证机构封存，作为备货依据。

(3) 对等样品(counter sample)或回样。凭买方样品成交时，最好按照来样仿制两个样品，回寄买方确认，将来样成交转换成凭卖方样品成交。如果使用买方商标，应核准其商标权，取得生产授权书，将有关商标使用事项列入合同，分清双方责任。

(4) 样品费的支付。根据样品价值高低决定是否要求对方支付费用。

(5) 分清"确认样"(confirmation sample)和"参考样"(for reference only)。

(二) 用文字说明表示

进出口业务中多以文字说明表示货物品质，这种方法被称为凭文字说明买卖(sale by description)。

1. 凭规格买卖

货物规格是指能够反映货物品质的主要指标(化学成分、含量、纯度、长短、粗细等)。以货物规格作为交货品质依据而进行的买卖，称为"凭规格买卖"(sale by specification)。这种方法具有准确、具体的优点。

例如，素面缎　　门幅 55 英寸

长度 38/42 码

重量 16.5 姆米

成分 100%真丝

2. 凭等级买卖

货物等级是指同一类货物，按其质地差异的不同所做的分类。如A、B、C；大、中、小；甲、乙、丙等。以货物等级作为交货品质依据而进行的买卖，称为"凭等级买卖"(sale by grade)。这种方法体现了按质论价的交易特点。

例如，中国绿茶　　特珍眉特级　　货号　　41022　　USD160.00/kg

特珍眉一级　　货号　　9317　　USD130.00/kg

特珍眉二级　　货号　　9307　　USD100.00/kg

3. 凭标准买卖

货物标准是货物规格的标准化。以货物标准作为交货品质依据而进行的买卖，称为"凭标准买卖"。货物标准有国际标准、约定标准及国家标准。业务中应尽量采用国际通行标准或国家标准，注明标准的版本年份。例如，利福平，英国药典2007年版。

对于有些农副土特水产品，由于其品质变化较大，难以确定统一标准，故采用"良好平均品质"和"上好可销品质"来表示。

(1) 良好平均品质(fair average quality，FAQ)，是指代表一定时期内某地出口商品的中等平均品质，通过抽样混合、调配，取其中者而得。我国将按良好平均品质说明的货物称为"大路货"。采用这种方法时，一般要载明主要规格。例如，中国桐油，良好平均品质，游离脂肪酸不超过4%。业务中常用产地、年份表示农产品的品质。

(2) 上好可销品质(good merchantable quality，GMQ)，是指卖方保证货物品质优良，符合商销条件。这种方法笼统，不够具体，容易引起纠纷，业务中很少使用。

4. 凭商标或牌号买卖

货物的商标是某种货物的特定标志；牌号则是工商企业给其制造或销售的商品所冠的名称，以便同其他企业同类产品区别开来。用商标或牌号确定货物品质而进行的买卖，称为"凭商标或牌号买卖"(sale by trade mark or brand name)。这种方法适用于品质稳定、信誉良好并为消费者所熟悉的产品，如海尔冰箱、小天鹅洗衣机等。

5. 凭说明书和图样买卖

用说明书或图样确定货物品质而进行的买卖，称为"凭说明书和图样买卖"(sale by description and illustration)。这种方法适用于技术复杂的产品。例如，机电设备通常使用说明书来介绍产品的构造、原材料、性能、使用方法等，有时还附以图样、性能分析表等来完整说明货物的品质特征。

6. 凭产地名称买卖

用产地名称来表示其独特的品质、信誉而进行的买卖，称为"凭产地名称买卖"(sale by name of origin)。这种方法适用于工艺独特的地方产品，要求产地名称有知名度，有独特风格，如"法国香水"(France perfume)、"中国东北大米"(China northeast rice)、"四川榨菜"(Sichuan preserved vegetable)等。

二、合同中的品质条款

(一) 品质条款的内容和订立要领

品质条款是买卖双方交接货物的品质依据，是产生纠纷和索赔的要点之一。品质条款包括货物的名称和具体品质等内容。

(1) 品质条款要明确、具体，不要订得过高、过低、过繁或过细，避免笼统含糊，能确实反映货物的特点，便于检验和分清责任。

(2) 品质描述要合理，要注意各品质指标之间的内在一致性。例如使用性能应与产品或包装上注明的用途、标准、说明以及实物样品的品质状况相符合。

(3) 不好掌握的品质应当标注品质机动幅度和品质公差，把品质指标订得过于绝对会给卖方交货带来困难。

- ◇ 品质机动幅度(quality latitude)，是指允许卖方所交货物的特定品质指标在一定幅度内机动掌握。如规定范围(番茄酱28/30浓缩度)、规定极限(活黄鳝每条75克以上)、规定上下差异(灰鸭毛含绒量18%，允许上下浮动1%)。这种方法适用于某些初级产品和工业制成品。
- ◇ 品质公差(quality tolerance)，是指国际上公认的品质误差。买卖合同中规定双方认可的公差范围，标明交货品质在公差范围内的，即视为与合同相符。

(二) 品质条款示例

(1) 凭样品买卖的品质条款示例。

Quality is to be similar to the sample submitted by the seller on 13 May 2019.

品质与卖方2019年5月13日提供的样品相似。

(2) 凭规格买卖的品质条款示例。

Plain satin silk, 100% silk, width 50/51 inches, length 38/42 yards.

素锦缎，100%丝绸，幅宽50至51英寸之间，幅长38至42码之间。

(3) 凭等级买卖的品质条款示例。

Chinese green tea special Chunmee grade 1.

中国绿茶特珍眉一级。

(4) 凭标准买卖的品质条款示例。

Female mink overcoat, Chinese standard, body length 120cm×115cm.

母水貂皮大衣，中国标准，胸围身长120厘米×115厘米。

(5) 凭商标或牌号买卖的品质条款示例。

Maling brand Worcestershire sauce.

梅林牌辣酱油。

(6) 凭说明书买卖的品质条款示例。

Multi-shuttle box loom model 1515A, detail specifications as per the attached descriptions and illustrations.

1515A型多梭箱织机，详细规格如所附文字说明与图样。

(7) 凭产地名称买卖的品质条款示例。

China northeast rice.

中国东北大米。

第二节 货物的数量

一、计量单位和计量方法

(一) 常用的度量衡制度

常用的度量衡制度有米制、英制、美制及国际单位制。我国法定计量单位是国际单位制。

1. 米制

米制(metric system)又称公制，它采用十进位制，换算方便，使用较多。

2. 英制

英制(British system)，它不采用十进位制，换算不方便，使用范围逐渐减小。

3. 美制

美制(the U. S. system)以英制为基础，多数计量单位的名称与英制相同，但含义有差别，主要体现在重量和容量单位中。

4. 国际单位制

国际单位制(the international system of units，SI)，是在米制的基础上发展起来的。这种度量衡制度有利于计量单位的统一和计量制度的标准化。

(二) 计量单位及其换算

1. 重量单位

常用的重量单位有千克(kilogram, or kg)、吨(ton, or t)、公吨(metric ton, or m/t)、公担(quintal, or q)、克(gram, or gm)、磅(pound, or lb)、盎司(ounce, or oz)、长吨(long ton, or l/t)、短吨(short ton, or s/t)。重量单位适用于天然产品及部分工业制成品，如棉花、谷物、矿产品、药品等。部分换算公式如下：1千克=2.205磅，1磅=0.454千克；1公吨=0.984长吨，1长吨=1.016公吨；1公吨=1.1025短吨，1短吨=0.907公吨。

2. 个数单位

常用的个数单位有只(piece, or pc)、件(package, or pkg)、双(pair)、台、套、架(set)、打(dozen, or doz)、罗(gross, or gr)、大罗(great gross, or g, gr)、令(ream, or rm)、卷(roll, or coil)、辆(unit)、头(head)、箱(case)、包(bale)、桶(barrel, drum)、袋(bag)。个数单位适用于日用工业品及杂货类产品，如文具、玩具、车辆、活牲畜等。部分换算公式如下：1打=12个，1罗=12打，1大罗=24打，1令=500张。

3. 长度单位

常用的长度单位有码(yard, or yd)、米(metre, or m)、英尺(foot, or ft)、厘米(centimetre, or cm)。长度单位适用于纺织品匹头、绳索、电线电缆等。部分换算公式如下：1米=1.094码，1码=0.914米；1英尺=30.48厘米，1英寸=2.54厘米。

4. 面积单位

常用的面积单位有平方码(square yard, or yd^2)、平方米(square metre, or m^2)、平方英尺(square foot, or ft^2)、平方英寸(square inch)。面积单位适用于皮制产品、塑料制品等，如塑料篷布、皮革、铁丝网。部分换算公式如下：1平方米=1.196平方码，1平方码=0.836平方米；1平方英尺=929平方厘米，1平方英寸=6.452平方厘米。

5. 容积单位

常用的容积单位有公升(litre, or l)、加仑(gallon, or gal)、蒲式耳(bushel, or bu)等。容积单位适用于谷物类及部分流体、气体物品，如玉米、汽油、啤酒、过氧化氢。部分换算公式如下：1升=0.264美制加仑，1升=0.220英制加仑。

6. 体积单位

常用的体积单位有立方码(cubic yard, or yd^3)、立方米(cubic metre, or m^3)、立方英尺(cubic foot, or ft^3)、立方英寸(cubic inch)。体积单位适用于化学气体、木材等。部分换算公式如下：1立方米=1.308立方码，1立方厘米=0.061立方英寸。

(三) 计重方法

1. 毛重 (gross weight)

毛重是指货物本身的重量加皮重(tare)，即货物连同包装的重量。在国际贸易中，有些低值货物或以净重计量有困难的货物常以毛重当做净重作为计算价格和交货的计量基础，这种计重方法被称为"以毛作净"(gross for net)。

2. 净重 (net weight)

净重是指毛重扣除包装(皮重)的重量，即货物的实际重量。在国际贸易中，大都采用净重计量。国际贸易中有实际皮重(real tare或actual tare)、平均皮重(average tare)、约定皮重(computed tare)、习惯皮重(customary tare)4种扣除皮重的方法。

3. 法定重量 (legal weight)

法定重量是指纯货物重量加上直接接触货物的包装材料所得的重量。它是海关征收从量税时的依据。

4. 公量 (conditioned weight)

公量是指用科学的方法从货物中抽出所含的实际水分，然后加入标准水分而求得的重量。这种方法主要用于羊毛、生丝、棉纱、棉花等易潮湿、重量不稳定的货物。公量的计算公式为

$$公量=商品净重 \times [(1+标准回潮率) \div (1+实际回潮率)]$$

5. 理论重量 (theoretical weight)

理论重量是指对某些固定规格、固定尺寸及重量大致相等的货物，以其单个重量乘以件数而推算出来的重量，如马口铁、钢板等。

二、数量条款

(一) 订立数量条款的要领

合同的数量条款由交货数量和计量单位两部分构成，如500箱。对于大豆、煤炭、原油等成交量大、计算不易精确的大宗散装货物，应规定一个数量的机动幅度，通常使用溢短装条款和约数。

◇ 溢短装条款，是卖方交货数量的机动条款的一种，即依照合同数量规定一个浮动比例(可多装或少装的限量)，在这个比例范围内交货不算违约。例如，合同中规定8000码，卖方交货时可增减5%(8000 yards, with 5% more or less at seller's option)，实际交货为8400码就按8400码计收货款，实际交货为7600码则按7600码计收货款，买方不得提出任何异议。溢短装条款的规定权一般归卖方所有，在FOB条件下则由派船的买方决定。溢短装条款要注意数量和金额的同比对接，避免违约。

◇ 约数，是卖方交货数量的机动条款的一种，是指在交易数量前面加上一个"约"(about，approximate)字。《跟单信用证统一惯例》(UCP600)规定："在数量之前有'约''大约'字样时，允许有不超过10%的增减幅度。"非信用证项下，没有统一解释，为防止纠纷，应明确规定。

(二) 数量条款示例

示例1：Quantity: 3000 cartons 60 000 dozens 20 doz/ctn. (数量：3000箱，60 000打，20打/箱)。

示例2：Quantity: 20 000 metric tons, 5% more or less at seller's option. (数量：20 000公吨，卖方可溢短装5%)。

(三)《公约》对违背数量条款的规定

根据《联合国国际货物销售合同公约》规定：买方可以拒收多交的部分，但不能拒收合同规定数量；对少交部分，买方可要求补交或赔偿，否则，合同无效。

第三节 货物的包装

一、包装的含义

包装(packing)是货物的盛载物、保护物和宣传物，是货物及其运动过程中的有机组成部分。包装具有保护商品、携运商品、美化商品、宣传商品的作用。货物未按合同规定的方式装箱或包装则构成违约；大副收据上批注"包装不良(insufficient packing)"，都将导致"不清洁提单"，影响安全收汇。

二、包装的分类

根据在流通过程中所起的作用，包装可分成运输包装和销售包装两大类。

1. 运输包装

运输包装(shipping packing)又称为大包装或外包装(outer packing)，是货物移动时必须使用的保护性运载包装。运输包装又分为单件运输包装和集合运输包装。前者是指在运输过程中作为一个计件单位的包装，如箱、桶、袋、包、篓、罐、捆等，每种形式又可以采用木、纸、麻、铁等材料；后者是指将若干单件运输包装组合成一件大包装，如集装袋(见图2.1)、集装包、集装箱和托盘等。90%的货物出口要通过海洋运输，因此出口包装要具有通风、防潮、防震、防锈蚀、防失散、防盗等功能。

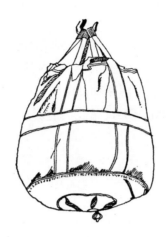

图2.1　集装袋包装

2. 销售包装

销售包装(sales packing)又称内包装(inner packing)，是进入零售市场直接与消费者见面的一种包装。常见的内包装有挂式包装、堆叠式包装、便携式包装、易开包装、一次用包装、复用包装、喷雾包装、配套包装、礼品包装等。

销售包装应有适宜的装潢画面和必要的文字说明。装潢图案和文字说明通常直接印刷在货物包装上，或采用粘贴、加标签(label)、挂吊牌等方式附在货物上。包装的文字说明包括商标、品牌、品名、产地、数量、规格、成分、用途和使用方法等内容。

三、包装的选用要领

包装涉及材料、容器结构、造型、包装方法以及装潢方案的确定和选用等问题，要满足科学、经济、牢固、美观、适销的要求，实现降低成本、完好包装、吸引顾客的目的。

1. 包装选材的注意事项

包装选材及填充物要注意国外的规定，违反规定的货物会被海关扣押。包装容器须由国家出入境检验检疫局许可，方能制作和投入使用。

2. 包装方式要具有适用性

包装的选用要注意商品本身、包装物、运输工具的配合，要便于各环节人员的搬运、提起，注意物品属性要求。例如闹钟、手表、剪刀、电池、自行车零件等货物的包装容器，必须达到标准的干燥程度，起到防湿、防锈、防氧化的作用；玻璃器皿、灯罩、台扇、收音机、电视机等货物的包装容器，要用一定的缓冲材料填塞，起到防震、防碎、防损的作用。包装的色调、装潢和文字说明要适应国外消费者的风俗、习惯和偏好。

3. 刷制条形码

条形码(product code)表示一定的信息，通过光电扫描可以判断该种货物的生产国别、地区、生产厂家、品种、规格及售价等。在内外包装上刷制条形码是货物进入超级市场和大型百货商店的先决条件。国际物品编码协会分配给我国的国别前缀号为690、691、692、693、694、695、696、697，带此类前缀号的表示中国出产的货物。

四、包装标志

(一) 包装标志的含义

包装标志(packing mark)又称包装标识，是为了方便货物运输、装卸、储存、识别、核查而在外包装上刷写的指示性记号。包装标志具有识别货物、指示、警示和防止错发错运的作用。

(二) 包装标志的种类

包装标志主要包括运输标志、指示性标志、警告性标志以及其他标志(如磅、码、产地标志等)。

1. 运输标志

运输标志(shipping mark)俗称唛头，是刷印在外包装明显部位的数字、字母及简单文字的集合，是唯一体现在单据上的包装标志。国际标准化组织和国际货物装卸协会推荐的标准运输标志由以下4个要素构成：收货人名称缩写、参考号码、目的地、件数号码。

例如，ABC Co. (收货人名称)
21LAO602 (参考号码，通常为合同号、信用证号、发票号码等)
NEW YORK (目的地，通常为港口和转运地点)
CTN/NOS.1-1500 (说明本件货物与整批货的关系)

2. 指示性标志

指示性标志(indicative mark)，是根据货物的特性，在货物外包装上刷制的提示人们注意的标志(见图2.2)，通常用图形或文字表示。

(1) 易碎物品：此类运输包装内装有易碎品，搬运时小心轻放		(2) 禁用手钩：搬运此类运输包装时禁用手钩	
(3) 向上：表明运输包装件放置的正确位置是竖直向上		(4) 怕晒：表明运输包装件不能直接照射	
(5) 怕辐射：包装物品一旦受辐射便会完全变质或损坏		(6) 怕雨：包装件怕雨淋	
(7) 重心：表明一个单元货物的重心位置		(8) 禁止翻滚：不能翻滚此类运输包装	
(9) 此面禁用手推车：搬运货物时，此面禁放手推车		(10) 堆码层数极限：表明相同包装的最大堆码层数，n 表示层数极限	
(11) 堆码重量极限：表明该运输包装件所能承受的最大重量极限		(12) 禁止堆码：此类包装件不能堆码并且其上也不能放置其他负载	

图 2.2　指示性标志及说明

3. 警告性标志

警告性标志(warning mark)，即刷制爆炸品、易燃物品、腐蚀物品、氧化剂和放射物质等标记的包装标志(见图 2.3)。

图 2.3　警告性标志

4. 其他标志

除上述包装标志外，在包装上刷制与单据一致的品名、货号、装箱数量及配比、毛重、净重、体积和货物产地等标记的包装标志。其中，磅、码、产地标志必须刷制。

例如，Safety Boots(安全靴)

　　　　Art. No. JL608TS(货号：JL608TS)

QTY. 12 PRS(数量：12双)

G. W. 27KGS(毛重：27千克)

N. W. 21.6 KGS(净重：21.6千克)

MST. 50CM×35CM×78CM(体积：50厘米×35厘米×78厘米)

Made in China(中国制造)

五、包装条款

出口合同的包装条款(packing clauses)主要包括包装材料、包装方式、包装件数、包装标志和包装费用的负担等内容。

1. 包装条款示例

(1) In cartons of 10 kilos net each.

纸箱装，每箱净重10千克。

(2) 36 pairs packed in a carton size assorted.

每箱36双装，混码包装。

(3) In cloth bales each containing 10 pcs of 42 yds.

布包，每包10匹，每匹42码。

(4) In wooden bale 410 sheets/ream, 45 ream/bale.

木夹板包装，每令410张，每包45令。

(5) 36 sets packed in one export carton, each 420 cartons transported in one 20 ft container.

36套装一出口纸箱，420箱装一个20英尺集装箱运送。

2. 订立包装条款的要领

(1) 明确具体，不宜笼统规定，不宜采用"适合海运包装""习惯包装"等说法。

(2) 要结合货物特点和不同运输方式选择适宜的包装材料、包装方式、包装规格和包装标志，使货物安全顺利到达目的地。

(3) 明确包装物料提供与费用负担。

(4) 明确装箱细数及其配比。装箱细数是指每个包装单位内所装的商品个数。例如T恤衫500打，尺码32、34、36、38、40，每个尺码100打，分装5箱。

(5) 明确唛头的指定。按照国际贸易惯例，唛头一般由卖方决定；如果买方要求特定唛头，可在合同中具体列明。

(6) 中性包装的问题。中性包装(neutral packing)，是指在货物和内外包装上均不注明生产国别的包装。中性包装适用于转口销售，能够打破进口方的歧视和限制。中性包装有定牌中性和无牌中性之分。定牌，是指卖方按照买方要求在其出售的货物或包装上使用买方指定的商标或牌名的做法。无牌，是指买方要求卖方在其出口货物或包装上免除任何商标或牌名的做法。

思考：某外贸公司向欧洲出口一批大麦，数量是100公吨，金额为85 000美元，合同规定水分最高为15%，杂质不超过3%，数量可增减10%，内包装由客户提供。国外按时开来信用证，信用证中规定金额不得超过85 000美元，数量有10%的增减幅度。成交前，外贸公司曾向对方寄过样品，签约后又去电告知"成交货物与样品相似"。请分析：我方在交易中出了哪些问题，应当怎样处理？

【本章小结】

货物的名称、品质、数量和包装是描述货物的构成要素，是合同的主要交易条件，也是双方交接货物的依据。

货物品质是用一定方法表示出来的内在品质和外观形态的综合，如以实物样品表示和以文字说明表示。在凭样成交时，要分清买方样和卖方样、确认样和参考样以及"回样"和"封样"等概念的不同；在凭文字说明买卖时，要清楚凭规格、等级、标准、牌号或商标、说明书和图样以及凭产地名称买卖等的内涵与要求。

货物数量是指以国际通用或双方约定的表示货物的重量、个数、长度、面积、容积等的量。没有数量无法磋商，只有一定数量的货物与一定金额货款的互换，才能构成交易。常用的计量单位有重量单位、数量单位、长度单位、面积单位、容积单位、体积单位等，其中按重量计量较多，具体分为毛重、净重、法定重量、公量、理论重量等。

由于货物的特性、生产加工条件、包装、运输条件和气候的限制和影响，在约定品质和数量时，通常加订品质和数量机动幅度条款，以保证交易的顺利开展，防止争议的发生。

货物的包装是货物的盛载物、保护物与宣传物，包括运输包装和销售包装。包装应根据客户的要求，按照科学、经济、牢固、美观、适销的原则来制作；包装条款(包装材料、方式、标志、费用负担等)应统筹双方要求，按照明确、具体、完整的原则制定。

包装标志是在包装物上刷写的标记，包括运输标志、指示性标志、警告性标志以及其他标志(如磅、码、产地标志等)。包装标志具有识别货物、指示、警示和防止错发错运的作用。

关键词汇

样品　品质公差　良好平均品质　毛重　净重　以毛作净　公量　溢短装条款　唛头　中性包装　销售包装　运输包装　定牌

【课后作业】

一、翻译下列词语

name of commodity_____   sales by sample_____
duplicate sample_____   counter sample_____
confirmation sample_____   sale by specification_____
sale by trade mark or brand name_____
sale by description and illustration_____   sale by name of origin_____
quality tolerance_____   the metric system_____
the international system of units，简称SI_____   metric ton_____
yard_____   foot_____   square yard_____   cubic yard_____
gross for net_____   more or less clause_____   bulk cargo_____
nude cargo_____   transport packing_____   selling packing_____
product code_____   twenty-foot equivalent unit，TEU_____
shipping mark_____   marking_____   indicative mark_____
warning mark_____   assorted size_____   solid packing_____
neutral packing_____

二、选择题

1. 最适合按照"产品说明书"进行买卖的商品是(　　)。
   A. 玉米　　　　　B. 香皂　　　　　C. 电脑　　　　　D. 西裤

2. 出口一批大宗商品，国外来证规定："数量为10 000公吨，散装，总金额100万美元，禁止分批装运。"根据《跟单信用证统一惯例》规定，卖方交货(　　)。
   A. 数量和金额均不得增减
   B. 数量和总金额均可在10%的范围内增减
   C. 数量和总金额均可在5%的范围内增减
   D. 数量可以有5%的伸缩，但总金额不得超过100万美元

3. 下列选项中，(　　)不属于包装条款。
   A. 包装材料与包装方式　　　　B. 包装费用
   C. 销售包装　　　　　　　　　D. 包装标志

三、填空题

1. 表示品质的方法综合起来分为用_____和_____表示两类。

2. 根据《跟单信用证统一惯例》规定，如果"约"字用于信用证金额或数量时，可

允许对有关金额或数量有不超过_____的增减幅度。

3. 如果买方自己提供包装材料，在订立包装条款时，应订明包装材料最迟到达卖方的_____和逾期到达的_____，以便约束买方。

四、判断说明题

1. 为了争取国外客户，便于达成交易，应尽量选择质量最好的样品请对方确认。
( )

2. 中国A公司向《公约》缔约国B公司出口大米，合同规定数量为50 000公吨，允许卖方溢短装10%。A公司在装船时共装了58 000公吨，遭到买方全部拒收。按《公约》规定，买方有权这样做。
( )

3. 运输包装上的标志都应在货运单据上表示出来。
( )

五、思考题

1. 表示货物品质的方法有几种？分别说明其含义。
2. 什么是"复样""对等样品"？它们各有何作用？
3. 订立品质条款时应该注意哪些问题？
4. 为什么要在合同中规定数量机动幅度条款？它是如何规定的？
5. 选用包装时应当考虑的哪些问题？
6. 一挪威客户购买我方塑料发夹，但要求改用买方商标，并在包装上不得注明"中国制造"字样，我方可否接受？一旦买方拒收该货，我方可否将该批货物直接售给同一地区的其他客户？为什么？
7. 一笔出口矿砂的合同规定："25 000 M/T 3% more or less at seller's option."卖方准备交货时，矿砂的国际市场价格上涨，作为卖方你准备交付多少？为什么？如果站在买方的立场上，磋商溢短装条款时，应注意什么？

六、操作计算题

1. 根据下列条件填制销售确认书中的品质、数量和包装条款(见表2.1)。

品名：皮鞋

货号：JB602

交货品质与确认样品大致相同

数量：6000双，计500箱

包装：纸箱包装，每箱装12双，混码包装，尺码配比为1/39，3/40，4/41，2/42，2/43

唛头：ABCD Co./21ASB0701/NEW YORK/C/NO.1-500

表2.1　任务——填制销售确认书

销 售 确 认 书

SALES CONFIRMATION

确认售予你方下列货物，其条款如下：
We hereby confirm having sold to you the following goods on terms and conditions as stated below:

(1) 货物名称及规格，包装及装运唛头 Name of commodity & specification, Packing and shipping marks	(2) 数量 Quantity

2. 设计运输标志上的件号，把表2.2补充完整。

表2.2　任务——设计运输标志上的件号

Commodity: 100% cotton men's shirt
Packing: Each piece in a polybag 60 pcs to a carton

Design No. (款式)	Quantity (数量)	Ctn No. (件号)	Nos. of packages (箱数)
93-13	1260 pcs	_____	_____
93-14	1260 pcs	_____	_____
93-15	1200 pcs	_____	_____
93-16	1680 pcs	_____	_____

该批出口商品的总数量是_____件；包装总箱数是_____箱。

3. 我国北方某公司与丹麦客商Codan Co. 签订一份布鞋合同，共计2500箱，合约号为95BF01DK03，价格条件CIF哥本哈根。根据以上资料制作一个标准唛头。

4. 一位法国客商前来购买折叠伞，他看中我国某公司货号为378T的款式，约定纸箱包装，每箱装20把，纸箱尺码45厘米×42厘米×35厘米。请计算一个40英尺货柜可装箱数。

七、案例讨论

1. 我方出口苹果酒一批，买卖合同的货名为"apple wine"，为了保证与合同一致，所有单据上均采用"apple wine"书写。不料货到目的港后遭海关扣留罚款，因该批酒的内外包装上均有"cider"字样。结果外商要求我方赔偿其罚款损失。请问我方对此有无责任？为什么？

2. 我国某出口公司与俄罗斯进行一笔黄豆出口交易，规定：每袋黄豆净重100千克，共1000袋，合计100公吨。但货物运抵俄罗斯后，经俄方海关检查发现每袋黄豆净重94千克，1000袋，合计94公吨。当时正遇市场黄豆价格下跌，俄罗斯以单货不符为由，提出降价5%的要求，否则全部拒收。请问俄罗斯的要求是否合理？我方应采取什么补救措施？

3. 我国某贸易公司向俄罗斯出口大豆，合同中规定数量为1000公吨，用麻袋装。装运中由于麻袋数量不足，有100公吨的货物改用了塑料袋包装。试分析，若进口方收到货后发现这一情况，应如何处理？

第三章 货物价格

学习目标

掌握贸易术语的内涵及其与价格条款的关系,能够选用适合的贸易术语表述价格条款,精于进出口报价和还价核算。

第一节 贸易术语

一、贸易术语的含义

贸易术语(trade terms)又称价格术语(price terms)或交易条件(trade conditions),它是用一个简短的概念或在英文缩写字母(通常为三个)后面附带交接货物地点来表示价格构成,并界定双方在交接货物方面各自承担的风险、责任和费用的专门用语。贸易术语是价格条款的核心问题,它是交易风险划分、价格核算和交货方式的依据,规定了报价的内涵和格式,决定了合同的性质。

这里的"风险",是指货物被盗、串味、锈蚀、水渍、灭失等危险;"责任",指因交货地点不同而需要办理的租船订舱、装卸货物、投保、申请许可证、报关等事宜;"费用",是指需要支付的运费、保险费、仓储费、码头捐等。

交货地点决定了风险转移地点,不同的术语反映了不同的交货方式,例如在哪里交货、在哪里转移风险;谁租船订舱、谁投保、谁装卸货物、谁清关和交税;谁承担运费、保险费、清关费、关税等。这些买卖双方在合同中必须明确,贸易术语的主要作用就是简化贸易谈判。

贸易术语不仅明确双方义务,规范有序、效率高,还具有法律约束力。

二、有关贸易术语的国际惯例

国际贸易惯例(international trade practices)是指在国际贸易实践中逐渐形成的，被普遍接受和遵守的贸易行为规范。国际上有较大影响的贸易术语惯例有三个：一是国际法协会为解释CIF合同而制定的《1932年华沙—牛津规则》，二是美国九大商业团体制定的《1941年美国对外贸易定义修订本》，三是国际商会制定的《国际贸易术语解释通则》。其中《国际贸易术语解释通则》最具影响力，因此重点介绍。

三、《国际贸易术语解释通则》

《国际贸易术语解释通则》是国际商会对各种贸易术语解释的正式规则。从1936年始，历经1953年、1967年、1976年、1980年、2000年、2010年的多次修订和补充，逐步形成了适应EDI单据和经济全球化要求的版本。国际商会于2018年发起对《2010年国际贸易术语解释通则》修订的动议，修订工作历时3年，征集了全球商界大量意见和建议，最终版本《2020年国际贸易术语解释通则》于2020年1月1日起生效。

(一)《2020年国际贸易术语解释通则》主要内容

《2020年国际贸易术语解释通则》对11种术语做了解释，按照运输方式划分为两组(见表3.1)。7种适合任何运输方式，4种适合水上运输。

表3.1　11种贸易术语

组别	术语缩写	中文名称
A组：适用于任何运输方式的术语	EXW(ex works)	工厂交货
	FCA(free carrier)	货交承运人(指定交货地点)
	CPT(carriage paid to)	运费付至(指定目的地)
	CIP(carriage and insurance paid to)	运费、保险费付至(指定目的地)
	DAP(delivered at place)	目的地交货(指定目的地)
	DPU(delivered at place unloaded)	卸货地交货(指定目的地)
	DDP(Delivered Duty Paid)	完税后交货(指定目的地)
B组：适用于水上运输方式的术语	FAS(free alongside ship)	装运港船边交货(指定装运港)
	FOB(free on board)	装运港船上交货(指定装运港)
	CFR(cost and freight)	成本加运费(指定目的港)
	CIF(cost insurance and freight)	成本、保险费加运费(指定目的港)

不同的价格术语反映不同的交货方式、运输安排、保险安排、装卸义务、风险转移、清关手续和交税义务等要求，《2020年国际贸易术语解释通则》将买卖双方的义务各用10个项目列出，相互对应(见表3.2)。

表3.2　买卖双方涉及的10项义务

A 卖方义务	B 买方义务
A1. 卖方一般义务：提交合格货物和发票	B1. 买方一般义务：支付价款
A2. 许可证、授权、安检通关和其他手续	B2. 许可证、授权、安检通关和其他手续
A3. 运输合同与保险合同	B3. 运输合同与保险合同
A4. 交货	B4. 收取货物
A5. 风险转移	B5. 风险转移
A6. 费用划分	B6. 费用划分
A7. 通知买方	B7. 通知卖方
A8. 交货凭证	B8. 交货证据
A9. 核对、包装、标记	B9. 货物检验
A10. 协助提供信息及相关费用	B10. 协助提供信息及相关费用

有些术语的风险转移点和费用划分点是相同的。FOB术语的风险转移点和费用划分点均在装运港船上；有些术语的风险转移点和费用划分点是不同的，CIF的风险转移点在装运港船上，而费用划分点延伸到目的港，比如，CIF 伦敦，风险在装运港船上转移，费用划分点则延伸到目的港伦敦。

卖方货物风险的转移一般是以约定的时间和交货地点为特定界限，如果由于买方原因导致风险拖后转移，根据《2020年国际贸易术语解释通则》规定，只要货物已被特定化为合同项下的货物，风险就可以提前转移。

(二)《2020年国际贸易术语解释通则》解析

贸易术语的含义及其应用扫描二维码可查看。

1. 适于任何运输方式的术语

(1) EXW，ex works——工厂交货，是指卖方在其所在地或其指定地点(工厂、仓库等)将货物交给买方处置时，即完成交货。在EXW术语下，卖方不负责出口清关或将货物装上任何运输工具，进口商办理出口报关手续。我国不允许外商办理出口报关手续，如外商不能办理相关手续，就不能使用该术语。

二维码——
贸易术语的含
义及其应用

例如，USD55.00/doz EXW Shi Yan Factory表明在石砚工厂交货价格为每打55美元，则交货地点：石砚工厂。

风险：在石砚工厂转移给进口客商。

责任：进出口清关手续均由进口客商负责。

费用：卖方支付交货前的费用，进口客商负责交货后的费用。

(2) FCA，free carrier——货交承运人(指定交货地点)，是指卖方在其所在地或其他指定地点将货物交给买方指定的承运人或其他人，并由卖方办理出口清关手续，完成交货。若在卖方所在地交货，则将货物装上运输工具；若在其他地点交货，则货物在运输工具上不必卸货。

例如，EUR50.00/pair FCA Changchun airport表明在长春机场交货价格为每双50欧元，则

交货地点：长春机场(在车上不卸货)。

风险：在长春机场转移。

责任：卖方办理出口报关手续，进口客商办理进口清关手续。

费用：卖方支付货物交给长春机场之前的费用，进口客商支付货到长春机场之后的费用。

(3) CPT，carriage paid to——运费付至(指定目的地)，是指在双方约定地点，卖方将货物交给指定承运人。在CPT术语下，卖方办理报关手续，支付运费；买方承担交货之后的一切风险和其他费用。多式联运时，卖方风险自货交第一承运人时转移，装卸费含在运费之中，由卖方支付，也可另行约定。

例如，USD110.00/carton CPT Marseilles表明运费付至马赛的价格为每箱110美元，则

交货地点：承运人所在地。

风险：在承运人手中转移。

责任：卖方办理出口报关手续，办理货运事宜，发货后向法国客商发出装运通知；法国客商办理货运保险、进口清关手续。

费用：卖方支付出口通关费用、货运马赛的费用；法国客商支付保险费、进口清关费用。

(4) CIP，carriage and insurance paid to——运费、保险费付至(指定目的地)，是指卖方在约定地点将货物交给指定承运人。在CTP术语下，卖方承办出口清关手续，办理货运保险最高险(一切险减除外责任)，并支付保险费，支付到达目的地的运费；买方承担交货之后的一切风险和额外费用。

例如，USD200.00/M/T CIP Chicago表明运费保险费付至芝加哥的价格为每公吨200美元，则

交货地点：承运人所在地。

风险：在承运人手中转移。

责任：卖方办理出口报关手续，办理货物运往芝加哥的运费，发货后向美国客商发出装运通知；美国客商办理保险和进口清关手续。

费用：卖方支付出口通关费用、货运马赛的费用；美国客商支付保险费、进口清关费用。

(5) DAP，delivered at place——目的地交货(指定目的地)，是指卖方在指定的目的地将运输工具上的货物交由买方处置时，即为交货。在DAP术语下，买方办理进口清关手续。

例如，USD500.00/bag DAP San Francisco表明卖方将在旧金山运输工具上的货物交给美国客商的价格为每袋500美元，则

交货地点：在旧金山运输工具上。

风险：在旧金山运输工具上转移给美国客商。

责任：卖方办理出口报关手续、办理前往旧金山的运输和保险手续，美国客商办理进口清关手续。

费用：卖方支付出口清关费用、运输和保险费用；美国客商支付进口清关费用。

(6) DPU，delivered at place unloaded——卸货地交货，是指卖方将货物交付至买方所在地可以卸货的任何地方，并不是一定要卸在运输终端，但卖方要负责卸货，承担卸货费。在DPU术语下，卖方承担将货物运至指定目的地的运输风险和费用。DPU适用于铁路、公路、空运、海运、内河航运或者多式联运等各种运输方式。

例如，USD500.00/set DPU Stockholm表明卖方将在斯德哥尔摩运输工具上的货物卸下后交给瑞典客商的价格为每套500美元，则

交货地点：在斯德哥尔摩卸货后交给瑞典客商。

风险：在斯德哥尔摩卸货后转移给瑞典客商。

责任：卖方办理出口报关手续，办理前往斯德哥尔摩的运输和保险手续，瑞典客商办理进口清关手续。

费用：卖方支付出口通关费用、运往斯德哥尔摩的运费、卸货费及保险费；瑞典客商支付进口清关费用。

(7) DDP，delivered duty paid——完税后交货(指定目的地)，是指卖方在目的地将处于运输工具上，但已完成进口清关的货物交由买方，即为交货。在DDP术语下，卖方责任最大。

例如，EUR90.00/L DDP Copenhagen表明卖方将在哥本哈根运输工具上的货物交给丹麦客商并办理进口清关手续的价格为每升90欧元，则

交货地点：在哥本哈根运输工具上把货交给丹麦客商。

风险：在哥本哈根运输工具上办理进口清关手续后转移给丹麦客商。

责任：卖方办理进出口报关手续，办理前往哥本哈根的运输和保险手续。

费用：卖方支付出口清关费用、运输和保险费用、进口关税及进口清关费用。

2. 适合水上运输方式的术语

(1) FAS，free alongside ship——船边交货(指定装运港)，是指卖方在装运港将货物交到买方指定的船边(如置于码头或驳船上)时，即为交货。在FAS术语下，卖方办理出口清关手续，买方承担之后的一切费用。

例如，USD78.00/gross FAS Qinhuangdao表明卖方在秦皇岛船边交货的价格为每罗78美元，则

交货地点：在秦皇岛船边把货交给船方。

风险：在秦皇岛港船边转移。

责任：卖方办理出口报关手续。

费用：卖方支付货到船边之前的费用，进口客商支付货到船边之后的费用。

(2) FOB，free on board——船上交货(指定装运港)，是指卖方将货物装上指定船只即为交货，买方承担之后的一切费用。

例如，USD465.00/kg FOB Dalian表明在大连港船上交货的价格为每千克465美元，则

交货地点：在大连港船上。

风险：在大连港船上转移。

责任：卖方办理出口报关手续；进口客商办理进口报关手续、运输和保险手续。

费用：卖方支付出口报关费用；进口客商支付进口报关费用、运费和保险费。

在FOB术语下，有三点注意事项。

① 注意船货衔接。买方负责将船名和装船时间通知卖方，卖方必须在规定时间和地点完成装运，如果船货衔接不上，由于船等货物产生的空舱费、滞期费由卖方承担；由于货等船舶而产生的仓储费、保险费及迟收货款产生的利息则由买方承担。

② 慎选货运代理。货运代理公司务必在商务部备案，如果签发货代提单，必须出具保函，保证凭正本提单放货，否则承担无单放货的责任。

③ 办理内陆保险。卖方酌情办理内陆货运保险，便于货损时得到保险公司的赔偿。

(3) CFR，cost and freight——成本加运费(指定目的港)，也称运费在内价，是指卖方在装运港船上交货并办理报关手续和支付运费。

例如，HKD600.00/bale CFR Amsterdam表明成本加运费付至阿姆斯特丹的价格为每包600港元，则

交货地点：在装运港船上。

风险：在装运港船上转移。

责任：卖方办理出口报关、租船订舱手续；荷兰客商办理进口报关手续和保险手续。

费用：卖方支付出口报关费用、海运费；荷兰客商支付进口报关费用和保险费。

在CFR术语下，卖方装船后必须立即发出装运通知，以便买方购买货运保险，否则这期间的风险并未转移到买方，损失由卖方承担。

(4) CIF，cost insurance and freight——成本、保险费加运费(指定目的港)，是指卖方在船上交货，并办理报关手续和支付运费及保险费。在CIF术语下，卖方有两项义务：交货和交单；买方有两项权利：验货和验单。

例如，USD290.00/set CIF NewYork表明成本、保险费加运费付至纽约港的价格为每套290美元，则

交货地点：在装运港船上。

风险：在装运港船上转移。

责任：卖方办理出口报关、租船订舱及保险手续；美国客商办理进口报关手续。

费用：卖方支付出口报关费用、海运费和保险费；美国客商支付进口清关费用。

在CIF术语下，有4点注意事项。

① 风险在船上转移。装船后卖方不再承担责任，途中货损可向船公司或保险公司索赔，卖方协助办理。

② 负责租船订舱。卖方按照习惯的航线，租用适当船舶或舱位将货物运往目的港，对买方限制船舶的国籍、船型、船龄、船级的要求可以拒绝。

③ 负责保险。根据惯例卖方按照最低的保险险别(平安险)投保，最低保险金额按照发票金额另加10%计算，但是买卖双方可以规定较高的保额，发生货损后买方自行向保险公司索赔。

④ 凭单交货。卖方装船后向买方提交单证即为交货，无须保证到货。提单在货到之前始终代表货权。

四、贸易术语的比较与选用

(一) FCA、CPT、CIP和FOB、CFR、CIF的比较

1. 相同点

(1) 卖方保证按时发货，但不保证按时到货。

(2) 责任划分原则相同。

2. 不同点

(1) 运输方式不同、提供的单据不同。FCA、CPT、CIP适用于各种运输方式，承运人可以是船公司、铁路局、航空公司、国际多式联运经营人；海运时，承运人提供海运提单，陆运时，承运人提供铁路运单或承运货物收据，空运时，承运人提供航空运单，国际多式联运时，承运人提供多式联运单据。FOB、CFB、CIF适用于水上运输，承运人只限于船公司，卖方应提交清洁已装船提单。

(2) 交货和风险转移地点不同。FCA、CPT、CIP交货地点和风险转移均在货交承运人，属于货交承运人术语，而FOB、CFB、CIF交货地点和风险转移均在装运港船上，即属于装运港交货术语。

(二) 贸易术语的选用

选用贸易术语应当考虑采用何种运输方式和相应的运费水平、途中风险、对方有关规定及贸易习惯，并在术语后面注明使用的惯例及其版本，以便出现纠纷时有所遵循。

1. 出口业务中贸易术语的选用

出于船货衔接和促进我国远洋运输和保险业发展的考虑，出口业务通常使用CIF或

CFR术语。CIF术语中，卖方在备货时就可以办理租船订舱事宜，以保证船货的紧密衔接，防止延迟装货；同时，卖方办理货运保险，一旦货物在途中受损，买方又拒收货物，我方可以持保单向保险公司索赔。但是，由于买方市场的形成，越来越多的进口商要求使用FOB术语成交，原因有三点：一是价格清晰，便于买方掌握价格构成；二是买方可以从船方获取优惠运费，利于买方降低成本；三是国外物流承运人提供全方位服务，如短途运输、报检、报关、货物集港、投保、监装等，满足了买方的要求，简化了货运手续。

2. 进口业务中贸易术语的选用

出于促进我国航运、保险业发展的考虑，进口业务大多采用FOB术语成交。FOB术语下，买方办理租船订舱，我方可挑选有利的承运人办理货物运输，航运安全有所保障。另外，货运保险由我方办理，一旦货物出险，保险单在手，可以及时向保险公司索赔。

3. 贸易术语选用的趋势

集装箱船、滚装船或国际多式联运的广泛采用，使得适合多种运输方式的贸易术语(如FCA、CPT、CIP)有替代适合海运贸易术语(如FOB、CFR、CIF)的趋势。这对出口方有两个好处：一是货交承运人后，风险就转移到买方，能够减轻卖方的风险；二是卖方提前取得单据，缩短收汇时间，能够加快资金周转，并减少利息支出。

第二节 计价单位与计价货币

一、计价单位

计价单位是计算价格的单位，表示货物价格的一种衡量标准。这个标准随着货物种类的不同而有所差别。比如，鞋子用"双"计价，车子用"辆"计价，铅笔用"罗"计价，电风扇用"台"计价。不同国家使用不同的度量衡，因而计价单位也有所差异。比如，对于布匹，我国使用"米"计价，美国则使用"码"计价；对于地毯，我国使用"平方米"计价，英国则使用"平方英尺"计价。

二、计价货币

计价货币是指合同中规定的用来计算价格的、可自由兑换的货币。

出口贸易中，计价和结汇争取使用硬币(hard currency)，即币值稳定或有上浮趋势的货币；进口贸易中，计价和付汇争取使用软币(soft currency)，即币值不够稳定且有下浮趋势的货币。常用计价货币如表3.3所示。

表3.3 常用计价货币

货币名称	货币符号	货币代码
英镑	£	GBP
港币	HK$	HKD
美元	US$	USD
瑞士法郎	SF	CHF
日元	J¥	JPY
加拿大元	Can. $	CAD
澳大利亚元	$ A.	AUD
欧元	EUR	EUR

第三节 单价与总值

一、单价的构成

单价由多项因素构成，国际货物买卖中的单价包括成本、费用和利润三大要素。

(一) 成本

出口货物的成本(cost)也称进货成本、采购成本，主要是指含税出厂价，即出口商向生产厂家购货的价格，具体由生产成本、包装费、增值税额及厂家利润构成，有时还包括由产地运往装运仓库的运费。

(二) 费用

1. 费用内容

出口价格中的费用(expenses/charges)包括国内和国外两部分。国内部分是指商品流通费，即从供货商收购进来到出口装运之前发生的费用；国外部分指海运费、保险费、佣金、国外银行费用等。费用在单价中占有比重不大，但内容繁多，具体介绍如下所述。

(1) 包装费(packing charges)，主要是外包装费，通常含在进货成本中。

(2) 仓储费(warehousing charges)，是指提前购进存仓的费用。

(3) 国内运输费(inland transportation charges)，是指出口前的内陆运费，如卡车运输费、内河运费、路桥费、过境费及装卸费等。

(4) 认证费(certification charges)，是指办理出口许可配额、产地证以及其他证明所需的费用。

(5) 港区港杂费(port charges)，是指装运前在港区码头支付的费用。

(6) 商检费(inspection charges)，是指出口商为出口货物进行商检所发生的费用。

(7) 捐税(duties and taxes)，是指国家对出口货物征收、代收或退还的有关税费，如出口关税、增值税等。

(8) 垫款利息(interest)，是指买进卖出期间向银行贷款的利息。

(9) 业务费用(operating charges)，即经营管理费，如通信费、交通费、交际费等。这项费用也可用定额费用率来表示，通常在5%～15%不等。

(10) 银行费用(banking charges)，是指出口商委托银行收款、资信调查、改证等支付的手续费。

(11) 出口运费(freight charges)，是指向承运人支付的陆海空方面的运费。

(12) 保险费(insurance premium)，是指购买货运保险或信用保险所支付的费用。

(13) 佣金(commission)，是指出口商向中间商支付的报酬。

(14) 国外银行费用(foreign bank charges)，是指国外银行扣除的调研费、改证费、承兑费等。

2. 费用核算

1) 利息核算

出口备货时，要向厂家支付部分或全部货款，企业资金不足时还要向银行贷款，这就需要支付一定利息作为使用资金的成本，因此，利息要纳入成本中。

利息计算公式为

$$利息 = 采购成本 \times 贷款利率 / 12 \times 贷款月数$$

【例3-1】出口马来西亚陶瓷一批，出口商要向工厂支付货款240 000元，由于当时流动资金不足，公司决定向中国工商银行贷款，贷款期限3个月。请计算一下公司需要打入成本的利息是多少？(年贷款利率为5.55%)

解：利息=240 000×5.55%/12×3=13 320/12×3=3330(元)

需要向中国工商银行支付利息3330元。

2) 运费核算

运输方式不同其运费计算也不同，进出口货物以海运为主，班轮运输又占多数，货物包括件杂货和集装箱货两种，其中集装箱货又有整箱货和拼箱货之分，件杂货与拼箱货运费计算方法一样。下面分别介绍一下件杂货(拼箱货)与集装箱整箱货运费的计收方法。

(1) 班轮运费核算。班轮运费(件杂货和拼箱货)由基本运费和附加运费构成。

① 基本运费包括货物从起运港到目的港的运费和装卸费，根据货物重量、体积和价值，有三种基本运费计收方法，船方选择收费较高者收取费用，其计算标准如下所述。

第1种，按重量吨计收，即按货物的毛重计收，运价表内用"W"表示。这种方法适用于钢材、电焊条、铝锭、玻璃、水泥、金属工具等体积小、重量大的货物。例如，某种金属零件毛重43 098千克，净重41 652千克，该货运到伦敦，每公吨收取运费74美元(千克折算成吨后计算)，则应收基本运费3189.25美元。

第2种，按尺码吨计收，即以货物体积核收运费，运价表内用"M"表示。这种方法适用于棉花、家具等价值不高、重量轻、体积大的货物。例如，运动鞋500箱，每箱体积28厘米×30厘米×27厘米，该货运到纽约每立方米运费71美元(厘米折成立方米后计算)，应收基本运费805.14美元。

另外，用桶装货的，不按圆柱形体积计算，而是按照正方形体积计算，以便把桶与桶之间的空隙计算在内。

重量吨和尺码吨统称为运费吨(freight ton, F/T)。

第3种，按货物的价格计收，即按从价运费收取，运价表内用"Ad.Val"或"A.V."(意为从价)表示。这种方法适用于黄金、白银、精密仪器、手工艺品等贵重物品。一般按其FOB价的一定百分比计收运费，即按规定的比率乘以FOB货值即可。例如，有一批字画，价值为79 800美元(FOB)，从价费率为2%，则应收基本运费为1596美元。对该类物品，船公司要将其装入防盗设施良好的特等舱。

第4种，按收费高者计收。当无法判断是重货还是轻货或者货值难以确定时，可使用这种计收方法。具体分为以下几种情况。

A. 按毛重或体积从高计收，运价表内用"W/M"表示。例如，有轻工产品600件，木箱尺寸是60厘米×48厘米×36厘米，每件毛重为32千克，运往马来西亚某港口，收费标准为W/M每运费吨69美元。根据单位毛重和单位体积的比较，体积数值较大，则按体积计收，应收运费为4292.35美元。

B. 选择毛重、体积或价值三者中较高的一种计收，运价表内用W/M or A.V. 表示。例如，有一批钢铁器材，共300件，每箱毛重为56千克，木箱体积为20厘米×26厘米×35厘米，每箱价值为590美元，收费标准为W/M OR A.V. 每运费吨150美元，从价费率为1%。根据单位毛重、单位体积和单位价值的比较，重量数值较大，则按重量计收，应收运费2520美元。

C. 选择毛重或体积收费较高的一种计收，同时再加从价运费。运价表内用W/M plus A.V.表示。例如，有一批中药材，共60件，每箱毛重为15千克，纸箱体积为35厘米×29厘米×30厘米，每箱价值为750美元，收费标准为W/M plus A.V. 每运费吨178美元，从价费率为1.5%。根据单位毛重和单位体积的比较，体积数值较大，按体积计收，再加上1.5%的从价运费，应收运费1000.21美元。

第5种方法，按货物件数(per unit/per head)计收，如车按辆，牲畜按头计收。

第6种方法，按议价(open rate)计收，如粮食、矿石、煤炭等就是临时商定运价。

第7种方法，按起码运费(mini rate)计收，如不足1运费吨(freight ton)的货物，均按一级货计收。

② 附加运费(additional charge)，用来弥补基本运费的不足，按每一运费吨加收若干美元(例如，每立方米附加费为5美元)或按基本运费的一定百分比计收(例如，基本运费为每立方米85美元，港口附加费率为15%，则总运费=基本运费+(基本运费×附加费率)=85+(85×15%)=85×(1+15%)=97.75美元)。

总运费的计算公式为

$$总运费=基本运费×货运量(附加费除外)$$

【例3-2】某外贸公司出口科威特文具1000箱，价值为33 000美元。每箱毛重为30千克，体积为0.035立方米。货物由大连装入中国对外贸易运输公司轮船，运往科威特。船公司收取的运费如何计算？

解：从《中国对外贸易运输公司3号本》查得文具属于9级货，计收标准为W/M，科威特属于波斯湾航线，中国大连至科威特基本费率为76美元/运费吨，直航附加费为5美元/运费吨，燃油附加费率为5%。

从以上信息得知，该批货物的单位体积(0.035立方米)比单位重量(30÷1000=0.03公吨)大，所以按尺码吨计收运费，每箱运费=[76×(1+5%)+5]×0.035 = 2.968美元，应付船公司总运费为2968(2.968×1000)美元。

运费的多少，关系到交易能否达成及经济效益的高低。首先，应测算运费占总货值的比重。从例3-2来看，文具运费占货值比重为8%～9%，对此，业务员要结合运价水平，衡量出现该比重属于偶然现象还是经常情况，掌握规律，以便准确估定运费，决定是否成交。其次，注意品名的选择既要符合运价本规定，又要灵活运用，不同品名其运费率高低不同，选择适宜的品名可以降低运费支出。

(2) 集装箱整箱货运费计算。整箱货运费以一个集装箱为单位计收运费，按包箱费率计算。包箱费率有三种形式：FAK包箱费率(不分货类统一收取的费率)、FCS包箱费率(按不同货物等级制定的费率)、FCB包箱费率(按不同货物等级或货类以及计算标准制定的费率)。

业务中，较多使用FCS包箱费率。例如，已知9级运费的货物运往巴西1个20英尺货柜包厢费率为3200美元，先计算出20英尺货柜所装箱数，即可算出单位商品的运费。如果是部分整箱、部分拼箱，就需要混合计算。需要注意的是，确定装箱数量，数量越多，分摊到每个商品的费用就越少。

业务中，有的货运代理公司将基本运费和附加费合并一起对外报价，这种情况下的运费被称为包干费(冻品和危险品除外)。因此，当我们与货代询问运费时，一定要求其提供"all in"价格，并要询问是否其中含有相关的附加费用。

3) 保险费核算

计算保险费的依据是保险费率，由于货物、目的地、运输工具及险别的不同，其费率也不一样。以海运为例，一般保险费率由一般货物费率(所有货物)、指明货物费率(易损货物加收费率)、战争及罢工险费率(战争险费率)、其他加费规定(附加费率)构成。

一般货物只要根据险别和目的港，就可查出一般费率；如果是指明货物，需要查出一般货物费率后再加上指明货物费率。例如，运送玻璃花瓶去印度尼西亚，投保一切险加战争险，花瓶属于指明货物，经查询，一般费率为0.5%，指明货物费率为2.5%，战争险费率为0.03%。据此，三项费率总和为3.03%，保险公司据此计收保险费。

采用CIF或CIP术语时，核算保险费方法如下：保险金额是保险费的计算基础，是保险公司赔偿的最高金额。按照国际惯例，保险金额的构成最低为CIF价格的110%，其中多出的10%为投保加成率，作为弥补被保险人的费用及预期利润。相关计算公式如下

$$保险费=保险金额×保险费率$$

$$保险金额= CIF(CIP)价×(1+投保加成率)$$

【例3-3】 我方出口CIF合同规定按发票金额110%投保一切险和战争险，如出口发票金额为15 000美元，一切险保险费率为0.6%，战争险保险费率为0.03%。试问，投保金额是多少？应付保险费是多少？

解： 投保金额=发票金额×投保加成=15 000×110%=16 500(美元)

应付保险费=保险金额×保险费率=16 500×(0.6%+0.03%)=103.95(美元)

4) 佣金与折扣核算

价格中有时包含佣金或折扣减让，它们适时地成为价格的一个组成部分。这样可以促进客户购买的积极性，但是佣金和折扣幅度要恰如其分。

(1) 佣金。佣金(Commission)是买方或卖方付给中间商代买代卖的酬金。佣金多少视数量大小、手续繁简及竞争程度而定。通常在1%～5%之间。有时中间商同时接受买卖双方的委托并分别向双方收取佣金，即收取双头佣。佣金分为明佣和暗佣。明佣显示在合同中，暗佣不体现在发票上，对最终买主保密。含有佣金的价格即为含佣价，不含佣金的价格即为净价。例如，含佣价表述为"每公吨500美元CIF纽约包括2%佣金"，表示为"USD500.00 M/T CIF C2 N.Y"。

① 佣金计算。以发票金额为基础计算，但也有按FOB净价计算的。计算公式为

$$佣金=含佣价×佣金率$$

$$净价=含佣价×(1-佣金率)$$

$$含佣价=净价/(1-佣金率)$$

【例3-4】 卖方报价CIF NEWYORK USD1400.00/PC，后买方觉得市场竞争激烈，销售渠道紧张，新产品的打入要向客户支付佣金，求其代卖，所以要求卖方再报CIFC5% NEWYORK。试计算这个报价。

解： 根据公式，含佣价=净价/(1-佣金率)

CIFC5% =1400/(1-5%)=1473.68(美元)

【例3-5】 我内地某公司出口一批货物，原报价为每罗109美元CIFC3% HONGKONG。由于市场产品滞销，客户要求将佣金率提高到5%。这样我方须向对方报出CIFC5% HONGKONG为多少？

解：净价=含佣价×(1-佣金率)=109×(1-3%)=105.73(美元)

再将净价变为含佣价，

含佣价=净价/(1-佣金率)=105.73/(1-5%)=111.29(美元)

② 佣金支付方法。出口商收到货款后另行支付给中间商，也可在发票中扣除，合同对此要做出明确规定。切忌装运前支付佣金。

(2) 折扣。

① 折扣的计算。折扣是出口商给予进口商价格上的减让。表述为"每打300美元FOB上海减2%折扣"，表示为"USD300.00/doz FOB Shanghai less 2% discount"。发票金额乘以折扣率，即可得到折扣金额。计算公式为

$$折扣金额=原价×折扣率$$

$$实际售价=原价×(1-折扣率)$$

【例3-6】某公司向印度出口一批照相机，原定价为每架85美元CIF孟买，对方要求给予3%的折扣，我公司应报价多少？

解：实际售价=85×(1-3%)=82.45(美元)

对外报价应当是每架82.45美元。

② 折扣支付办法。折扣金额在支付货款时扣除。

③ 折扣的种类。折扣(Discount)是卖方按照原价给予买方的价格减让。折扣的种类有数量折扣、季节折扣和现金折扣。

A. 数量折扣，是指对大批量购买给予的价格减让。例如，订货数量超过5000套，给予3%的折扣，超过10 000套，给予5%的折扣。

B. 季节折扣，是指对淡季货物的购买给予的价格减让。例如，客户在应季之前三个月订货，给予5%的折扣。

C. 现金折扣，是指对现金交易、买方按期或提前付款给予的价格减让。例如，规定付款期为到货后60天，若在30天内付款，则给予3%的折扣。

(三) 利润

利润在这里通常是指预期利润(expected profit)，是出口商的收入。利润是经营好坏的主要指标。出口商结合销售意图、市场特点、交易性质及困难程度来确定利润高低。

计算利润时，可以用固定数额表示，也可以用一个比率(利润占成本或销售价的百分比)。用比率计算利润时，计算基数前后要一致；否则，结果完全不同。业务中常以出口报价为基数来核算。

二、总值

总值是指合同单价与计价数量的乘积，即一笔交易的总金额。合同总值大小，主

要根据客户资信情况、目标市场需求大小来确定。新客户对外签约时要注意把握金额限度，不可为了成交而盲目签订大单。如果使用信用证方式收款，出货总值不得超过信用证总值，否则按照国际惯例，出口商将不能安全收回货款。

第四节 出口价格核算

出口价格核算包括报价核算、验算与还价核算，下面用示例来阐释。

一、出口报价核算

报价核算过程扫描二维码可查看。

背景材料：

吉信贸易公司收到爱尔兰某公司求购11 520双全粒面革、腰高6英寸军靴(一个40英尺集装箱)的询盘，经了解：该军靴的含税出厂价为每双180元(含增值税13%)，进货总价为2 073 600元；包装费为每双5元，国内运杂费共15 000元，出口商检报关费为640元，港区港杂费为1050元，其他各种费用共计1850元，大连到都柏林的海运费是2800美元/40英尺。

二维码——
报价核算

吉信贸易公司向银行贷款2个月，年利率为4.5%，银行手续费率为0.25%(按成交价计算)，出口退税率为13%，按发票金额的110%投保，保险费率为0.85%，报价中包括3%佣金。吉信贸易公司的利润率按出口报价的10%计算，人民币与美元汇率为6.52∶1。

试报每双军靴的FOB、CFR、CIF美元价格。

出口报价计算过程如表3.4所示。

表3.4 出口报价计算过程

项目		计算过程	计算结果	单位
核算成本		每双鞋实际成本=含税出厂价-含税出厂价÷(1+增值税率)×退税率=180-180÷(1+13%)×13%	159.292	元/双
核算费用	利息	含税出厂价×贷款利率/12×贷款月份/11 520=2 073 600×4.5%/12×2/11 520	1.35	元/双
	国内费用	包装费+运杂费+商检报关费+港区港杂费+其他费用+利息=5×11 520+15 000+640+1050+1850+1.35×11 520/11 520	7.9594	元/双
	银行手续费	报价×0.25%		
	客户佣金	报价×佣金率×3%		
	出口运费	2800÷11 520×6.52	1.5847	元/双
	出口保险费	报价×110%×0.85%		
	核算利润	报价×10%		

(续表)

1. FOBC3%报价的核算			
项目	计算过程	计算结果	单位
FOB价格	实际成本+国内费用+利润		
FOBC3%报价	实际成本+国内费用+客户佣金+银行手续费+利润 =159.292+7.9594+FOBC3%报价×3%+FOBC3%报价× 0.25%+FOBC3%报价×10%	192.797	元/双
折成美元	FOBC3%=192.797/6.52	29.57	美元/双
对外报价	USD29.57/pair FOBC3% Dalian (大连港船上交货,每双29.57美元,包含3%佣金)		
2. CFRC3%报价的核算			
项目	计算过程	计算结果	单位
CFR价格	实际成本+国内费用+出口运费+预期利润		
CFRC3%报价	实际成本+国内费用+出口运费+客户佣金+银行手续费+利润 =159.292+7.9594+1.5847+CFRC3%报价×3%+CFRC3%报价 ×0.25%+CFRC3%报价×10%	194.6237	元/双
折成美元	CFRC3%= 194.6237/6.52	29.85	美元/双
对外报价	USD29.85/ pair CFRC3% Dublin (成本加运费付至都柏林,每双29.85美元,包含3%佣金)		
3. CIFC3%报价的核算			
项目	计算过程	计算结果	单位
CIF价格	实际成本+国内费用+出口运费+出口保险费+利润		
CIFC3%报价	实际成本+国内费用+出口运费+客户佣金+银行手续费+ 出口保险费+利润=159.292+7.9594+1.5847+CIFC3%报价× 3%+CIFC3%报价×0.25%+CIFC3%报价×110%×0.85%+ CIFC3%报价×10%	196.7443	元/双
折成美元	CIFC3%= 196.7443/6.52	30.1755	美元/双
对外报价	USD30.18/ pair CIFC3% Dublin (成本加保险费、运费付至都柏林,每双30.18美元,包含3%佣金)		

二、出口报价验算与还价核算

(一) 出口报价验算

成交后,出口报价即为销售收入,所以实际成本=销售收入-费用-利润。以上述背景资料为例进行验算。吉信贸易公司的FOB包含3%佣金的报价为每双29.57美元。验算过程如表3.5所示。

表3.5 出口报价验算过程

验算项目	计算过程	结果
销售收入	29.57×6.52	192.7964(元/双)
费用	佣金+国内费用+银行手续费 =192.7964×3%+7.959 4+192.7964×0.25%	14.2253(元/双)
利润	192.7964×10%	19.2796(元/双)
实际成本	销售收入-费用-利润 =192.7964-14.2253-19.2798	159.2915(元/双)
含税出厂价	实际成本÷(1+增值税率-出口退税率)×(1+增值税率) =159.2914÷(1+13%-13%)×(1+13%)	179.9999(元/双)

原来的含税出厂价格是每双180元,可见该报价合理。

(二) 出口还价核算

对外报价后,收到对方的还价,意味着出口价格要发生变化,或者利润减少,或者费用削减,抑或进价压缩。我们要对还价进行分析,了解价格中哪些可以调整,哪些不能变动,进而核算本次业务是否有利润,避免遭受损失。

1. 出口还价核算方法

用销售收入减去要素影响的变动,分析价格的改变,公式如下

销售利润=销售收入-各种费用-实际成本(判断能否接受还价)

实际成本=销售收入-销售利润-各种费用(判断供货商是否可以调价)

某项费用=销售收入-销售利润-其他费用-实际成本(判断是否需要削减费用)

2. 出口还价核算示例

2021年,某公司出口陶瓷餐具一个20英尺集装箱(按照25立方米计算),从大连运往温哥华,详细还价信息及核算如表3.6所示。

表3.6 出口还价信息

基本信息		
含税出厂价(进货成本)		410元/套(含13%增值税,退税率为13%)
费用	运杂费	1200元
	商检报关费	400元
	港区港杂费	900元
	公司业务费	1600元
	其他费用	1030元
	包箱费(20')	2300美元
利润		报价的10%
汇率		1∶6.52
外箱体积		40cm×35cm×38cm
对外报价		CFR温哥华每套79美元
客户还价		CFR温哥华每套65美元

(续表)

第一步,按照客户还价,核算我方盈亏情况	
外箱体积	40cm×35cm×38cm=0.0532m³
报价数量	包装箱数=25/0.0532≈470(箱)(每箱装一套) 20英尺集装箱(按25m³计算)
销售收入	65×6.52=423.80(元)
退税金额	含税出厂价/(1+增值税率)×退税率
实际成本	含税出厂价-含税出厂价/(1+增值税率)×退税率=410-410/(1+13%)×13% ≈362.8319(元/套)
国内费用总额	1200+400+900+1600+1030=5130(元)
平均国内费用	5130/470≈10.915(元)
海运费	2300/470×6.52≈31.9064(元/套)
销售利润	销售收入-实际成本-国内费用-海运费=423.80-362.8319-10.915-31.9064 =18.1467(元/套)
利润率	18.1467/423.8×100%≈4.28%
第二步,保持5%利润率的还价情况	
报价收入	报价收入=79×6.52=515.08(元)
CFR价格	实际成本+国内费用+海运费+利润=362.8319+10.915+31.9064+报价×5% = 405.6533+79×6.52×5% = 431.4073(元)
折成美元	431.4073/6.52≈66.1668(美元/套)
可知,我方保持5%利润率,每套可还价66.20美元	
第三步,保持6%利润率时,国内采购价调整情况	
实际成本	销售收入-销售利润-海运费-国内费用 =423.8-423.8×6%-31.9064-10.915=355.5506(元/套)
含税出厂价	实际成本×(1+增值税率)÷(1+增值税率-出口退税率) =355.5506×(1+13%)÷(1+13%-13%) ≈401.7722(元/套)
可知,供货商要在原每套410元基础上再降8.23元,可以成交	

针对以上结果,该公司可根据市价,结合销售意图(库存、市场定位等),合理还价。

3. 还价对策

接到外商还价,作为出口方,我们应说服对方接受我方价格,不做任何让步;在洽商过程中,可根据谈判对手及市场行情,适当降低工厂价格,保证我方获得利润,但必须事先与供货厂商沟通;在谈判中,可根据对方提出的筹码,酌情缩减费用开支或减少利润。出口方应根据具体情况酌情使用相应对策。

三、不同贸易术语下报价的换算

在进出口业务洽谈中,我们报出某一贸易术语下的价格后,通常外商还会要求报出另一种贸易术语下的价格,这就需要进行相关术语下的价格转换。

1. 将 FOB 价格换算成其他价格

(1) CFR价格= FOB价格+运费

(2) CIF价格= FOB价格+运费/(1-投保加成率×保险费率)

【例3-7】美国富临公司与我国某公司磋商一笔轻纺产品买卖,原报价FOB上海每件190美元,后客户要求改报CIF纽约,按照发票金额的110%投保。到达纽约的运费为每件25美元,一切险费率为0.7%。请问我方应补交多少保险费?

解:CIF价格= FOB价格+运费/[1-(1+投保加成率)×保险费率]

$$= (190+25)/[1-(1+10\%)\times 0.7\%] \approx 216.67(美元)$$

保险金额= 216.67×(1+10%)≈238.34(美元)

应付保险费= 238.34×0.7%≈1.67(美元)

所以,每件应当补交保险费1.67美元。

2. 将 CFR 价格换算成其他价格

(1) FOB价格= CFR价格-运费

(2) CIF价格= CFR价格/(1-投保加成×保险费率)

【例3-8】欧洲客户与我方洽谈一笔畜产品生意,我方报CFR价格为USD100.00/件CFR London,后来客户要求改报CIF价格,按发票金额110%投保一切险和战争险,保险费率为合计1.3%。我方应报价多少?

解:CIF价格= CFR价格/(1-110%×1.3%)≈100/(1-0.0143)=100/0.985 7≈101.45(美元)

所以,我方应报价每件101.45美元。

3. 将 CIF 价格换算成其他价格

(1) FOB价格=CIF价格×(1-投保加成×保险费率)-运费

(2) CFR价格=CIF价格×(1-投保加成×保险费率)

【例3-9】我方对外报价牛肉罐头2.20美元/听CIF古晋,按发票金额加成10%投保一切险,保险费率为0.3%,后来客户要求改报CFR价格,请问我方应报价多少?

解:CFR价格= CIF价格×(1-投保加成×保险费率)

$$= 2.2\times[1-(1+10\%)\times 0.3\%]$$

$$\approx 2.19(美元)$$

所以,我方应报价2.19美元/听CFR古晋。

四、出口报价盈亏核算

外贸盈亏核算就是成本与净收入的比较,具体包括核算换汇成本、出口盈(亏)额、出口创汇率。外贸盈亏是考核企业的重要指标。

(一) 换汇成本

换汇成本是指出口货物换回每一单位外汇所付出的本币成本。它可以显示出口效益的高低，了解哪些商品出口更划算。换汇成本公式为

$$换汇成本 = \frac{出口总成本(本币)}{出口销售外汇净收入(外币)}$$

出口总成本是指实际成本加上出口前的一切费用和税金，出口销售外汇净收入是指按FOB价出售所得的外汇净收入。

【例3-10】出口麻底鞋(espadrilles)36 000双，出口价为每双1.60美元CIF格丁尼亚(波兰)，CIF总价为57 600美元，其中海运费为2800美元，保险费为480美元。进货成本为每双8元，合计288 000元(含13%增值税)，出口退税率为13%，定额费用率为12%。当时美元牌价1美元=6.33元人民币。试计算换汇成本。

解：退税金额=进货成本÷(1+增值税率)×退税率=288 000÷(1+13%)×13%≈33 132.7434(元)

定额费用=进货成本×12%=288 000×12%=34 560(元)

实际成本=进货成本-退税金额=288 000-33 132.7434=254 867.2566(元)

出口总成本=实际成本+定额费用=254 867.2566+34 560=289 427.2566(元)

出口外汇净收入=出口销售外汇收入-运费-保险费=57 600-2800-480=54 320(美元)

换汇成本=出口总成本/出口销售外汇净收入=289 427.2566/54 320≈5.3282(元/美元)

换汇成本高于外汇牌价，则出口亏损；低于牌价，则出口盈利。该例中，麻底鞋换汇成本5.328 2低于外汇牌价6.33，即为盈利。换回1美元花费人民币成本5.328 2元，比当时牌价低1.0018元(6.33-5.3282)人民币，表示每1美元出口净收入可取得1.0018元盈利，其盈利率为1.0018/5.3282×100%=18.8%。

(二) 出口盈(亏) 额

出口盈(亏)额是指出口销售净收入与出口总成本的差额，前者大于后者为盈利；反之为亏损。相关计算公式为：

$$出口盈(亏)额 = (出口外汇净收入 \times 买入价) - 出口总成本$$

【例3-11】承【例3-10】，计算出口盈利额及出口盈利率。

解：出口盈利额=出口外汇净收入×买入价-出口总成本=54 320×6.33－289 427.2566=54 418.3434(元)

出口盈利率=(出口盈利额÷出口总成本)×100%=(54 418.3434÷289 427.2566)×100%=18.8%

所以，麻底鞋出口盈利人民币54 418.3434元，麻底鞋出口盈利率为18.8%，与前例计算结果吻合。

(三) 出口创汇率

出口创汇率也称外汇增值率，它反映用外汇购进原料，经过加工成成品出口的创汇效果，是新创出的外汇与为创汇而支出的外汇成本的比率。出口创汇率的计算公式为

出口创汇率=(成品出口外汇净收入FOB价-原料外汇支出CIF价)/原料外汇支出×100%

若结果为正，表示"外汇增值"；若结果为负，则说明"倒贴外汇"。

除了换汇成本、出口盈(亏)额、出口创汇率，有的公司还要求填写出口报价核算单(见表3.7)，以便报价之前做好核算，确定是否成交。

表3.7 出口货物价格核算单

公司名址			客户名址		
商品名称	货号规格	成交数量	计量单位	购货价格	出口价格
包装件数	包装细数	毛　重	净　重	长×宽×高	尺码(cm)
价格术语	装运港	目的港	国　别	交货日期	付款方式
货柜数量	20'包厢费率	40'包厢费率	佣金率	退税率	定额费用率
利润率			保险费率		
币别	人民币		币别	人民币	美元
购货成本			出口运费		
退税金额			出口保险费		
实际成本			佣金额		
国内费用			销售净收入(FOB)		
出口总成本			换汇成本		
汇　率			出口盈亏额		
备注：					

第五节　进口价格核算

一、进口成本的构成

进口成本是指进口商进货花费的成本，由进口完税价和进口税费构成。

(一) 进口免税价

进口完税价是指为缴纳关税而由海关审定的价格，是征收关税的基价。进口完税价按照CIF价格计算。采用FOB和CFR术语成交的，必须换算成CIF价格再计算。换算公式为

$$完税价格=(FOB+运费)/(1-保险费率)$$

$$完税价格=CFR/(1-保险费率)$$

完税价计算到元，元以下四舍五入。关税按照外汇牌价的中间价折合成人民币计征。

(二) 进口税费

进口税费项目较多，如FOB术语下的进口，要包含以下10项费用。

(1) 运费，即装运港(地)到我国目的港(地)的运费。

(2) 保险费，即装运港(地)到我国目的港(地)的费用。

(3) 目的港(地)口岸费用，即卸货、驳船、码头建设、码头仓租等费用。

(4) 进口海关税费，即进口关税、增值税、消费税、海关监管手续费等。我国对海关税费按从价税征收，具体计算公式为

进口关税(从价税制)的计算公式为

$$进口关税=完税价\times 关税率(计算到分)$$

进口环节税(增值税、消费税)的计算公式为

$$组成计税价格=进口完税价+关税$$

$$增值税=(进口完税价+关税)\times 增值税率$$

$$消费税=[(进口完税价+关税)/1-消费税率]\times 消费税率$$

海关监管手续费是指对减、免、保税货物提供服务所征收的手续费。征收标准为到岸价的0.1%～0.3%。

(5) 银行费用，即开证改证费、结汇手续费或借款利息等。

(6) 进口货物检验费和其他公证费。

(7) 报关提货费。

(8) 国内运输费及仓租费。

(9) 进口代理费，国外中间商的佣金。

(10) 其他费用。

二、国内拟售价格

国内拟售价格(含税)是指买方进口后再转卖的价格。国内销售价格(以FOB成交价为

准)由进口成本和销售环节费用及利润构成。进口成本一般包括进口成交价、运费、保险费、到港口岸费用、进口海关税费、银行费用、检验公证费、报关提货费、国内运输仓租费、进口代理佣金费以及其他费用；销售环节费用及利润为进口成本的20%。下面用一示例来阐释国内销售价格的计算过程。

【例3-12】吉林一家公司从英国进口打印机60台，每台620美元FOB伦敦，海运费为1500美元，保险费为350美元，关税率为14%，增值税率为13%，报关费为500元，商检费为300元，国内运输费为1000元，利润率期望为20%。

请计算国内销售价格应定为多少？(外汇牌价：1美元=6.30元人民币)

解：计算过程如表3.8所示。

表3.8 国内拟售价格计算过程

项目	计算过程	结果	单位
完税价	FOB价格+运费+保险费=(620×60+1500+350)×6.3	246 015	元
关税	246 015×14%	34 442.10	元
增值税	组成计税价格×增值税率=280 457.10×13%	36 459.42	元
进口成本	完税价+关税+增值税+其他各项费用= 246 015+34 442.10+36 459.42+500+300+1000	318 716.52	元
国内拟售价格	进口成本×(1+利润率)/数量 =318 716.52×(1+20%)/60	6374.33	元/台

三、进口盈亏的确定

进口盈亏就是比较进口销售收入和进口成本，收入大于成本，为盈利；反之，为亏损。相关计算公式为

$$进口成本=完税价+关税+增值税+各项费用$$

$$国内拟售价格=进口成本+销售环节费用及利润$$

$$进口盈亏率=\frac{国内拟售价格-进口成本}{进口成本}\times 100\%$$

按规定，销售环节费用及利润一般为到岸价的20%左右，可根据具体交易而定。货物运至仓库后，仓储费根据在国内实现销售的日期确定。进口费用不变的情况下，进口成本的大小主要受成交价和汇率的影响。

【例3-13】根据表3.8的信息，计算该批货物的进口盈亏情况。

解：每台进口成本=318 716.52÷60≈5311.94元

$$进口货物盈(亏)率=\frac{6374.33-5311.94}{5311.94}\times 100\%=\frac{1062.39}{5311.94}\times 100\%\approx 20\%$$

该批打印机的盈利率为20%。

第六节 价格的制约因素

一、作价原则

第一，按照国际市场价格水平作价。所谓国际市场价格是以国际价值为基础，反映国际市场供求关系，在竞争中形成的并为双方接受的价格，例如商品交易所价格、主要出口国价格、大型货物集散地价格等。对无法掌握国际市场价格的商品，可以参考类似商品的国际市场价格。

第二，以国际市场价格为基础，结合销售意图，酌情定价。例如独一无二的高科技产品、紧俏商品等可略高于市价出售；库存商品、专项商品或新商品等可低于市价出售。

第三，在参照国际市场价格水平的基础上，适当考虑国别、地区政策，使外贸配合外交，而机动作价。

二、作价方法

(一) 固定价格

固定价格是在交易磋商过程中，买卖双方将价格确定下来之后，任何一方不得擅自改动的价格。采用固定价格是业务中的常见做法。采用固定价格具有明确、具体、肯定和便于核算的特点，但是由于国际市场行情瞬息万变，价格涨落不定，因此，在国际货物买卖合同中规定固定价格意味着买卖双方都要承担从订约到交货付款期间国际市场价格变动的风险。

(二) 非固定价格

非固定价格即业务上所说的"活价"，具体分为以下三种。

1. 具体价格待定

具体价格待定分两种情况：一种是规定定价时间和定价方法(例如，装运前50天，参照国际市场价格水平定价)；一种是只规定作价时间(例如，由双方在某时协商定价)。

2. 暂定价格

订立一个初步价格，作为开证和初步付款的依据，定价后再进行清算，多退少补。在实际业务中，采用这种做法，应以关系密切、信誉可靠的客户为限。

3. 部分固定价格，部分非固定价格

对于一笔交易，近期交货的商品采用固定价格；远期交货的商品采取非固定价格，可以在交货前双方另行商定。这种方法通常用于分期分批交货或长期包销的货物。

相对固定价格来说，非固定价格采用先订约后作价的方法，合同的关键条款价格是在订约之后由双方按一定的方式来确定的，存在较大的不稳定性。比如，当双方在作价时不能取得一致意见而使合同无法执行的可能；或由于合同作价条款规定不当而使合同失去法律效力的危险。

(三) 价格调整条款

价格调整条款(price adjustment clause)是按照原料价格和工资变动情况来计算最后价格，如果最终价与初步价之差不超过约定范围(如5%)，初步价格可不进行调整。例如，如果卖方与其他客户的成交价高于合同价的5%，对本合同未执行数量，双方可协调价格，将价格变动风险固定在一定范围之内。

三、差价策略

(一) 根据品质档次定价

按质论价，优质优价，次质次价。品牌知名度和良好的包装对价格有重要影响。反过来，当对方提出议价时，可以通过更换一些产品成分来制定出双方都满意的价格，从而达成交易。

(二) 根据成交数量定价

成交量大小影响价格的高低。价格随数量增加而下降；随数量减少而提高。因此，报价必须言明数量基础。

(三) 根据时间远近定价

交货期越近，卖方备货费用越多，价格也高；相反，交货期越远，价格可适当下调。另外，有些季节性很强的货物，赶上好的时机，能卖出高价；错过了时机，价格必然降低。例如，供应圣诞节用的火鸡，赶在节前供应，可以卖上好的价格；但如果节后才到货，可能遭到拒收。

(四) 根据付款方式定价

不同的付款方式对双方资金占用影响有所不同，收汇的安全性和及时性也不同。例

如，出口同一种货物，分别采用信用证和托收的交易方式，前者卖价比后者卖价低，但收款安全性高一些。

四、价格条款的合理制定

(一) 品质增减价条款

对品质机动幅度内的品质差异，根据交货的实际，按比例增减价。例如，销售二氧化锰，合同规定最低含量为80%，每降低1%，价格减少1美元；每提高1%，价格增加1美元。

(二) 溢短装部分定价条款

通常多装或少装的货物，按合同价计算。但是，为避免因市价频繁涨落，故意多装或少装(多收或少收)，可按照装运时市价计算。

(三) 保值条款(软币计价，硬币保值)

硬币保值条款是指在合同中规定某种软币为计价货币、某种硬币为保值货币。签约时，按当时软币对硬币的汇率，将货款折算成一定数量的硬币；支付时，再按此时的汇率将这一定数量的硬币折算成软币来结算。如商定港元计价，美元保值，若签约时汇率为1美元=6港元(设商品总值为10万港元或1.6666万美元)，而支付时汇率为1美元=6.5港元，此时的支付总值为$1.6666 \times 6.5 = 10.8333$万港元。

(四) 银行费用条款

银行费用条款，即信用证中规定银行费用由谁承担的条款，其一般基于买卖双方基础合同关于各自银行费用承担的规定来拟订。银行费用包括寄单邮费和电报费、信用证通知费、修改通知费、议付费、单据处理费、不符点交单费等，一般占总货款的1%～4%。

五、市场动态因素

随时掌握市场的变动趋势，货物供不应求时，价格上涨；供过于求时，价格下降。但不能盲目要价，吓跑客户，也不能随意砍价，影响出口收益。定价要有吸引力，要考虑中间商的加成、销售条件、市场竞争情况。

第七节 价格条款

一、价格条款内容

货物的单价(unit price)和总值(total amount)构成价格条款。进出口合同价格条款中的单价由计价货币、单价金额、计量单位、贸易术语4项内容组成。

例如，每打1000美元CIF纽约表述为"USD 1000.00/doz CIF New York"。

```
                ↑        ↑      ↑      ↑
                计       单     计     贸
                价       价     量     易
                货       金     单     术
                币       额     位     语
```

合同总值由单价乘以计价数量构成，它通常与商业发票金额一致，但是如果合同规定可以分批装运，则发票金额就只是合同总值的一部分。

二、价格条款示例

(1) HKD5.00 per dozen net CIF Hong Kong.
CIF香港净价每打5港元。

(2) USD21.00 per set FOB Shanghai including your commission 5% on FOB basis.
FOB上海每套21美元，在FOB基础上包含你方5%佣金。

(3) USD2130.00/mt FOB Dalian including 5% commission. The commission shall be payable only after the seller has received the full amount of all payment due to the seller.
FOB大连含5%佣金每公吨2130美元，佣金支付以卖方全部货款收妥为条件。

关键词汇

贸易术语　折扣　净价　进货成本　装运港船上交货　成本加运费(指定目的港)
佣金　成本加保险费运费(指定目的港)　实际成本　完税价格　监管手续费

【本章小结】

(1) 合同价格条款与贸易术语有着密不可分的关系。贸易术语表明价格的构成，确定了交接货物时双方的责任、费用和风险的划分。三个有关贸易术语的国际贸易惯例，包括《1932年华沙—牛津规则》《1941年美国对外贸易定义修订本》和《2020年国际贸易术语解释通则》。这些贸易惯例一旦被采纳，对双方都有约束力。11种贸易术语及其使用注意事项是业务员必须掌握的常识，其中FOB、CFR、CIF三种贸易术语在业务中被经常采用。

（2）单价由计价货币、计量单位、单价金额、贸易术语构成。总值是单价与数量的乘积。

（3）核算价格时，货物的报价、还价、验算、盈亏核算以及价格术语的换算是不可或缺的业务环节，外销人员必须拥有这方面的业务能力。

（4）货物价格的制约因素包括作价原则、作价方法、差价策略、价格条款的合理制定、市场动态因素等。对外报价时，要以国际市场价格为基础，结合自身商品特点作价。

【课后作业】

一、翻译下列词语

trade terms_____　　unit price_____　　commission_____

discount_____　　cost_____　　expenses/charges_____

expected profit_____　　packing charges_____　　warehousing charges_____

inland transportation charges_____　　certification charges_____

port charges_____　　inspection charges_____　　duties and taxes_____

interest_____　　operating charges_____　　banking charges_____

freight charges_____　　insurance premium_____

二、选择题

1. 国际上有关国际贸易术语的惯例中，应用范围最广、影响最大的一种是(　　)。

A.《1932年华沙—牛津规则》　　　　B.《海牙规则》

C.《2020年国际贸易术语解释通则》　　D.《1941年美国对外贸易定义修订本》

2.《2020年国际贸易术语解释通则》中，卖方责任最大的贸易术语是(　　)。

A. EXW　　　　B. CIF　　　　C. DDP　　　　D. DAP

3. 进货成本是指(　　)。

A. 工厂的未含税出厂价　　　　　　　B. 工厂的含税出厂价

C. 工厂的含税出厂价减去退税额　　　D. 工厂的未含税出厂价加上退税额

4. 下列选项中，我国某公司出口报价正确的是(　　)。
A. 每箱100美元FOB 上海　　　　B. 每公吨100英镑 CIF 天津
C. 每箱50法郎 FOB 东京　　　　D. 每箱50英镑 CIF C 大连

三、填空题

1. 进出口价格是由_____、_____和_____三部分构成。
2. 出口作价主要是依据_____、_____并结合国别政策来制定。
3. 贸易术语用三个字母的缩写来说明_____的构成及买卖双方有关责任、_____和_____的划分。

四、判断说明题

1. "每吨1236美元CIF 上海"这个出口报价正确。　　　　　　　　　　(　　)
2. 佣金是对中间商所提供服务的报酬，折扣则是卖方对买方一定程度的价格优惠。
　　　　　　　　　　　　　　　　　　　　　　　　　　　　　　　　(　　)
3. 某出口商品每千克100美元FOBC3%秦皇岛，现客户要求将佣金增加到5%，在保持出口净收入不变的情况下，应报每千克101.85美元FOBC5%秦皇岛。　(　　)

五、思考题

1. 常见的贸易术语有哪几个？它们的共同点与区别何在？
2. 价格条款的内容及其制约因素有哪些？
3. 银行费用包括哪些内容？
4. 进口海关税费由哪几种费用构成？

六、操作计算题

1. 某公司出口350件服装到美国洛杉矶，成交价格为每件125美元CIF洛杉矶，如价格中含有5%佣金或给予5%的折扣，请填制表3.9。

表3.9　填写数量、单价与总值

Quantity 数量	Unit price 单价	Amount 总值	备注
			含5%佣金
			含5%折扣

2. 佳丽进出口公司向孟加拉国Soul Brown Co. 出口货号为AQL186的高级海藻香皂，每块进货成本是6.30元人民币，其中包括13%增值税，13%退税率。香皂为纸箱包装，数量为900件，每件装72块，外箱体积为36cm×27.5cm×28cm，毛重为12.5kg，净重为10.8kg，交货日期在2020年6月底之前，起运港为梧州，成交条件CFR吉大港USD1.50/pc，海运费为2800美元，定额费用率为含税出厂价的16%。美元对人民币汇率为1∶6.5332。

根据上述资料，求：(1)退税金额；(2)实际成本；(3)费用总额(包括海运费)；(4)利润；(5)换汇成本；(6)填写出口货物价格核算单(见表3.7)。

3. 某公司出口化工原料，报价为FOB厦门包括2%佣金每公吨100美元，共计1000公吨，请计算该商品的外汇净收入。

4. 某轻工公司出口一批头饰，退税率为13%，头饰供货商报价为129.6元/罗(含13%增值税)，数量为900罗。试计算该批头饰的退税金额。

5. 前进造纸厂向风华贸易公司供应某种纸张80吨，工厂生产成本为5500元/吨，工厂利润是生产成本的8%，增值税为13%(增值税额=不含税出厂价×增值税率)，退税率为13%。试计算：

(1) 工厂给贸易公司的出厂价应为每吨多少元？

(2) 贸易公司的实际成本是多少元？

6. 恒昌贸易公司出口健身器材到美国纽约，货物每套装1个纸箱，共计530箱(20英尺货柜)，装运港至美国纽约一个20英尺货柜的包箱费率为2050美元。恒昌公司出口该产品的定额费用率为6%，进货成本为每套85元人民币(含13%增值税)。出口退税率为13%，中间商的佣金为售价的5%，货运保险按CIF价格的110%投保，费率为0.85%；汇率是6.50人民币兑换1美元。

试按上述资料以7%的销售利润率计算FOB价格和以10%的销售利润率计算CIF价格各为每套多少美元？

如果美国客户还价CIF纽约每套为14.50美元，那么：(1)如果恒昌贸易公司要保证5%的销售利润，卖方CIF纽约需还价多少？(2)若客户坚持按CIF N. Y. 每套14.50美元成交，恒昌贸易公司仍保持5%利润率，其进货价应调整至每套人民币多少元？

7. 一笔布胶鞋来料加工贸易中，进口橡胶到岸价为USD13 000/mt，加工成布胶鞋的出口外汇净收入为USD9.50/pair，进口橡胶每吨可加工2000双布胶鞋，试问外汇增值额和外汇增值率各为多少？

8. 进口钢板500公吨，进口合同单价FOB 神户USD300.00/公吨，进口关税率为8%，增值税率为17%，汇率为卖出价8.00元兑换1美元，神户至大连的运保费为USD90.00/公吨，大连港口费用为160元/公吨，利息加其他费用为200元/公吨，求进口成本。

9. 根据"20美元/双 CIF 纽约，成交总额为120 000美元"这个条件，填制销售确认书的价格条款(见表3.10)。

表3.10　任务——填制销售确认书

销 售 确 认 书

SALES CONFIRMATION

确认售予你方下列货物，其条款如下：
We hereby confirm having sold to you the following goods on terms and conditions as stated below:

	单价 Unit price	总值 Total amount

10. 请根据下列数据，算出每一辆电动玩具车的FOB、CFR、CIF报价(含佣金价)，计算过程保留4位小数。

品名：ELECTRIC CAR

货号：C30329

HS编码：9503001000

包装方式：1PC/CTN

计价单位：辆

每辆纸箱尺码：106cm(长)×59cm(宽)×46cm(高)

每辆纸箱毛重/净重：G.W.：16KGS/CTN，N.W.：15KGS/CTN

报价数量：60辆，拼箱货 (LCL)

核算数据如下：

采购成本：200元/辆 (含增值税)

出口费用：单位商品 (辆) 出口的包干费为0.132元

　　　　　件杂货/拼箱海运费率为计费标准W/M，60美元/每运费吨

　　　　　出口定额费率为3.5%(按采购成本计)

　　　　　垫款周期为30天

　　　　　银行贷款利率为6%(1年按360天计)

　　　　　海运货物保险费率为0.65%

　　　　　投保加成率为10%

增值税率为13%

出口退税率为13%

国外客户的佣金率为5%(按报价计)

银行手续费率为0.35%(按报价计)

汇率为6.8元(1美元兑换人民币)

预期利润：10%(按报价计)

七、案例讨论

1. 某公司从巴基斯坦购买棉纱，其中购买"三马"牌四十支棉纱300包、"金鱼"牌二十支棉纱200包，合计金额为9.35万美元，价格条件为CIF中国香港。货物装船后，卖方向买方提交全套有效单据。同年12月，进口商提货时，部分棉纱已被污损，经检验公证，共计损失2932.68美元。于是买方要求卖方如数赔偿。在协商不能解决纠纷的情况下，买方向法院起诉。该笔业务属于何种交货性质，买方能否胜诉？

2. 某出口公司按CFR贸易术语与法国一家进口商签订一笔抽纱台布出口合同，价值为8万美元。货物于2021年9月4日上午装上"昌盛"号货轮，业务员当日忘记向客户发出装船通知(shipping advice)，9月5日下午给买方发出通知。法商收到装船通知向当地保险公司申请投保时，不料该保险公司已获悉"昌盛"号货轮5日凌晨在海上遇难，从而拒绝承保。请问这样会出现什么后果？业务员应当从中吸取什么教训？

3. 某公司出口马来西亚一批新闻纸，每公吨1600美元FOB大连，5月底之前装运，集装箱装船。我方于5月10日收到买方发来的装运通知，为了及时装运货物，我方于5月15日将货物运往大连港码头仓库存储，不料仓库发生火灾，货物全部灭失，致使货物损失全部由我方负担。试问，如果我方采用FCA术语，则该案中的损失是否由我方承担？为什么？

第四章 货物运输

> **学习目标**
>
> 合理选用货运方式,掌握货运单据的性质和作用,通晓租船订舱的操作程序,熟练填制装运条款内容。

第一节 运输方式

一、海洋货物运输

(一) 海运的特点

海洋货物运输,简称海运。海运是国际货物的主要运输方式,2/3的货物要通过海运(ocean transport)。海运有如下几个特点:其一,运力强、运量大。一艘货轮的载重量相当于250～300个车皮的载重量,一般杂货船可载1万～2万吨货物,第五代集装箱船可载6万～7万吨货物,巨型油轮可载50万吨以上货物。其二,航线不受限制,可以改道航行。其三,海运运费低廉。海运运费是铁路运费的1/5,是公路运费的1/10,是航空运费的1/30。其四,海运速度慢,风险大。海运受气候和自然条件的影响较大,航期不准确。

(二) 海运的方式

根据船舶营运方式的不同,海运可分为班轮运输与租船运输。其中,班轮运输的货物在我国进出口物资中占70%以上。

1. 班轮运输

班轮运输(liner transport)又称定期船运输,是按照固定港口、航线和船期表从事运输业务,并按固定费率收费的运输方式。

1) 班轮运输的特点

(1) "四固定",即航线固定、停靠港口固定、船期固定和运费率固定。

(2) 由船方负责货物装卸。

(3) 各类货物均可装运,包括冷冻、易腐、液体、危险品,且在码头仓库交货,方便货主。

(4) 承、托双方的权利、义务和责任豁免以提单条款为依据。

2) 班轮运费

班轮运费是班轮公司向货主收取的运费价格。该价格高低受到以下因素影响:货物特性及其价格高低;运量大小和港口装卸效率;航程远近;航运供求和竞争程度。

班轮运费通常体现在等级运价表中,即按照商品等级确定运费价格。不同商品有不同等级,一共20个等级,1级商品的运费最低,20级商品的运费最高。在运价表后部列有杂货等级费率和集装箱包箱费率,同时附有计收标准及附加费收取标准。

班轮运费由基本运费和附加运费构成,基本运费的计收标准在第三章已经阐述,这里主要介绍一下附加运费。有些货物需要特殊处理或者由于有突发事件的发生或客观情况变化等,船方根据具体情况为了弥补运输中额外的开支而加收的费用,即为附加运费。附加运费主要有以下几种。

(1) 超重附加费(heavy lift add),即对每件超重货物加收的附加费。有的轮船公司规定,每件货物的毛重不得超过5公吨,如超过限额,则每公吨加收一定的超重附加费。

(2) 超长附加费(long length add),即对每件超长货物加收的附加费。有的轮船公司规定,每件货物的长度不得超过9米,如超过限额,则每米加收一定的超长附加费。

(3) 燃油附加费(bunker adjustment factor,BAF),即对燃油价格上涨加收的附加费。

(4) 货币贬值附加费(devaluation surcharge,currency adjustment factor,CAF),即由于运价表中规定的货币贬值,船方加收的费用。

(5) 港口拥挤费(port congestion surcharge),即由于对港口压港压船,停泊时间长而加收的费用。

(6) 港口附加费(port add),即对港口设备差或装卸效率低,造成船舶靠港时间长加收的费用。

(7) 选卸附加费(additional on optional discharging port),即对选卸货物(optional cargo)、倒舱翻找货物所追加的费用。

(8) 转船附加费(transshipment surcharge),即对船方换装和转船而加收的费用。

(9) 直航附加费(direct surcharge),即对达到一定数量的、运往非基本港的货物安排直航所加收的费用。中国远洋运输有限公司规定，近洋直航下，货物需达2000公吨；远洋直航下，货物需达5000公吨。

(10) 绕航附加费(deviation surcharge)，对正常航道不能通行，绕道到达目的港所加收的费用。

2. 租船运输

租船运输(charter transport)，也称不定期船运输，是货主包租整条船舶运输货物的方式。

1) 租船运输的特点

(1) 无固定航线、港口、船期，根据需要协商确定；无固定运价、租金及装卸费用，根据船运供求状况双方协商。

(2) 适于大宗低值货物，如粮食、矿砂、煤炭、化肥、水泥等。

2) 租船运输的方式

租船运输分为定程租船、定期租船和光船租船三大类。

(1) 定程租船，又称程租船(voyage charter)，即船方按时到港装货并运往卸货港，完成整个航程的运输方式。

(2) 定期租船，又称期租船(time charter)，即租船人在规定期限内取得船舶使用权，并负责安排调度和经营管理；船方负责船员工资、给养和船舶航行与维修。定期租船的租期几个月到若干年不等，通常在承运人运力不足时采用。

(3) 光船租船(bare boat charter)，即船东出租货船而不提供船员的租船方式。光船租船多在船东想卖船而买方无力一次性支付价款时使用。

3) 定程租船与定期租船的区别

(1) 经营管理不同。前者租船人不负责经营管理；后者负责。

(2) 调度权限不同。前者租船人无权调度船舶；后者有权选择航线、港口和货物等。

(3) 计算和支付运费方法不同。前者按货量计算运费，有预付、到付，还有部分预付和部分到付等；后者按船舶的夏季满载载重吨计算租金，按月预付。

(4) 其他费用划分不同。前者租船人只付运费，对隔垫费、装卸费等视合同内容而定；后者船东只付几项费用，如修理费、保险费、船检费等，其他由租船人负担。其中，装卸费支付有4种规定：船方管装管卸(liner terms)、船方管装不管卸(FO)、船方管卸不管装(FI)、船方不管装卸(FIO)(使用较多)。

4) 注意事项

(1) 注意租船合同与买卖合同的衔接。例如，按照CIF成交，买卖合同规定提单要标明"运费预付"，而租船合同规定"运费到付"，船货双方会因此产生分歧。

(2) 要了解船运行市。根据船运供求关系，利用船东之间、代理商之间、不同船型之间的竞争关系，争取以有利价格成交。

(3) 船舶的选择方面。对于信誉较差的船东不予考虑；选择船龄较小的船舶，尽量不租15年以上的船舶。

(4) 弄清装卸港口情况，如泊位水深、候泊时间长短、港口作业时间(5天还是6天)、港口费用等方面的规定。

5) 租船合同

租船合同是船东与租船人达成的协议。期租船合同使用最多的是"标准定期租船合同"，国内译为"巴尔的摩合同"。我国制定有"中国期租1980合同"。程租船合同较多使用"标准杂货租船合同"，国内译为"金康合同"。以程租船为例，租船合同的主要条款如下：船租双方的名称和地址；船名；船旗；船舶的适航性；船期；装卸港口；船舶到达的含义；港口租约；准备就绪和准备就绪通知书；安全港口；就近条款；提供租约规定的货物；货物选择权条款；宣载条款(不超过和不少于××吨)由船方宣布；运费及运费的计算；可用装卸时间；滞期费和速遣费。

(三) 海运单据

海上货物运输单据主要是海运提单，其次是海上货运单。

1. 海运提单

1) 海运提单的性质和作用

海运提单(ocean bill of lading，B/L)，是船方接管货物或装船后签发的货物收据，也是船方交货的凭证。提单的性质及作用有三点：一是货物收据，证明船方收到货物；二是物权凭证，提单持有人有权凭以提货，还可背书转让他人；三是运输契约的证明，提单规定了承托双方的权利义务、责任与豁免，是处理纠纷的依据。

发货人收到海运提单，证明已经交货，可以收汇；收货人收到海运提单，证明货权已转移买方，货物到港前，买方有权将提单转让给后来的购货人，或持单向银行抵押贷款，买方还可以持单向船方索赔。

2) 海运提单的内容

每个船公司都有自己的提单格式，但是内容大致相同，都有正面和背面条款。正面条款主要记载托运人、收货人、被通知人、提单号码、船名、航次、起运港、目的港、货物名称、数量、毛重、体积、唛头、提单正本份数等，落款盖上承运人的名章，具体实例见第12章单据12.6。

提单背面条款是确定承托双方、收货人以及提单持有人之间的权利和义务的依据，也是解决双方争议的依据。各船公司提单背面条款不一，但大同小异，主要条款如下：定义条款、首要条款、承运人责任条款、承运人责任期限条款、免责条款、索赔条款、包装与唛头条款、运费条款、留置权条款、转运和转船条款、卸货和交货条款、动植物和舱面条款、危险品条款。

国际上为了规范提单背面条款，先后签署了三项有关提单的国际公约。第一个是1924年签署的《关于统一提单若干法律规则的国际公约》，简称《海牙规则》。该规则较多地维护了承运人的利益，风险分担上很不均衡。第二个是1968年签署的《修改统一提单若干法律规定的国际公约议定书》，简称《维斯比规则》，该规则对海牙规则中明显不合理或不明确的条款做了局部的修订和补充。第三个是1978年签署的《联合国海上货物运输公约》，简称《汉堡规则》，该规则进一步扩大了承运人的责任范围。三项公约签发的历史背景不同，内容不一，各国对公约所持态度也不相同，因此，各国船公司签发的提单背面条款也必有差异。

3) 海运提单的种类

(1) 根据货物是否已经装船，海运提单可分为已装船提单(on board B/L)和备运提单(received for shipment B/L)。前者是指装船后，船方签发的载有船名和装船日期的提单；后者是指船方收货后在待运期间签发的提单。业务中，银行要求提供已装船提单；集装箱运输时，银行也可接受备运提单。

(2) 根据货物外表有无不良批注，海运提单可分为清洁提单(clean B/L)和不清洁提单(unclean B/L，foul B/L)。前者是指货物装船时表面状况良好，船方未加货物受损或包装不良批注的提单；后者是指船方标有不良批注的提单。银行只接受清洁提单。

(3) 根据运输方式，海运提单可分为直达提单(direct B/L)、转船提单(transshipment B/L)和国际多式联运单据(multimodel transport document，MTD)。直达提单是指货物从装运港直接运达目的港所签发的提单；转船提单是指货轮在途中换装另一条船再驶往目的港所签发的提单，注有"在某港转船"字样；国际多式联运单据是由国际多式联运经营人签发的对全程运输负责的运输单据。

(4) 根据收货人抬头，海运提单可分为记名提单(straight B/L)、不记名提单(bearer B/L)和指示提单(order B/L)。

① 记名提单，收货人一栏填写收货人名称的提单。在记名提单下，货物只能交给收货人，提单不能转让。有些国家规定，可以不凭正本提单提货，此时该提单就失去了物权凭证的作用。

② 持有人提单，收货人一栏填写"货交提单持有人"，或不填写任何内容的提单。在持有人提单下，谁持单谁提货。这类提单很少被使用。

③ 指示提单，收货人一栏填写"凭指定"(to order)或"凭……指定"(to order of...)字样的提单。此类提单抬头决定了谁来指定收货人，经过背书才能转让，转让后可达成海上"路货"交易。该类提单在业务中使用最多。

指示提单又分为凭指定(to order)、凭托运人指定(to the order of shipper)、凭申请人指定(to the order of applicant)、凭某某银行指定(to the order of xxx bank)几种填写方法。对于资信较差的买方，不宜使用凭申请人指定。

指示提单转让时需要背书。背书方式分为"空白背书"和"记名背书"两种。空白背书是背书人在提单背面签章即可转让；记名背书除了背书人签章外，还要注明受让人名称。使用最多的是凭指定并经空白背书的提单，惯称"空白抬头、空白背书"提单。

(5) 根据内容繁简，海运提单可分为全式提单(long term B/L)和简式提单(short term B/L)。前者有正反两面内容，后者仅有正面内容。提单副本及租船提单属于简式提单。租船提单多注有"按照本公司全式提单条款办理"的字样。

(6) 根据运费支付方式，海运提单可分为运费预付提单(freight prepaid B/L)和运费到付提单(freight to be collected B/L)。前者是指装船后立即支付运费才能取得提单；后者是指货到后收货人支付运费方可提货的提单，否则船方可行使货物留置权。

(7) 根据船舶运营方式，海运提单可分为班轮提单(liner B/L)和租船提单(charter party B/L)。

(8) 根据提单效力，海运提单可分为正本提单(original B/L)和副本提单(non-negotiable B/L，or copy B/L)。正本提单是提货和议付的凭证，印有"正本"字样。一套提单通常是"三正三副"，任何一个正本都可以作为提货凭证，一般是全套正本提单一起流转。若签发有多份正本提单，则于签发条款中写明，当其中一份正本提单用以提货之后，其余各份正本提单自行失效。一旦正本提单丢失，可以提交保函要求船方补发一份正本提单，另行编号，并告知船方目的港代理，声明前签提单作废；或者指示船方电放货物——进口商凭印有正本提单已确认(original B/L surendered)字样的副本提单提货。副本提单是供内部流转及确认装船信息用的单据，印有"副本"字样。

(9) 根据签发人，海运提单可分为船公司提单(master B/L)和货代提单(house B/L)。船公司提单也称主单，是为自己船只承运货物而签发的提单。该提单的发货人是货代，收货人是货代在目的港的代理。该提单便于收货人查询货物到达情况。

货代提单是货代揽货后签发的提单，是货代在主单项下以船方代理人身份签发给发货人的提单，不是物权凭证。这种提单在货物到达后，由货代统一提货再分配，一旦承运人出现过失，卖方只能与货代交涉，其权益得不到保障，且目的港如果没有代理的话，收货人无法查询货物到达情况，故银行不愿接受这种提单。

(10) 其他提单。

① 舱面提单(on deck B/L)，是指签有"货装甲板"字样的提单。货主一般都要加保舱面货物险，以策安全。除信用证规定外，银行不接受舱面提单。

② 迟期提单(stale B/L)，也称过期提单。一是指出口商装船后延滞过久，错过了交单期限的提单。按照国际惯例，正本提单应不迟于发运日后21日内交单，银行拒绝此类提单。二是指晚于货物到达的提单。近洋运输时，这种提单经常出现，所以出口商为及时收汇，往往要求进口商在开证时加列"过期提单可以接受"的特别条款，便于银行受理议付。

③ 倒签提单(antidated B/L)，是指应托运人的要求，船方在货物装船后签发早于实际装船日期的提单。发货人在错过了装运期的情况下，为了与合同交货期一致，大多向船方申请签发此提单。

④ 预借提单(advanced B/L)，是指由于信用证规定的装运期和交单结汇期已到，货

主因故未能及时备妥货物或尚未装船完毕，或由于船公司的原因船舶未能在装运期内到港装船，应托运人要求而由承运人或其代理人提前签发的已装船提单，即在货物尚未全部装船时，或者货物虽然已经由承运人接管但尚未开始装船的情况下签发的提单。通常在装船之前，发货人提交保函向船方借出提单，船方根据请求签发已装船提单，以便使提单日期与客户要求一致而顺利结汇。

倒签提单和预借提单显示的提单日期都不是实际装船日期。两者都是将提单的签发日期提前，使得实际日期与提单所记载的日期不符，构成虚假和欺诈，属于违法行为，侵犯了收货人的权益，应杜绝使用。

2. 海上货运单

海上货运单简称海运单(sea waybill or ocean waybill)，是船方签发给收货人的提单。它不是物权凭证，不能向银行押款和转让，这是它与海运提单的区别所在。在海运货运单下，承运人不凭运单，而凭收货人的提货或收货凭条付货，只要该凭条能证实该持有人为运单指明收货人即可。海运单能方便进口人及时提货，简化手续，节省费用，还可以在一定程度上减少单据欺诈行为，所以某些地区的贸易界越来越倾向使用海运单。

二、铁路货物运输

在国际货物运输中，铁路货物运输是仅次于海洋运输的货运方式。铁路货物运输具有运量大、速度快、不受气候限制、手续简单、就近托运的特点。我国铁路贸易运输方式包括国际铁路货物联运和国内铁路运输两种。

(一) 国际铁路货物联运

1. 概述

国际铁路货物联运是指两个或两个以上国家之间的铁路货物运输。国际铁路货物联运使用一份票据，铁路当局对全程运输负连带责任，在一国向另一国移交货物时无须收发货人参与。

参加国际铁路货物联运的国家分为两个集团：一个是有32个国家参加并签有《国际铁路货物运送公约》的"货约"集团；另一个是曾有12个国家参加并签有《国际铁路货物联运协定》的"货协"集团，"货协"现已解体，但联运业务并未终止。在我国凡可办理铁路货运的车站都可以接受国际铁路货物联运。

根据货量、体积不同，铁路货物联运分为整车、零担、集装箱、托盘和货捆等装运方式。根据运送速度不同，铁路货物联运分为快运、慢运和随客列挂运。

我国最早办理国际铁路联运的承运人是中国对外贸易运输公司(以下简称"外运")。1980年，我国成功试办了通过西伯利亚大陆桥实行集装箱国际铁路联运。我国部分省市的布胶鞋、面巾纸、牛肉罐头等都通过国际铁路联运发往俄罗斯、伊朗、匈牙利等国。

现在已有很多货运代理公司承办国际铁路联运,他们跟踪货物在途信息,及时通知客户及国外段代理口岸换装及过境信息,并提供网上货运信息,方便货主托运。

2. 托运程序

第一步,提前一个月报请月度车皮(火车货用车厢)计划。

第二步,出口单位向车站填报一式五联的铁路运单。第三联"运单副本"交发货人作结算和索赔之用;第五联"到达通知单"随货发走。

第三步,始发站审单合格后,签署货物进站日期或装车日期,表示接受托运。

第四步,发货人按照规定日期将货运往车站指定货位。

第五步,车站核对无误,装车后加盖承运日期戳,铁路负责发运。火车装运后施加铅封,铅封内容有站名、封志号、年月日。对零担货物(不超过5000千克),发货人无须安排要车计划,但要向始发站申请托运;车站受理后,发货人按指定日期将货运到车站,经检查、过磅后交铁路保管。

3. 货物交付与索赔

货抵终点站时,由该站通知收货人取货。铁路将第一联、第五联运单交收货人点货,收货人在第二联填写领取日期并加盖收货章。

货物发生全部灭失时,如向发货人索赔,应提供运单副本;货物部分灭失时,发货人或收货人都应提供运单和铁路商务记录;货物逾期到达,收货人应提供运单索赔;铁路多收运费时,发货人可以不提供运单,但收货人必须提供运单。

(二) 国内铁路运输

我国出口货物经铁路运到港口装船,进口货物卸船后经铁路运往各地,向港澳供应货物都属于国内铁路运输。

1. 对港澳地区的货物运输

对香港的铁路运输由大陆段和港九段两部分铁路运输组成,其特点是"两票运输、租车过轨",即出口商将货物运到深圳北站,由深圳外运公司作为出口商的代理向铁路租车过轨,交付租车费(按车上标定的吨位计算)并办理报关手续。海关放行过轨后,香港"中国旅行社有限公司"(以下简称"中旅")作为深圳外运在港代理,在罗湖车站向港九铁路办理港段铁路运输的托运、报关,货到九龙由"中旅"负责卸货并交收货人。

在对澳门的铁路运输中,出口商在发送地车站将货物运至广州,整车货物到广州南站新风码头42道专用线,零担货物到广州南站,危险品零担货物到广州吉山站,集装箱和快件到广州车站,广东外运作为收货人,负责水路转运澳门,货到后由南光集团的运输部负责接货并交收货人。

2. 供港货物托运程序

第一步,出口商装运前一个月申报车皮计划,填写货运委托书办理托运手续,按指定时间,将货送至指定货位装车。

第二步,出口商委托深圳外运接货、保管、租车过轨等中转手续。

第三步,出口商将供港货物委托书、出口货物报关单、起运电报(装车后24小时内发)、商业发票、装箱单、商检证、出口许可证(如需要)等单证寄给深圳外运,以便办理中转手续。

第四步,具备过轨手续的货车,由深圳外运报关,海关会同边检站对过轨货车联检后,共同在"出口货车组成单"上签字放行。

第五步,放行后的货车被运到深圳北站以南1公里与罗湖站连接处,由罗湖站验收并托运过境,再将货运到九龙站,由"中旅"负责卸车并将货物分别交给收货人。

出口商办理托运后,凭"承运货物收据"(cargo receipt)办理结汇(见单据4.1)。

单据4.1 承运货物收据

中国对外贸易运输总公司吉林省分公司			
承运货物收据			
注 意 本承据自制发之日起,满足三个月,无人持凭提货,即告作废。	公元 年 月 日	总编第 No.004042 号 字 第 号	
委运人: 地 址:		收货人: 地 址:	
本据所列货物已向银行叙做押汇本据应过户:		本据一经过户,非经押汇银行签认,收货人不得凭提货件。	
运输路线 自 至 经由 车号 票号			
标记	货物名称	包装	件数	重量或尺码	附记
			正	本	
许可证/明细单号:	信用证号:		起运日期:
有效承运货物收据共发 纸,凭壹纸提货,其余作废。			
特约事项:		提货地点:	
押汇银行签认: 收货人签认:		承运人签章:	

3. 供港货物运费

供港货物运费由内地始发站—深圳北站运费(国内段)、深圳—九龙(港段)两部分构成。

(1) 国内段铁路运费。

国内段的运费计算公式为

$$运费=计费重量×货物运价率$$

整车货物按货车标重计算；零担货物按货物重量计算。整车货物的运价率系每吨(或每辆)的运费，零担货物系每10千克的运费。货物运价率根据运价里程与货物运价号，在货物运价率表中查出相应的运价率。整车货物分为1—12号，零担货物分为21—25号，运价号数目越大，运价率越高。

首先应查出发站至到站的运价里程，再查该品名的适用运价号，按照运价号，计算出货物单位重量(整车为吨、零担为10千克，集装箱为箱)的运费。

(2) 港段铁路运费。

① 整车运杂费。港段运费实行等级运费，把所有货类(除牲畜)分为5个等级，1级最高，5级最低。以计费重量乘以等级运费率即得运费总额。

② 零担运杂费。租车费以每天每车皮标重吨若干元计算。

劳务费以每吨若干元计算，按毛重计收。专用线使用费以每车12小时内核收若干元，超过12小时每小时核收若干元。

三、国际航空货物运输

航空运输(air transport)是一种现代化的运输方式，具有速度快、货运质量高、不受地面条件限制的特点，适用于运送急需物资、鲜活商品、精密仪器(如羊绒、丝绸、菌苗、电脑)等。航空运输的不足之处是运量小、运费高。航空托运代理是中国对外贸易运输公司及各地货运代理公司。

(一) 航空货运方式

1. 班机运输

班机运输(scheduled air-line)是用固定航线飞行的航班运送货物的方式。班机运输有固定的始发站、途经站和目的站，一般使用客货混合型飞机。

2. 包机运输

包机运输(chartered carrier)是用专门的运输飞机运送货物的方式。包机运输又分为整包机和部分包机，前者适合运送大批量货物，后者适用运送到站相同的多个发货人的货物。

3. 集中托运

集中托运(consolidation)是将同一到站的多个发货人的货物集中组成整批货，统一办理托运，货到港后由当地空代收货报关，并将货物分拨给实际收货人。此种方式运费低，业务中采用较多。

4. 急件传递 (air express)

急件传递(air express)是快递公司与航空公司合作，设专人在货主、机场、用户之间进行货物快速传递的运输方式。急件传递适于运送急需药品、贵重物品、货样及单证等，被称为"桌到桌运输"。

(二) 航空运输的程序

第一步，出口商向空运代理(以下简称"空代")提交"国际货物托运书"(见示例4.1)和合同各一份。

示例4.1　国际货物托运书

国际货物托运书 SHIPPER'S LETTER OF INSTRUCTION		货运单号码 NO. OF AIR WAYBILL	
托运人姓名及地址	托运人账号	供承运人用 FOR CARRIER USE ONLY	
		航班日期 FLIGHT/DAY	航班日期 FLIGHT/DAY
		已预留吨位 BOOKED	
收货人姓名及地址	收货人账号CONSIGNEE'S ACCOUNT NUMBER	运费	
代理人的名称和城市 ISSUING CARRIER'S AGENT NAME AND CITY		另行通知 ALSO NOTIFY:	
始发站 AIRPORT OF DEPARTURE			
到达站 AIRPORT OF DESTINATION			
托运人声明的价值 SHIPPER'S DECLARED VALUE		保险金额	所附文件
供运输用 FOR CARRIAGE	供海关用 FOR CUSTOMS		

(续表)

处理情况(包括包装方式、货物标志及号码等) HANDLING INFORMATION(INCL.METHOD OF PACKING,IDENTIFYING MARKS AND NUMBERS,ETC.)					
件数 NO.OF PACKAGES	实际毛重/千克 ACTUAL GROSS WEIGHT(KG)	运价类别 RATE CLASS	收费重量 CHARGEABLE WEIGHT	费率 RATE/ CHARGE	货物品名及数量(包括体积或尺寸) NATURE AND QUANTITY OR GOODS(INCL. DIMENSIONS OF VOLUME)

托运人证实以上所填全部属实,并愿意遵守承运人的一切载运章程。
THE SHIPPER CERTIFIES THAT THE PARTICULARS ON THE FACE HEREOF ARE CORRECT AND AGREES TO THE CONDITIONS OF CARRIAGE OF THE CARRIER.

托运人签字	日期	经手人	日期
SIGNATURE OF SHIPPER	DATE	AGENT	DATE

第二步,空代向航空公司订舱后,通知发货人备货备单。

第三步,托运人备妥货物后,将单证送交空代,以便办理报关手续(单一窗口)。

第四步,空代点货,查验货物有无残损。

第五步,空代制作交接清单一式两份,向航空公司交货。

第六步,空代将报关单证交海关验收,海关在运单正本和报关单上加盖放行章(现在多以电子方式——单一窗口电子签章)。

第七步,托运人凭空代的"分运单"结汇(航空公司托运的,就凭其签发的"主运单"结汇)。

第八步,货到后,航空公司通知空代或收货人提货。到货通知内容包括运单号、品名、件数、重量、体积、发货地、合同号、运费到付数额、货代联系方式、超期报关提示等。

(三) 航空运单

航空运单(air waybill)是承运人签发的货运单据,空运提单一般为一式正本三份及副本若干份。航空运单与铁路运单一样,不是物权凭证,不能凭以提取货物,必须做成记名抬头,不能背书转让。 收货人凭航空公司的到货通知单和有关证明提货。由于它不是物权凭证，空运采用信用证结算时，收货人应为开证行，使货权掌握在银行手中，避免提货不付款情况的发生。

(四) 航空运费

1. 航空运费的计算

航空运费是对每一重量单位货物收取的航空费用。航空运费不包括报关、提货、仓储的费用。航空运价由货物运价和计费重量组成，实际毛重适用重货，体积重量适用轻货，即将货物体积按一定比例折合成的重量，换算标准为每6000立方厘米折合1千克，计算公式为

$$体积重量(千克)=\frac{货物体积}{6000cm^3/kg}$$

在航空运输中，计费重量为实际毛重与体积重量较高者。

2. 航空运价的分类

(1) 普通货物运价。普通货物运价(general cargo rate)是以重量为标准所划定的货物运价。通常以45千克为运价划分点，45千克以上的运价低，即在45千克以上，重量越大，运价越低。在普通货物运价下，货物的种类只能按一般货物运价计收。

(2) 指定货物运价。指定货物运价(specific commodity rate)也称特种货物运价，指定品名货物的优惠运价低于普通货物运价。指定货物对起讫地点、运价使用期限、运价的最低重量起点都有特定要求。如果重量满足确指品名运价，则优先使用确指品名运价；如果重量没有满足确指品名运价，则先用较低重量点的泛指品名运价，再与较高重量点的确指品名运价比较，取其低者。

(3) 等级货物运价。等级货物运价(class cargo rate)是指在规定的业务区内运输特别指定的等级货物的运价，这些货物包括活动物、贵重货物、书报、行李、尸体、汽车等。在等级货物定价下，通常在普通货物运价基础上增加或减少一定的百分比。

运价的使用顺序如下：首先是特种货物运价，其次是等级运价，最后是一般货物运价。

四、集装箱运输

(一) 集装箱运输的特点

集装箱运输(container transport)，是以集装箱(见图4.1)为运输单位运送货物的一种现代化运输方式。它可以从发货人仓库运到收货人仓库，实现门到门的运输。集装箱放在船上等于货舱，放在火车上等于车皮，放在卡车上等于货车，适用

图4.1　集装箱外形图

于海运、路运及多式联运。集装箱运输具有坚固、密封、反复使用、装卸效率高、货损货差小的优点，但不能杜绝偷盗、发汗(即濡损)、通风不良、雨水进入的问题。

(二) 集装箱的种类

集装箱是用钢、铝或一些材料混合制成的包装容器，按照用途分为以下几种。

(1) 干货集装箱(dry cargo container)，也称杂货集装箱，适用于装载日用百货、食品、机械、仪器、医药及贵重物品，液体货物和需要温度调节的货物除外。

(2) 散货集装箱(bulk container)，密闭式集装箱，适用于运送谷物、饲料、水泥、化学制品。

(3) 冷藏集装箱(reefer container)，适用于运送冷冻或冷藏货物，如鱼、肉、新鲜水果、蔬菜等。

(4) 开顶集装箱(open top container)，没有箱顶的集装箱，但有帆布、塑料布制成的顶篷，适用于运送大型货物，如玻璃板、机械等。

(5) 框架集装箱(flat rack container)，无箱顶和侧壁的集装箱，适用于运送超重件、重型机械、钢管、机床等。

(6) 罐式集装箱(tank container)，适于液体货物运输，如酒类、药品、化工品等。

(7) 挂衣集装箱(hang container)，设有吊挂的横杆、绳扣和衣架挂运服装的集装箱。

(8) 牲畜集装箱(pen container)，专门用于装运牲畜的集装箱，其侧壁用金属丝网制造，通风好，并设有喂养装置。

(9) 汽车集装箱(car container)，专供装运汽车的集装箱，仅有框架和箱底，可装一层或两层汽车。

(三) 集装箱的规格与外部标志

1. 集装箱规格

国际标准化组织制定的集装箱标准规格共13种，常见的有20英尺、40英尺普柜和40英尺高柜三种。

(1) 20英尺集装箱也称20英尺货柜，是国际上计算集装箱的标准单位，英文称为Twenty-foot Equivalent Unit(20英尺等量单位)，简称"TEU"。20英尺集装箱的规格为20英尺×8英尺×8英尺，内径尺寸为5.85米×2.35米×2.38米，最大配货毛重为20吨，最大容积为31立方米，一般可装17.5吨或25立方米货物。笨重货宜装20英尺货柜。

(2) 40英尺普柜集装箱的规格为40英尺×8英尺×8英尺，内径尺寸为12.03米×2.35米×2.38米，最大配货毛重为30吨，最大容积为67立方米，一般可装22吨或55立方米货物。一个40英尺集装箱相当于2个TEU。轻货宜装40英尺货柜。

(3) 40英尺高柜集装箱的规格为40英尺×8英尺×9英尺，内径尺寸为12.03米×2.35米×2.72米，配货毛重一般为22吨或68立方米。近年来，业务中使用40英尺高柜较多。

2. 集装箱外部标志

集装箱外部标志有箱主名称、箱子尺寸、箱子编号、经检验合格的徽记等。中国远洋运输公司的集装箱结构与规格如图4.2所示。

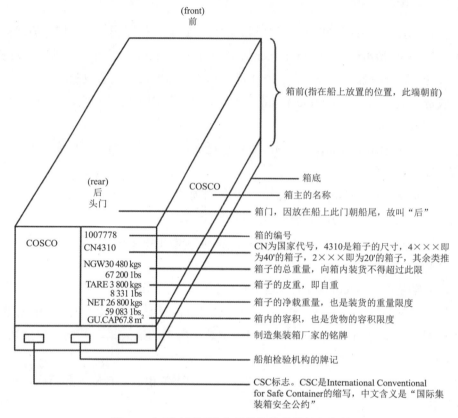

图4.2　中国远洋运输公司的集装箱结构与规格

(四) 集装箱与包装箱的匹配

包装箱的重量和尺寸一定要与集装箱的载重量和容积相匹配，才能合理计算内装箱数。包装箱要尽量占有集装箱内空间，防止亏吨。若想简单计算一个货柜的装箱数量(单位体积大于单位毛重的货物)，可以用货柜体积除以包装箱体积得出，例如，一个20英尺货柜用25立方米做标准计算，每箱体积为0.1365立方米，每箱装12双鞋，则 25立方米÷0.1365立方米/箱=183箱(183×12=2196双)，计算得出20英尺货柜能装183箱，共计2196双，该数量可作为报价数量，这样也方便业务人员核算单位费用。如果是重量货(单位毛重大于体积)，则用货柜重量除以包装箱毛重得出一个货柜的装箱数量。在实际业务中，可由专业人员设计包装箱体积和装柜数量。

包装箱与集装箱的匹配内容扫描二维码可查看。

二维码——
包装箱与集装箱的匹配

(五) 集装箱运输机构

1. 集装箱堆场

集装箱堆场(container yard，CY)是保管和堆放集装箱的场所，是整箱货(full container load，FCL)交接的地方，通常设在港口装卸区内，主要业务有签发场站收据(dock receipt，D/R)，办理装卸并编制装船配载计划，签发设备交接单和收发空箱，办理货柜存储、保管、维修、清扫、熏蒸和出租等业务。

2. 集装箱货运站

集装箱货运站(container freight station，CFS)又称拼装货站，是拼箱货(less than container load，LCL)办理交接的场所。对不足一箱的货物，集装箱货运站根据货类、流向合理拼装(consolidation)。集装箱货运站一般设在港口、车站附近，办理拼箱、保管、报关、铅封、重箱运往堆场、签发场站收据等业务。

(六) 装箱方式及交接方式

1. 装箱方式

(1) 整箱货(FCL)，即在海关监督下，货方在自己仓库或集装箱堆场装箱、计数、积载并加铅封的货运装箱方式。当货量达到容积的75%或负荷量的95%时，即为整箱货。

(2) 拼箱货(LCL)，由承运人在集装箱货运站装箱、计数、积载并加铅封的货运装箱方式。拼箱走货时，货方尽量不接受指定船公司，以免托运时无法满足客户要求。

2. 交接方式（四类九种）

(1) FCL‐FCL(整箱交，整箱收)，适用于CY‐CY，Door‐Door，CY‐Door，Door‐CY。

(2) FCL‐LCL(整箱交，拆箱收)，适用于CY‐CFS，Door‐CFS。

(3) LCL‐FCL(拼箱交，整箱收)，适用于CFS‐CY，CFS‐Door。

(4) LCL‐LCL(拼箱交，拆箱收)，适用于CFS‐CFS(很少使用)。

其中CY‐Door，Door‐Door，CFS‐Door，目的港至收货人仓库这段路的运费很难掌握，承运人一般不接受。

(七) 计费方法及运输单据

1. 计费方法

集装箱运输实现了门到门交接，增加了承运人的责任和风险，从而也发生了其他费用开支，如内陆运费、拼箱服务费、堆场服务费、海运运费、集装箱设备使用费等。集装箱货运计费方法有两种：一是以每运费吨为单位计收(基本费率+附加费)；二是以每个集装箱为单位(即包箱费率)计收。

2. 货运单证

(1) 托运单(booking note)。托运单(见示例4.2)是货代接受货主订舱委托后缮制的单据,是向船方订舱的依据。托运单一式数联,含有场站收据(见示例4.3)。

(2) 装箱单(container load plan,CLP)。装箱单一式数份,整箱货由货主或货代填制,拼箱货由货运站填制。该单要翔实填写并与托运单一致。

(3) 设备交接单(equipment interchange receipt)。设备交接单是用柜人进出港区、场站提柜、换柜的凭证。

(4) 集装箱提单(container B/L)。集装箱提单有货柜的收货地点、交货地点、集装箱号和铅封号等。

(5) 提货单(delivery order)。提货单是收货人收到"到货通知"后,持正本提单向承运人换取提货的单据。收货人凭此单报关,放行后持单去货场提货,在单上盖章证明承运人责任结束。

示例4.2 集装箱托运单

Shipper(发货人)				编号	
Consignee(收货人)				集装箱货物托运单	
Notify party(通知人)					
Pre-carriage(前程运输)		place of receipt(收货地点)			
Ocean vessel(船名)		Voy. No.(航次)		Port of loading(装货港)	
Port of discharge (卸货港)		Place of delivery (交货地点)		Final destination for the merchant's reference (目的地)	
Container No. (集装箱号)	Seal No. (封志号) Marks & Nos.	No.of containers or p'kgs (箱数或件数)	Kind of packages; description of goods (包装种类与货物描述)	Gross weight 毛重(千克)	Measurement 尺码(立方米)
Total number of containers or packages(in words) 集装箱数或件数合计(大写)					
Freight & charges (运费与附加费)		Revenue tons (运费吨)	Rate (运费率)	Per (每)	Prepaid (运费预付)	Collect (到付)
Ex. rate (兑换率)	Prepaid at (预付地点)	Payable at (到付地点)		Place of issue (签发地点)	

(续表)

	Total prepaid (预付总额)	No.of original B(s)/L (正本提单份数)			
Service type on receiving □-CY, □-CFS, □-DOOR		Service type on delivery □-CY, □-CFS, □-DOOR		Reefer temperature required (冷藏温度)	°F	℃
Type of goods (种类)	□Ordinary, (普通) □auto (裸装车辆) □Liquid, (液体)	□reefer, (冷藏) □liveanimal, (活动物)	□dangerous, (危险品) □bulk... (散装)	危险品	Class: Property: IMDG code. page: Un No.	
可否转船:		可否分批:		备注：(remarks)		
装期:		有效期:				
金额:						
制单日期:						

示例4.3 集装箱场站收据

Shipper(发货人)	D/R No. (编号) 场站收据
Consignee(收货人)	Received by the Carrier the Total number of containers or other packages or units stated below to be transported subject to the terms and conditions of the Carrier's regular form of Bill of Lading (for combined Transport or port to Port Shipment) which shall be deemed to be incorporated herein.
Notify party(通知人)	
Pre-carriage(前程运输)　　place of receipt(收货地点)	Date(日期): 场站章
Ocean vessel(船名)　　Voy. No.(航次)　　Port of loading(装货港)	
Port of discharge　　Place of delivery　　Final destination for the merchant's reference (卸货港)　　　　(交货地点)　　　　(目的地)	
Container No. (集装箱号)	Seal No. (封志号) Marks & Nos.	No.of containers or p'kgs (箱数或件数)	Kind of packages; description of goods (包装种类与货物描述)	Gross weight 毛重(千克)	Measurement 尺码(立方米)
Total number of containers or packages(in words) 集装箱数或件数合计(大写)					
Container No. (箱号)	Seal No. (封志号)	Pkgs. (件数)	Container No. (箱号)	Seal No. (封志号)	Pkgs. (件数)
	Received(实收)		By Terminal clerk(场站员签字)		

(续表)

Freight & charges (运费与附加费)	Prepaid at (预付地点)	Payable at (到付地点)	Place of issue (签发地点)	
	Total prepaid (预付总额)	No. of original B(s)/L (正本提单份数)		
Service type on receiving □-CY, □-CFS, □-DOOR	Service type on delivery □-CY, □-CFS, □-DOOR	Reefer temperature required (冷藏温度)	℉	℃
Type of goods (种类)	□Ordinary, □reefer, □dangerous, □auto (普通)(冷藏)(危险品)(裸装车辆)	危险品	Class: Property: IMDG code. page: Un No.	
	□Liquid, □liveanimal, □bulk... (液体)(活动物)(散装)			
备注：(remarks)			海关章	

(八) 装柜要领

1. 按照货柜规格装货

在装柜过程中，根据货柜尺寸、强度及货物特点来确定堆码层次和方法，利用好柜内空间，但不得超过其核定载重量。例如电视机只能摆放3层，电池只能摆放2层，如图4.3所示。

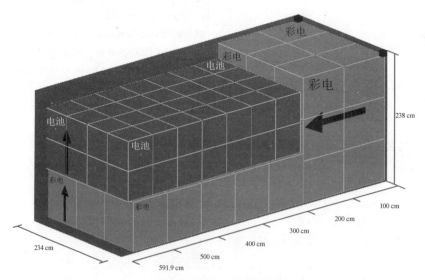

图4.3 货柜内合理摆放

2. 合理安排货物

在装柜过程中，货物尽量紧密、稳固，减少损坏；干货与轻货放上面，湿货与重货放下面，并用垫板隔离。拼箱的货物可各类挑选一种靠门摆放，减少海关彻查倒柜概率。例如在图4.4和图4.5中，有的货物只能承载自身重量(如货物1)，有的货物允许承载其他货物(货物2)，有的货物必须放在货柜的底部(如货物2)，因此摆放时要区别对待。

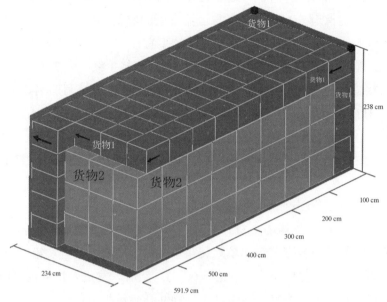

图4.4　柜内合理摆放1

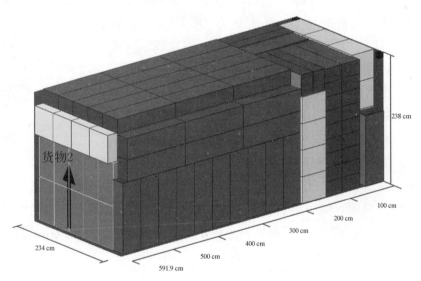

图4.5　柜内合理摆放2

3. 查装货物

在装柜过程中，要查点货物有无短损，避免柜内左右或前后轻重不均；关箱前采取措施，防止开箱时箱门口货物倒塌造成货损和伤人。

(九) 集装箱运输程序

货运代理人(以下简称"货代")是根据客户的指示,为客户的利益而揽取货物运输的人,其本人并不是承运人,而是从事与运输有关的储货、报关、验收、收款等业务的人。一般进出口人要与货运代理人联系装卸货物事宜。

第一步,订舱(即订箱)。货代填制托运单,办理订箱手续。

第二步,接受托运并出具手续。接受订舱后在托运单上填写船名、航次和编号(与提单一致),同时在装货单上加盖船方图章确认,然后将各联退还发货人,供报关、装船和换取提单。

第三步,发送空箱。整箱货用箱由船公司运交或由发货人领取;拼箱货用箱由货运站领取。

第四步,装箱与交货。这一步有两种情况。

第一种情况,整箱货装箱与交货。首先,发货人收到空箱后,装箱前不晚于24小时,办理报关并在海关监督下装箱和填写装箱单(CLP)(货名、数量及箱内积载),由海关在箱门处施加铅封,其上号码称为"封志"(seal)。然后,发货人将重箱和场站收据送堆场点收,堆场在场站收据上签字,证明已收货物并开始承担责任。

第二种情况,拼箱货装箱与交货。发货人报关后将货送交货运站,也可委托货运站报关,这样发货人要将报关"委托书"(见二维码)及报关单证连同货物交货运站拼装,并派人监装,以防短装、漏装。拼装完毕后,签发场站收据(承运人收到货物并开始对货物负责的凭证)。

第五步,货物进港。船舶开装前5天将重箱运进指定港区,船舶吊装前24小时截止进港。

二维码——代理报关委托书

第六步,换取提单。交付运费后,凭场站收据换取提单。

第七步,货箱装船。集装箱船靠泊后,由理货员按照积载计划装船。

第八步,寄送资料。船公司或其代理应于开航前2小时向船方提供副本提单、舱单、装箱单、积载图、特种集装箱清单、危险货物说明书、冷藏集装箱清单等随船资料,并于起航后采用传真、电子邮件、电传、邮寄的方式向卸货港或中转港发出卸船的必要资料。

(十) 集装箱管理

1. 集装箱出口管理

(1) 空箱使用。发货人事先到箱管部门缴纳押金,由箱管人员开具提箱单,凭此单到堆场提箱并到工厂或仓库装箱,然后送回堆场或自行集港。

(2) 重箱出口。重箱集港装船后,港口箱管人员根据出口舱单(按目的港、箱号、箱型、尺寸、箱属)制作"出口电",通知卸货港箱管代理。

2. 集装箱进口管理

(1) 进港前做好准备，这样船进港前，箱管人员便已得知所载集装箱情况。

(2) 重箱进港。重箱进港按交接方式分为整箱交和拆箱交两种。无论按哪种方式交接，收货人均需持提单和其他必要的单证到船公司或其代理的进口调度部门换取提货单，亦称小提单即D/O(delivery order)。提箱时，整箱的收货人要向箱管交纳集装箱押金。押金收取标准各地区、各港口规定不一。一般杂货箱费用为3000～10 000美元/20英尺，5000～20 000美元/40英尺。收货人交完押金后，箱管部门才开具放箱单和进口设备交接单，然后凭所开单据提箱提货。拆箱交的集装箱于卸船后直接发往指定的货运站(CFS)，然后由货运站拆箱放货。拆后的空箱由箱管码头调度，调回箱管指定的堆场。

整箱提回仓库或工厂后，集装箱免费使用若干天(杂货箱为10天)，超过期限支付滞箱费，从押金中扣除。

五、国际多式联运

国际多式联运(international multimodal transport)，是在集装箱运输基础上发展起来的将陆、海、空等货运形式有机结合在一起的国际连贯运输方式。国际多式联运主要用于集装箱运输，由一个承运人负责全程运输，负责将货物从接收地运至目的地交付收货人，并收取全程运费。国际多式联运经营人对货主来说是承运人，对实际承运人来说又是托运人。中国对外贸易运输公司、中国远洋运输有限公司等企业可以经营国际多式联运。

(一) 国际多式联运具备的条件

(1) 承运人与托运人要签订一份合同，以明确双方的权利义务。

(2) 必须是全程统一运价，一次收取。

(3) 必须采用两种或两种以上运输方式的国际连贯运输。

(4) 使用一份包括全程的多式联运单据(multimodal transport documents，MTD)，并由承运人对全程负责。

(二) 国际多式联运的使用

1. 货物托运

国际多式联运经营人根据委托安排运输路线，进行订舱(或订车)、委载，办理接货、仓储、装箱，再将重箱发往实际承运人的场站备运。起运后，由实际承运人向多式联运经营人签发提单(发货人是联运经营人，收货人是联运经营人的国外代理)，同时由联运经营人向托运人签发多式联运提单(收货人和发货人是实际收货人和发货人，通知方是目的港收货人)。根据托运人的要求，经营人签发可转让或不可转让的提单，如属前者，收货人为指示抬头；如属后者，收货人应列明收货人名址并注明不可转让。业务中，常采用可转让提单，该提单称为多式联运单据(combined transportation bill of lading, C. T. B/L)。该单据列明装卸港、收货地和交货地、最终目的地以及前段运输工具名称等内容。国际多式联运的交接方式与集装箱运输相同，也是四类九种。

2. 使用的优点及注意事项

第一，国际多式联运具有手续简便的优点，如托运一次、签订一个合同、签发一个提单、一个承运人负责；第二，运输时间缩短，无须拆箱倒载，货运质量高；第三，节省运杂费，装运即可结汇，提前7~10天收款，减少利息开支。但是在国际多式联运中，货方要注意所运货物应适合集装箱运输，装卸港应有集装箱航线和装卸设备，装箱起运地要能办理海关手续。

六、大陆桥运输

大陆桥运输(land-bridge transport)是指将铁路(或公路)运输作为中间桥梁，把大陆两端的海洋连接起来的集装箱连贯运输方式。目前，全球主要有两条大陆桥，即北美大陆桥和欧亚大陆桥。

(一) 北美大陆桥

北美大陆桥包括美国大陆桥和加拿大大陆桥，两条陆桥平行，都是连接大西洋和太平洋的大陆通道，运送从远东经北美销往欧洲的货物，是世界第一条大陆桥。

(二) 欧亚大陆桥

欧亚大陆桥包括西伯利亚大陆桥和中荷大陆桥。西伯利亚大陆桥以俄罗斯西伯利亚铁路作为桥梁，把远东地区与波罗的海和黑海沿岸以及西欧大西洋口岸连接起来，主要运送远东国家经西伯利亚到欧洲各国或亚洲伊朗等国的货物。经过这条路线去欧洲要比经苏伊士运河缩短约8000千米，节省20天时间。

中荷大陆桥称为第二条欧亚大陆桥，东起连云港，途经陇海、兰新、北疆铁路进入独立国家联合体，西至荷兰鹿特丹，1992年正式营运。

七、其他货物运输方式

(一) 公路运输

公路运输(road transport)是一种现代化运输方式，也是车站、港口和机场集散货物的重要手段。公路运输机动灵活、速度快、方便，但其载货量有限，运输成本高，易发生货损，适于同周边国家的货物输送以及我国内地同港、澳地区的货物运输。

(二) 内河运输

内河运输(inland water transport)是连接内陆腹地与沿海的纽带，在运输和集散货物中起着重要作用。内河运输具有投资少、运量大、成本低的特点。

(三) 邮政运输

邮政运输(parcel post transport)是一种简便的运输方式，具有手续简捷、费用不高的特点。邮政运输包括普通邮包和航空邮包，都适用于运送量轻、体小的货物。有的邮局规定每件邮包重量不得超过20千克，长度不超过1米。在邮政运输中，托运人办理托运，付清邮资，取得邮政包裹收据(parcel post receipt)，交货即告完成；邮件到达后，收件人凭到件通知提取。

(四) 管道运输

管道运输(pipeline transport)是用管道作为运输工具的一种长距离输送液体和气体物资的运输方式。管道运输适用于石油、煤、天然气和化学产品等物资。

管道运输初建固定投资大，建成后成本低，可省去水运或陆运的中转环节，缩短运输时间，降低运输成本，提高运输效率。我国至朝鲜早已铺设管道供朝鲜石油之用，中俄天然气管道2020年也正式投入运营。

第二节 装运相关事宜

一、装运时间

(一) 装运时间的确定

装运时间又称装运期(time of shipment)，是卖方将货物装上运输工具或交给承运人的期限。这一期限根据买方要求和卖方的供货情况来决定，过早装运会积压买方资金，过迟装运会导致脱销或停工待料。因此，双方要适时确定合理选定装运时间。具体规定方法如下所述。

1. 明确在某一时段内装运

例如,"在7月份装运"(shipment during July),说明卖方在7月1日至7月31日之间装运即可。再如,"2013年12月底以前装运",按有关惯例的解释,凡是有"以前"字样,一般不包括那个指定的日期。

2. 收到货款或信用证后若干天内装运

例如,"收到贵方30%电汇货款后30天内装运"(Shipment will be effected within 30 days after receipt of your 30% deposite of the total amount by T/T)。再如,"收到信用证后45天内装运"(Shipment within 45 days after receipt of L/C)。信用证项下必须规定买方最迟来证到达日期(latest opening date),避免买方拖延开证,影响按期装运。

3. 近期装运

例如,"立即装运"(immediate shipment),"即刻装运"(prompt shipment),"尽速装运"(shipment as soon as possible)。这些规定比较笼统,不宜使用,除非双方已达成共识。

(二) 注意事项

1. 生产周期与装运期的衔接

装运期限主要根据客户的需要、生产周期以及租船订舱难易程度来衡量,使之既能满足生产时间和订舱的要求,又能使客户接受。装运期长短要适宜,过短会给船货安排带来困难,过长会造成买方积压资金,影响卖方售价。对应季货物要尽量缩短交货期,对运往非基本港或航次较少港口的货物要适当延长时间。

2. 装运期与开证日期的衔接

信用证是卖方备货的依据,买方如不按时开证,卖方就不能按时备货出运。因此,合同必须规定买方最迟开证时间,以便与装运期衔接好。一般来说,开证时间在装运期前60天或90天,以便卖方有审证和备货时间。例如,2020年8月15日以前装运,若生产周期90天,信用证务必在2020年5月15日之前开出(Shipment not later than 15 Aug. 2020, letter of credit should be opened before 15 May 2020)。收到信用证之后,卖方要对来证进行审核,所有条款均可接受才能备货;如与合同不符,要提交买方改证,银行的改证通知书到达后才能生产商品。

3. 延误交货期的处理

外商可在合同中约定延期的具体扣款处理。例如,货物可以晚交7天,7~14天则加1%扣款,14~21天加2%扣款,还有晚1天多加0.1%(合同金额的)扣款。这是对卖方不按时交货的一种制约,也是延期交货给买方带来损失的一种补偿。

二、装运港和目的港

装运港(port of shipment)是货物起始装运的港口。在FOB术语下,装运港是合同的要件,目的港(port of destination)是最终卸货的港口;在CIF术语下,目的港为合同要件。确定装卸港口,不仅关系卖方完成交货和风险何时转移,还涉及运费、保险费,以及成本和售价的计算,因此必须明确规定。

(一) 装运港的相关规定

装运港由卖方提出,经对方同意后确定。装运港一般选择接近货源地、交通便利、费用低廉、储存设施完备的港口。

(1) 一般情况下,合同中规定一个装运港,例如"在大连装运"(shipment from Dalian)。

(2) 若货物数量大、来源分散,集中装运有困难,可规定两个装运港。例如"在大连和青岛装运"(from Dalian/Qingdao)。

(3) 若货源不固定,可不规定具体港口。例如"在中国港口装运"(shipment from Chinese ports)。这样无论货源是在南方还是在北方,均可任意选港装货,具有方便、灵活的优点。

我国装运港主要有大连港、秦皇岛港、香港、烟台港、青岛港、连云港、南通港、上海港、宁波港、温州港、福州港、厦门港、汕头港、广州港、黄埔港、湛江港、北海港及台湾地区的基隆港和高雄港等。

(二) 目的港的相关规定

在国际贸易实践中,目的港由买方提出,卖方同意后确定。通常规定一个目的港。有时中间商不能确定货物运往哪个港口时,可规定两个或两个以上港口,但必须在同一区域,且选港费由买方承担,并在开证时宣布最后目的港。例如"目的港:伦敦/利物浦/曼彻斯特"(port of destination: London/Liverpool/Manchester)。个别也有作笼统规定的,如"欧洲主要港口"(European main ports,E. M. P.)。

在出口交易中,选择目的港应当注意如下几个问题。

(1) 目的港要具体明确,避免笼统。例如,从"非洲主要港口"这样的表述中,我们无从确定哪些是主要港口。

(2) 注意港口条件。例如,有无直达航线、装卸条件及运费水平等。

(3) 一般不接受指定码头卸货。一旦指定的码头拥挤,则会延长船舶在港时间。

(4) 注意港口重名问题。同名港口世界上有几个,如维多利亚、波特兰等。为避免错发错运,合同中应注明港口所在国。

三、分批装运与转运

(一) 分批装运

分批装运(partial shipment)又称分期装运,是指一个合同项下的货物先后分若干期或若干批次在不同航次、车次、班次装运。而同一船只、同一航次的多次装运,即使提单日期不同,装货港口不一样,也不能算分批装运。

1. 分批装运的原因

(1) 货物数量大,卖方生产能力达不到一次交付。

(2) 买方备货资金不足。

(3) 买方无仓库,货到后才能加工,提前到货无处存放,延迟则会停产。

(4) 运输条件的限制。

2. 分批装运的相关规定

(1) 合同中只注明允许分批装运(partial shipment is allowed),未规定分批的时间、批次和数量。

(2) 合同中规定分批装运的时间、批次和数量。例如"7、8、9月分三批装运完毕,每月装1000吨"(Shipment during July/August/September 1000 m/ts monthly)。再如"从8月开始分4批等量装运"(In four equal monthly lots beginning from Augst)。对于等量分批装运的货物,在等量前面加上"约"字,便于灵活掌握数量。任何限批、限量、限时的条款,只要其中一批未按时、按量装运,就按违约处置。

(3) 合同中规定不准分批装运(Partial shipment is not allowed)。一旦合同做出规定,出口商必须严格履行,否则会导致外商索赔。

(二) 转运

转运(transhipment)是在从起运地到目的地的运输过程中,从一种运输工具卸下再装上另一种运输工具的货运方式。

1. 转运的原因

(1) 装运港(地)无直达船到达目的港(地)。

(2) 规定集装箱装运,而口岸缺乏装卸设备,须集中到其他口岸装箱。

2. 转运的相关规定

在普及集装箱运输的情况下,一般都规定可以转运,例如"2020年5月在新加坡转运"(With transshipment at Singapore in May 2020),除非信用证规定不准转运(Transhipment to be not allowed)。

四、滞期费与速遣费条款

在国际贸易中，大宗货物多数采用程租船运输。在这种承运方式下，装卸时间长短关系到船舶在港的滞留时间。因此，在租船人负责装卸时，船方对装卸时间要做出明确规定，并制定罚款和奖励办法，约束其按时完成装卸任务。但是，租船人(与船方签订租船合同的人)不一定是买卖合同中实际装卸货物的人，可能是买卖合同的另一方，如FOB合同下的租船人是买方，而装货是卖方；反之，CIF合同下的租船人是卖方，而卸货是买方。因此，租船人为了敦促合同中装卸货物的一方按时完成装卸任务，就要在买卖合同中规定装卸时间、装卸率、滞期费和速遣费相关的条款，以便约束装卸货物一方按时完成装卸任务。

(一) 装卸时间

装卸时间(lay time)是指租船人保证将货物在装货港全部装完和在卸货港全部卸完的时间。装卸时间通常用天数或小时来表示，常见的有以下几种。

1. 按天或连续日计算

按天(days)或连续日(running days)计算是指从午夜零时到次日午夜零时，不管天气如何，有一天算一天，没有扣除。这种规定方式适合矿石、石油等使用油管、传送带装卸的货物。

2. 按累计24小时工作日计算

累计24小时工作日(working days of 24 hours)为一个工作日，如港口每天作业时间为8小时，则累计3个工作日才算租船合同的1个工作日。

3. 按连续24小时晴天工作日计算

按连续24小时晴天工作日(weather working days of 24 consecutive hours)计算，是指好天气连续作业24小时算一个工作日，坏天气扣除。这种规定方式适于昼夜作业的港口。我国通常采用这种方法。

此外，有按照"港口习惯速度尽快装卸"来规定的，但这种方法很笼统，容易产生争议，尽量少用。

需要注意的是，装卸起止时间从船舶到达装卸地点并做好装卸货准备后，船长递交"装卸准备就绪通知书"开始起算，止算时间以货物装完或卸完的时间为准。

(二) 装卸率

装卸率(load/discharge rate)是指每日装卸货物的数量。例如，每日装卸多少吨？每日每舱装卸多少吨？装卸率一般按照港口装卸速度来规定，不能过高和过低。装卸率过高，任务完不成，当事人要承担拖期损失；装卸率过低，船方会因装卸效率低而增加运费。

(三) 滞期费和速遣费

滞期费(demurrage)是指在装卸期限内，租船人未完成装卸任务而向船方支付的罚款。速遣费(dispatch money)是指在装卸期限内，租船人提前完成装卸作业，船方支付的奖金。按惯例，相同时间下，速遣费为滞期费的一半。

注意，贸易合同的滞期费、速遣费的相关条款要与租船合同一致，避免一面支付滞期费，另一面支付速遣费。

五、装运通知

(一) 装运通知的适用

装运通知(shipping advice)是卖方向买方发出的货物装运细节的通知。装运通知通常在两种情况下使用：一种在FOB术语下，装运前30~45天向买方发出通知，买方接到通知后，告知卖方船舶信息，以便其派船接货；另一种是在CIF或CFR术语下，货物装运后，买方当天或翌日将装运细节电告买方。发出装运通知的目的是明确双方责任，做好船货衔接，便于买方报关和做好接货准备及融洽业务关系。

(二) 装运通知的内容

在FOB术语下，卖方通知货已备妥，买方通知船名和抵港受载日期。

在CIF术语下，卖方通知该批货物的合同号码、品名、件数、重量、金额、船名、航次、预计装运日期(ETD)、预计到达日期(ETA)等，特别是在CFR术语下，卖方更应及时发出通知，以便进口商投保。

六、运输索赔

运输索赔是指货物在运输工具上发生损失，货方向运输方提出损害赔偿的要求。运输方主要负责运输工具上货物的安全，对由于保管不当导致的货物短失、短卸、误卸、破损、破漏、毁坏、水渍、其他污染等损失，要接受货主的赔偿要求。运输方不是什么损失都是予以赔偿的，由于地震、海啸、雷击等天灾；战争、武装冲突和海盗袭击；检疫或司法扣押；罢工、停工；触礁搁浅；在海上救助或者企图救助人命或财产；托运人过失如包装不良、货物的自然特性或者固有缺陷如容积或重量的"正常损耗"等情况造成的损失就不负责任。因此，运输合同应明确规定运输索赔问题。

(一) 海运事故索赔

1. 索赔依据

海运过程中,由于船方责任致使货物受损的,货主提出索赔的依据是提单或租船合同。索赔原则是实事求是、真凭实据、合情合理。

2. 索赔所需单证

(1) 索赔函清单,包括索赔人、船名、货名、装港、抵港日期、提单号、残缺的数量、索赔金额、理由、索赔日期等。

(2) 提单或租船合同影印件。

(3) 过驳清单或卸货报告。

(4) 货物溢短单和货物残损清单。

(5) 残损检验证书和商检证书。

(6) 发票、装箱单、重量单、修理单、保单或保险凭证。

(7) 施救、残损、检验费清单。

(8) 往来函电及其他专业证明,包括船检证书、卫生证书、动植物检疫证书、火灾鉴定报告等。

(二) 空运事故索赔

空运过程中,由于航空公司责任致使货物受损、短缺或延误的,托运人、收货人或其代理应在规定时间内向航空公司提交"索赔函清单",说明货物损坏、短缺或延误情况,并随附货运单、商业发票和装箱单、商检证明的影印件。货物损坏赔偿最迟至收到货物之日起14天内提出,运输延误在21天内提出,货物毁灭遗失在120天内提出,超期索赔则不具有法律效力。

第三节 装运条款

运输是一笔交易能否完成的关键所在。安全、迅速、准确、节省、方便地利用运输工具,选择适当的运输方式和路线,按时、按质、按量实现货物由卖方向买方的转移,是交易双方都期盼达成的事情。因此,订立适宜的装运条款尤为重要。

一、装运条款内容

装运条款是合同对卖方如何交货以及何时交货所作的规定,是合同的重要条款。我国出口合同大部分使用FOB、CIF、CFR三种术语。在此类术语下,卖方只要将货装上船即算交货。通常装运条款包括运输方式、装运时间、装卸港、分批装运与转运、滞期费和速遣费、装运通知、运输索赔等内容。

二、装运条款示例

(1) 2019年4、5月份分两批平均装运,允许转运。
Shipment during Apr./May 2019 in two equal lots, transshipment allowed.
(2) 3、4、5月份装运,允许分批和转运。
Shipment during Mar./Apr./May with partial shipment and transshipment allowed.

关键词汇

班轮运输　租船运输　运费吨　滞期费　速遣费　指示提单　迟期提单　倒签提单
国际多式联运

【本章小结】

合同装运条款是对何时交货和如何交货等问题的规定,包括运输方式、装运时间、装卸港、分批装运与转运、滞期费和速遣费、装运通知、运输索赔等内容。买卖双方应根据各自的实际情况,实事求是地做出安排。

国际货物运输是国际物流的基础手段和实施途径,包括海洋运输、铁路运输、航空运输、公路运输、内河运输、管道运输,以及邮政、集装箱、国际多式联运等方式,其中海洋运输较为典型。这些运输方式各具特点,运作程序各异,应在实践中熟练把握。

货运单据是货物收据、物权凭证和运输契约的集合,是外贸货运环节的核心内容。海上货物运输单据主要是海运提单和海上货运单。海运提单分为正面和背面条款,国际上有统一的提单背面条款,如《联合国海上货物运输公约》。海运提单有已装船提单和备运提单,清洁提单和不清洁提单,班轮提单和租船提单,正本提单和副本提单等多种。

此外,装卸时间长短关系到船舶滞留所造成的效益损失,滞期费和速遣费是解决滞期和速遣的制约措施;货运发生损失时,提单持有人可以向货运方进行索赔。货运是外贸业务中的一个机制完备的运行系统。

【课后作业】

一、翻译下列词语

carrier_____   shipper_____   liner transport_____
freight ton，F/T_____   Ad. Val或A.V._____   W/M_____
port congestion surcharge_____   devaluation surcharge_____
charter transport_____   ocean bill of lading，B/L_____
telex released B/L_____   master B/L_____   house B/L_____
cargo receipt_____   container yard，CY_____
full container load，FCL_____   container freight station，CFS_____
less than container load，LCL_____   dock receipt，D/R_____
delivery order_____   multimodal transport documents，MTD_____
time of shipment_____   latest opening date_____
prompt shipment_____   port of shipment_____
port of destination_____   partial shipment_____   transshipment_____
shipping advice_____   demurrage_____   dispatch money_____

二、选择题

1. 下列选项中，（　　）表示"装船提单"的日期。
A. 货于6月4日送交船公司　　　　　　B. 货于6月4日开始装船
C. 货于6月4日全部装完　　　　　　　D. 货于6月4日到达目的港

2. 必须背书方可转让的提单是（　　）。
A. 记名提单　　　　　　　　　　　　B. 不记名提单
C. 指示提单　　　　　　　　　　　　D. 海运单

3. 业务中，卖方装运后，凭（　　）向船公司换取正本提单。
A. 大副收据　　　　　　　　　　　　B. 装货单
C. 提货单　　　　　　　　　　　　　D. 商业发票

4. 如果合同中装运时间规定为"Shipment during May/June 2019 in two equal monthly shipment"，则卖方应在5月和6月内，（　　）。
A. 每月装运一批货物，每批数量相等
B. 分两批装运货物
C. 每月装运一批货物
D. 每月装运两批货物，每批数量相等

5. 班轮运输时，船方对于货物的责任起讫为(　　)。
A. 自装运港至目的港
B. 自接收货物至交付货物
C. 自卖方仓库至买方仓库
D. 自装运港起吊至目的港脱钩

6. 所谓空白抬头、空白背书提单，是指(　　)。
A. 提单的收货人栏留空，也不背书
B. 提单收货人栏填"空白"两字，提单背面填"空白"两字
C. 提单收货人栏填"TO ORDER"，提单背面留空
D. 提单收货人栏填"TO ORDER"，提单背面由托运人签署

三、填空题

1. 集装箱堆场是_____办理交接的地方；集装箱货运站是_____办理交接的地方。

2. 航空运输具有_____、货运质量高、不受地面限制的特点，其不足是_____、_____。它适用于运送_____、_____、_____等货物。

3. 电放提单无须凭_____提货。

四、判断说明题

1. 按照惯例，滞期费为速遣费的一半。（　　）

2. 航空运单、铁路运单与海运提单不同，它们不属于物权凭证，发货人不能凭以向承运人(航空公司或铁路局)提货。（　　）

3. 国际铁路货物联运中，发货人凭以向银行结汇的运输单据是铁路运单正本。（　　）

五、思考题

1. 如何理解海运提单是物权凭证？
2. 阐述一下指示提单抬头的用途。
3. 简述集装箱运输托运程序。
4. 陆、海、空、邮等运输中的单据有何区别？

六、操作计算题

1. 根据下列条件填制销售确认书的装运条款(见表4.1)。

(1) 2018年6月5日前交货，装运港大连、目的港纽约。

(2) 可以转船，不允许分批。

(3) 货物装运后48小时之内向买方发出装运通知。

表4.1　任务——填制销售确认书

销 售 确 认 书

SALES CONFIRMATION

装运：
Shipment：

2. 北京某公司出口园林工具586箱，每箱货物毛重为28.234千克，每箱尺码为40厘米×46厘米×50厘米，货物由上海港运往日本的大阪港(Osaka)。试计算出口运费总额为多少美元？(计收标准为W/M，每运费吨F/T为80美元)

3. 上海某公司有一批打字机要从上海出口到澳大利亚的悉尼，对外报价CFR悉尼20美元/台，客户要求改报FOB价。已知：货物用纸箱装运，每箱的尺码为44厘米×44厘米×30厘米，每箱毛重为35千克，每箱装有4台，共计800箱。计收标准为W/M，基本运费为每运费吨110美元，贬值附加费为10%，试报FOB上海价多少美元一台？出口总额是多少？

七、案例讨论

1. 有一批茶叶交付船公司装运，货到目的港后，收货人发现茶叶有异味，后经查实，船公司将茶叶与生牛皮混装在一个船舱内。请问船公司对该批变味茶叶是否应负有责任？为什么？

2. 中国一家公司向西欧客商出口一批五金工具，该客商于2021年9月开来一纸信用证，规定：1200箱工具，最迟在2021年12月15日以前装运，由上海港运往鹿特丹港，不许分批装运。然而卖方备货期间，开证行又开来一份修改书，规定：装运改为600箱工具从上海运往鹿特丹，另600箱从上海运往阿姆斯特丹，原装运条款不变。

中国公司即与船公司联系租船订舱事宜，最后600箱于12月9日装上东方号货轮运往鹿特丹，600箱于12月12日装上杜鹃号货轮运往阿姆斯特丹。交货后中国公司去银行议付，却收到开证行的拒付通知，称中国公司单证不符，原证不允许分批装运，中国公司却分两批装运出港。请问开证行拒付是否合理？说明理由。

3. 2021年元月，一公司委托某外贸公司代理出口一批货物，双方签订委托合同。外贸公司据此与国外公司签订供货合同，约定货物由广州经香港运到美国，价格条件CIF旧金山。之后外贸公司委托某外运公司代理报关、订舱事宜，并在空白的货运委托书上的委托方一栏盖上本公司公章交给外运公司，但是没有注明运费支付方式，也未在提单上注明依照惯例按预付处理。不日，外运公司发现运费未付，向外贸公司讨要未果。于是外运公司以运费未付为由对该批货物行使留置权，致使收货人在收货时遇到麻烦，产生纠纷。请问承运人是否有权行使留置权？为什么？

第五章 货运保险

学习目标

了解货运保险的承保范围、承保险别、适用的保险条款,学会办理货运保险业务及订立保险条款。

第一节 海上风险、损失及费用的界定

保险是对发生的风险损失集中补偿或给付的契约经济行为。海上运输保险是国际货运保险的主体。

风险是损失的不确定性,风险与损失相辅相成,风险与损失的重要规避途径就是保险。保险公司对风险和损失有着特殊的界定范围。

一、海上风险和损失

(一) 海上风险

海上风险是指船舶、货物在海上运输过程中发生损失的不确定性,具体是指保险公司承保的在海上、海与陆上、内河或与驳船相连接的地方所发生的风险。海上风险包括自然灾害和意外事故(见表5.1)。

表5.1 海上风险

自然灾害	自然力量造成的灾害,如恶劣气候、雷电、海啸、地震、洪水、流冰、暴风雨等
意外事故	意外原因造成的事故,如船舶搁浅、触礁、沉没、互撞、失踪、与流冰或其他物体碰撞、失火、爆炸等

(二) 海上损失

海上损失也称海损，是指承保货物在海运途中(包括海陆连接的陆运过程)由于海上风险所造成的损失、灭失和费用损失。货物途中的自然损耗及货物本身特点和内在缺陷造成的货损，不属于保险公司的承保范围。

海损可分为全部损失和部分损失。

1. 全部损失

全部损失(total loss)是指被保险的整批货物发生了物质性或价值上的消失，分为实际全损和推定全损(见表5.2)。实际全损属于物质性的消失；推定全损虽未达到全部货物的物质性灭失，但是要避免实际全损所需费用要超过其货值本身。

表5.2 海上全部损失

全部损失	实际全损	(1) 货物全部灭失，如船员、货遇难沉没。 (2) 货物全部灭失无法复得，如船只被劫或扣押。 (3) 货物丧失原有用途和价值，如水泥被浸泡成硬块。 (4) 船舶失踪达到一定期限(6个月)没有音信
	推定全损	(1) 货损后，修复费用超过货物修复后的价值。 (2) 货损后，整理和续运到目的地的费用超过货物到达目的地的价值。 (3) 实际全损已不可避免或为避免全损所需的施救费用将超过获救后的价值。 (4) 被保险人为收回因遭受险别范围内的事故而丧失的货物所有权，所需支出将超过收回货物的价值

2. 部分损失

部分损失(partial loss)是不属于实际全损和推定全损的损失，分为共同海损和单独海损(见表5.3)。共同海损是指在同一海上航程中，船舶、货物和其他财产遭遇共同危险，为了维护船货安全，使航程继续完成，船方有意合理地采取措施所造成的特殊牺牲、支付的特殊费用。这种主动的部分损失由船货各方共同分摊。单独海损是指由承保范围内的风险导致的船舶或货物所有人单方面的利益损失。这种损失仅由受损方单独承担。

表5.3 海上部分损失

部分损失	共同海损	必备的条件： (1) 有危及船、货共同安全的危险存在。 (2) 船方为共同安全或为完成航程而有意识地合理地采取施救措施。 (3) 所做的牺牲是特殊的，支付的费用是额外的，即这种牺牲不是海上危险直接导致的，而是人为造成的损失，但这种特殊牺牲和额外费用必须是有效的
	单独海损	(1) 损失是承保风险直接导致的船舶或货物的损失。 (2) 损失由受损方自行承担

二、海上费用

货物遭遇损毁时发生的费用损失，即为海上费用。海上费用主要由施救费用和救助费用构成。

(一) 施救费用

施救费用是货物在遭受承保责任范围内的灾害事故时，被保险人或其代理人、受让人，为了减少损失，采取了各种抢救和防护措施而支付的费用。如果可以施救而不作为，则保险公司拒绝赔偿损失。

(二) 救助费用

救助费用是货物在遭受承保责任范围内的灾害事故时，被保险人和保险人以外的第三者采取了有效的救助措施，获救成功后，由被救方付给救助人的一种报酬。

三、外来风险与损失

外来风险与损失，是指海上风险以外的其他外来原因所造成的风险和损失。外来风险与损失分为一般外来原因(偷窃、雨淋、短量、沾污、渗漏、破碎、串味、受潮、锈损、钩损等)所造成的风险与损失和特殊外来原因(战争、罢工、暴动、交货不到、拒绝收货等)所造成的风险与损失。

第二节 货运适用的保险条款

一、中国人民保险公司的保险条款

交易中如果约定由哪一方办理保险，一般就在哪一方的保险公司办理并选择相应的保险条款。业务中，我们常引用的保险条款有中国人民保险公司的保险条款(2009年版)和伦敦《协会货物条款》(2009年版)。

中国人民保险公司的保险条款(简称"中国保险条款"China Insurance Clauses，CIC)，包括海洋运输货物保险条款和其他专门条款，是有关承保的险别及责任划分的规定条款。

(一) 海洋运输货物保险条款

保险条款规定了各种险别的承保责任，保险险别是保险公司对风险和损失的承保责任范围。

1. 海洋运输一般货物保险条款

(1) 基本险，也称主险，是可以单独投保的险别，承保范围限于海上风险及一般外来风险造成的损失。基本险别包括平安险、水渍险和一切险。一切险的风险覆盖范围最大，其次是水渍险，最小的是平安险。

① 平安险(free from particular average，FPA)，其覆盖范围不包括单独海损。平安险的风险责任范围包括以下几项：运输途中因自然灾害造成全部损失；遇到意外事故造成的货物全部或部分损失；意外事故与自然灾害先后发生所造成的部分损失；装卸或转船时货物落海所造成的全部或部分损失；保险金额范围内的施救费用；在避难港或中途港，因卸货、存仓和运送货物产生的特殊费用；共同海损的牺牲、分摊和救助费用；依照"船舶互撞责任"条款，应由货方偿还船方的损失。

② 水渍险(with average or with particular average，WA or WPA)，其覆盖范围包括单独海损，是在平安险基础上再加上自然灾害引起的部分损失。

③ 一切险(all risks)，其覆盖范围是在水渍险基础上再加上一般附加险的承保范围。

基本险的保险责任起讫采用"仓至仓"条款(warehouse to warehouse clause，W/W clause)，即保险责任从货物运离保单上载明的装运港(地)仓库开始，包括正常运输过程中的海上运输与陆上运输，直至该项货物到达保单载明的目的地收货人的仓库或待分配、转运的处所为止。在CIF条件下，货物一经离开发货人仓库，保险责任即开始；一经进入收货人仓库，保险责任即终止。

如未进入上述仓库或储存处，至最后卸货港卸离海轮后60天止；如60天内需转运至非指明的目的地，则一经转运保险责任即告终止；卸货后60天内无法到达目的地(转运内陆)的货物，可以申请扩展保险期限，加收保险费。

(2) 附加险，是在投保基本险之后的补充和扩大险别，分为一般附加险、特殊附加险和特别附加险。

① 一般附加险，属于一切险范畴，承保的是一般外来风险造成的全部或部分损失。一般附加险在平安险、水渍险基础上投保，承保范围如表5.4所示。一般附加险的费率应介于平安险、水渍险和一切险之间。

表5.4 一般附加险

一般附加险别	承保范围
偷窃、提货不着险(theft, pilferage and non-delivery，TPND)	货物遭遇偷盗而发生短交
淡水雨淋险(rain fresh water damage，RFWD)	因淡水、雨水、融雪，包括舱汗、淡水舱水管漏水等造成的货物浸水受损
短量险(risk of shortage)	通常指袋装或散装货的数量或重量的短少，如外包装破口、破袋、扯缝等造成的数量短少
混杂、沾污险(intermixture & contamination risks)	因混入杂质所造成的损失，如油漆污染了地毯、草屑混入石膏粉中
渗漏险(risk of leakage)	流质或半流质货物因包装容器损坏发生渗流，造成货物短量或用液体浸渍的货物因液体流失而变质
碰损破碎险(risk of clahing and breage)	易碎货物如陶瓷器皿、玻璃花瓶、大理石等因受压、碰撞和震动而破碎
串味险(taint of odor risks)	同舱装载的货物受到异味的影响使品质受到损失，如茶叶受到樟脑气味的熏染使用价值降低
受潮受热险(damage caused by sweating &/or heating)	航行途中，由于气温骤变或船上通风设备失灵使船水汽凝结，发潮发热损及货物造成的损失
钩损险(hook damage)	装卸过程中使用钩子时或因触撞使货物遭受钩损或因钩破使货物外漏散失以及为修补、调换包装所支付的费用
锈损险(risk of rusting)	运输途中因货物生锈造成的损失
包装破裂险(loss and/or damage caused by breakage of packing)	因包装破裂造成货物的短量、沾污等损失

② 特殊附加险，承保的是由特殊外来风险造成的全部和部分损失。特殊附加险不属于一切险范畴，须另行加保。特殊附加险费率通常较低，但在战争区域会很高。特殊附加险包括战争险和罢工暴动民变险(见表5.5)。投保战争险同时加保罢工险不另加费，单独加保罢工险按战争险费率收费。罢工暴动民变险对由于罢工导致的间接损失不负责任。

表5.5 特殊附加险

特殊附加险别	承保范围
战争险(war risk)	因战争、类似战争行为、敌对行为、武装冲突、海盗行为引起的捕获、扣留、扣押、禁运等造成的损失；使用常规武器如水雷、炸弹造成的损失；本险责任范围内引起的共同海损的牺牲、分摊和救助费用
罢工暴动民变险(strikes riots and civil commotions，SRCC)	由于罢工、工人暴动、民众斗争导致的直接损失，包括共同海损的牺牲、分摊和救助费用

战争险的保险责任起讫限于水面险，货物自起运港装上船开始至目的港卸离海轮为止。如果货物未卸下海轮，则至货抵目的港的当日午夜起算15日为止；如果在中途转船，则不论货物是否卸下，保险责任以到达该港或卸货地点的当日午夜起算满15日为

止，再装上续运海轮时保险责任恢复。

罢工险的保险责任起讫采取仓至仓原则，即保险公司对货物从出口商仓库到进口商仓库的整个运输期间负责。

③ 特别附加险，是指因政治、国家行政管理、战争以及一些特殊的风险致损而形成的险别。特别附加险承保范围如表5.6所示。

表5.6 特别附加险

特别附加险别	承保范围
交货不到险 (failure to deliver)	因政治(如扣留、禁运等)原因，致使货物超出预定到达日期6个月仍未到达时，按全损赔偿
进口关税险 (import duty)	当货物遭受保险责任范围内的损失，而被保险人仍需按完好货物完税时，保险公司对受损货物所缴纳的关税负责赔偿
舱面险 (on deck)	对装于舱面的体积庞大货、有毒物、危险品等，除按保单所载条款负责赔偿外，还包括被抛弃和被风浪冲击落水在内的损失，一般在平安险基础上加保
拒收险 (rejection)	因遭受进口国政府或有关当局(如海关、动植物检疫局)拒绝进关或没收而发生的损失
黄曲霉素险 (aflatoxin)	因黄曲霉素的含量超过规定标准而被拒绝进口或被没收或被强制改变用途所致损失
到香港(包括九龙在内)或澳门存仓火险责任扩展条款 (Fire risk extension clause – for storage of cargo at destination H. K, including Kowloon, or Macao)	保险责任从运输责任终止起30天或至港澳银行收回货款解除对货物的权益时终止，期间货存过户银行指定的仓库。30天后，如仍需延长存放时间，则每月按一定费率计收，不满一月按一月计

④ 卖方利益险。货物由于承保责任范围内风险造成损失，在FOB或CFR术语、托收条件下进口商拒绝支付受损货物的损失时，保险公司对拒绝部分负责赔偿，其性质是卖方将其向买方或第三方追偿的风险转移给保险公司。

2. 中国海洋运输货物专门保险条款

根据货物的不同特性，中国保险条款(CIC)订有专门的保险险别，如海上运输冷藏货物保险、海洋运输散装桐油保险等。

(1) 海上运输冷藏货物保险，适用于冷藏货物的一种专门性海上运输保险，它承保由于自然灾害和意外事故以及因冷藏机器停止工作所造成的损失。海上运输冷藏货物保险分为冷藏险(risk for shipment of frozen products)与冷藏一切险(all risks for shipment of frozen products)两种，其责任范围分别与水渍险和一切险相同。

在正常运输情况下，保险责任自货物运离保单起运地点的冷藏库装入运送工具时开始生效，直至货物到达保单的最后卸载港(30天内卸离海轮)；或至岸上冷藏库，货物一经离开冷藏库保险责任即刻终止。

(2) 海上运输散装桐油保险，是专门以散装桐油作为保险标的物的一种海上货物运输险种。海上运输散装桐油保险除了承担一般海洋运输货物的保险责任外，还承保下列损失和费用：桐油数量短少、渗漏的损失，桐油沾污或变质的损失，被保险人对遇险的桐油采取抢救、防止减少货损的措施所支付的合理费用(保险金额为限)。

海上散装桐油保险的责任起讫按照"仓至仓"条款负责。如果桐油运抵目的港不卸载，则自海轮抵达目的港时起满15天保险责任即行终止。

(二) 中国陆空邮运输货物保险条款

中国保险条款对陆运货物、空运货物和邮运货物的保险责任也做了相应的规定。

1. 陆上运输货物保险

陆上运输货物保险是以火车、汽车为运输工具的货物运输保险。其主要险别包括陆运险、陆运一切险、陆上运输货物战争险、陆上运输冷藏货物险。

2. 航空运输货物保险

航空运输货物保险是以飞机为运输工具的货物运输保险。其主要险别包括航空运输险、航空运输一切险、航空运输货物战争险。

3. 邮运货物保险

邮运货物保险是凭邮递业务完成运输的货物保险。其主要险别包括邮包险、邮包一切险、邮包战争险。

二、英国伦敦保险协会海运货物保险条款

2009年1月修订的英国伦敦保险协会的"协会货物条款"(institute cargo clauses，ICC)，在国际保险业中有着广泛的影响。我国企业在CIF出口条件下，一般采用"中国保险条款"，但外商有时要求采用ICC条款投保，我方应予以接受。现行的伦敦保险业协会的海运货物保险条款主要有协会货物(A)险条款、协会货物(B)险条款、协会货物(C)险条款、协会战争险条款(货物)、协会罢工险条款(货物)、恶意损害险条款。

协会货物(A)险条款[institute cargo clauses A，ICC(A)]，承保范围相当于一切险，但"海盗行为"比一切险的覆盖面大；协会货物(B)险条款[institute cargo clauses B，ICC(B)]，承保的风险与水渍险相差无几，但其责任范围小于水渍险；协会货物(C)险条款[institute cargo clauses C，ICC(C)]，承保的风险与平安险相差不大，但其责任范围小于平安险；恶意损害险条款(malicious damage clauses)，不可单独投保。

三、保险公司的除外责任

凡不属于保险责任范围内的损失,保险公司就不予赔偿,除外责任属于保险公司的免责范畴,它明确划分了保险当事人之间的责任。除外责任包括以下几项:①被保险人的故意行为或过失;②发货人的责任;③保险责任开始前货物已存在品质不良或数量短缺;④货物自然损耗,本质缺陷、特性;⑤货价下跌;⑥运输延迟;⑦使用化学武器导致货损;⑧由于执政者或其他武装集团的扣押、拘留引起的承保航程的丧失或挫折所致的损失。

第三节 投保相关约定

一、对投保人的约定

一笔交易的货运保险究竟由谁办理,主要取决于贸易术语。使用FOB或CFR术语时,由买方办理保险。卖方草拟合同时只需在保险条款一栏标明"由买方投保"即可。使用CIF或CIP术语时,则由卖方投保。合同保险条款一栏要对保险金额及保险险别以及使用的保险条款一一列明。

二、对保险金额的约定

保险金额是被保险人的投保金额,是保险公司赔偿的最高金额,也是计算保险费的基础。保险金额大小涉及双方切身利益和支付费用的多少,故必须具体订明。如果未做出规定,则按照CIF或CIP价格总值另加10%(投保加成率)作为保险金额。如果买方要求超过10%加成率时,卖方也可接受。但要求过高比率时,则应与保险公司商妥后才能接受。这样计算保险金额的目的是保证货主在货物发生损失时,不仅货物本身的损失可以获得补偿,而且已经支付的运费、保险费、开证费、来往函电费用、融资利息集合里的预期利润也可以得到补偿。相关计算公式为

$$保险金额 = CIF或CIP货价 \times (1 + 投保加成率)$$
$$保险费 = 保险金额 \times 保险费率$$

三、对保险单的约定

保险单据是一种正规的保险合同，CIF条件下是卖方必须提交的单据之一，是保险公司的承保证明。保险单据的种类有保险单、保险凭证、联合凭证、预约保险单、暂保单等。我国一般由保险公司出具正式保险单(insurance policy)。保险单俗称大保单，在发生保险范围内损失时，投保人可凭保险单向保险公司索赔。因此，双方签约时，要订明保险单种类和份数。

第四节　保险索赔

货物发生保险单规定的损失时，保险公司就要接受赔偿要求。凡是不可抗力造成的货物损毁、无适当责任人可以交涉、遭到有关责任人合理拒赔或赔偿不足的情况，都可以向保险公司索赔。

一、出口货物的保险索赔

在CIF条件下，卖方投保，交货后将保险单背书转让给买方，货物抵达后发现货损时，买方应立即向保险单的理赔代理提出索赔要求。同样，在FOB或CFR条件下，如遇保险责任范围内的货损，买方也应立即向保险公司索赔。同时，买方应尽量保留现场，由保险公司会同有关机构检验，勘察损失程度，调查损失原因，确定损失性质和责任，采取施救措施并签发检验报告。中国人民保险公司在世界各地均设有理赔机构，负责处理索赔事件。

二、进口货物的保险索赔

进口货物运抵我国港口、机场或内地后发现残损短缺时，由进口公司通知当地保险公司，会同商检联合检验。若该项索赔属于保险范围内的损失，则由保险公司出具《进口货物残短检验报告》，同时涉及发货人、船方或第三者造成的货损责任，收货人办妥向上述责任方的追偿手续，即可得到保险公司赔付。被保险人获得保险补偿的同时，须将有关权益转让给保险公司，以便保险公司取代其地位向责任方追偿。但该项索赔属于货物品质问题，若保险公司不负责赔偿，而转由收货人请商检出具检验书后，通过进口代理向发货人索赔。

三、索赔注意事项

(一) 索赔人应具有可保权益

货物遇险时,索赔人要对货物有可保权益,即货物损失与索赔人之间存在利害关系;否则,提赔无效。

(二) 施救费用可予补偿

进出口货物受损后,被保险人和保险公司都有责任进行施救,以防损失扩大。若因抢救、阻止、减少货损而支付的合理费用,保险公司负责补偿。相反,若收货人面对可以施救的货物而不作为,保险公司则拒绝赔偿。

(三) 不要超过索赔时效提赔

如果未规定索赔时效,根据保险惯例,索赔期限为卸离运输工具时起算,最多不超过两年。如果合同有约定时效,则要在约定的索赔期限内提赔;否则,不予受理。

四、保险索赔的计算

(一) 对全损的赔付

业务中,多数保单都是定值保单。在定值保单下,货物遭受全损时,以保险单的保险金额为准全额赔付。在不定值保险单下,货物遭遇全损时,按实际价值计算赔款,即实际价值高于保险金额,按保额赔付;实际价值低于保险金额,按实际价值赔付。

(二) 对单独海损的赔付

1. 数量损失的赔付计算公式

$$赔款 = \frac{损失数量}{货物总量} \times 保险金额$$

【例5-1】某公司出口粮食40吨,按照发票金额投保一切险,投保金额为28 600美元。货到目的港短损7.5吨,该损失属于保险公司责任范围,问其应赔付多少?

解: $$赔付金额 = \frac{7.5}{40} \times 28\,600 = 5362.50(美元)$$

2. 质量损失的赔付计算公式

$$赔款 = \frac{货物完好价值 - 受损后价值}{货物完好价值} \times 保险金额$$

完好价值和受损价值以货抵目的地时的市场价格为准。如其市场价格难以确定，也可按发票价值计算。

(三) 对共同海损分摊的赔付

共同海损分摊是共同海损法律制度中的一项基本原则，指的是共同海损牺牲和费用应由同一航程的各受益方按各自的分摊比率分别摊付。分摊比率的计算公式为

$$分摊比率 = \frac{损失总额}{船货运费总值} \times 100\%$$

第五节 保险条款

货物在运输途中有时需要经过多次转运、多次装卸和堆放，途中还可能遇到各种自然灾害和意外事故，为了规避货损风险，要在合同中明确保险条款，为货物投保。

一、保险条款的内容

合同的保险条款明确了双方货运保险的内容和责任，包括适用的保险条款、保险险别、投保人、保险金额及保险索赔等事项。

保险条款示例如下所述。

(1) 由买方负责投保。

Insurance to be covered by the buyers.

(2) 由卖方按发票金额110%投保一切险及战争险、罢工险，并按照海洋运输货物保险条款(2009版)负责。

Insurance to be covered by the sellers for 110% of invoice value against All Risks and War Risks, S.R.C.C. Risks as per Marine Transportation Cargo Clauses (2009 Edition).

(3) 由卖方按发票金额110%投保海运险，按照伦敦保险业协会货物(A)险条款(2009版)负责。

Insurance to be covered by the sellers for 110% of invoice value against Marine Risks as per Institute Cargo Clauses (A) (2009 Edition).

二、投保注意事项

(一) 尊重交易对方的要求

某些国家进口货物时要求在本国投保,主要有朝鲜、缅甸、印度尼西亚、伊拉克、巴基斯坦、加纳、也门、苏丹、叙利亚、伊朗、墨西哥、阿根廷、巴西、秘鲁、索马里、利比亚、约旦、阿尔及利亚、扎伊尔、尼日利亚、埃塞俄比亚、肯尼亚、冈比亚、刚果、罗马尼亚、卢旺达、毛里坦尼亚等,向这些国家出口货物,不宜按CIF价格成交。另外,一些外商要求按照"协会货物条款"投保,我们可以接受并按此订立保险条款。

(二) 选用保险险别注意事项

保险险别规定了保险公司的承保范围,确定了投保人的保险费支出。因此,选择险别时,应从两点出发:一是能够提供足够的保障;二是节省保险费的支出。

1. 考虑货物的特性及包装

不同性质的货物抵御风险的能力不同。比如,不易损坏的铁制品不用投保一切险,而茶叶、烟草容易吸潮,则需要投保一切险(含受潮受热险)。不同货物所用的包装也不一样,因包装不良造成的损失,保险公司不负有责任。比如,易碎货物需加防震填充物;硫酸的容器要密封严实,内层刷防腐涂料。可见,抵御风险能力差的货物,保险公司承担的责任就大,投保费用就高;同时货主要对货物选择不同的包装,以适应运输要求,避免包装不良造成货物受损。

2. 考虑航线和停靠港口

航线和停靠港口不同,遭受的风险损失也不同。某些航线途经气候炎热地区,如果船舶通风不良,就会出现货损。而在政局不稳,或已经发生战争的海域航行,货物意外损失的可能性就大。另外,港口设备、装卸能力以及安全状况不同,港口装卸的货损货差情况也不一样。洽谈时要适时选择相应险别,排除可能出现的风险。

3. 参考货物的残损规律

收集分析以往货物的残损情况,找出其中规律。对易损因素做出归纳总结,作为下次选择险别的重要参考。

4. 投保特殊险别的问题

当外商要求投保进口关税险时,应单独列明保险金额,且控制在CIF价的50%以内。加保拒收险的保险加成不超过发票金额的110%,投保该险时被保险人必须持有进口许可证,否则不能加保此险。

5. 免赔率的选定

免赔率是货物损失时,保险公司免除赔偿责任的比率。免赔率分为绝对免赔率和相对免赔率。无论选择哪一种免赔率,只要损失额的比率不超过免赔率,保险公司就不予赔偿。

绝对免赔率是指受损数额比率超过约定免赔率时,扣除免赔部分再赔付超出那部分的损失。例如,某种货物免赔率是5%,按保单总额计算,扣除5%不赔,只赔付超过5%的部分。相对免赔率是指货损比率达到或超过免赔率时,保险公司才对受损金额予以赔付。例如,某种货物的免赔率是3%,按保单总额计算,如损失在3%以内,不予赔付;若超过3%,则全部赔付。

免赔率适用于易碎或易短量的货物,比如玻璃或陶瓷制品、散装粮食、矿砂等,因此,根据货物性质,免赔率可规定在3%～10%,而且多采用绝对免赔率。如果货物不适用免赔率,则注明"不计免赔率"(irrespective of percentage,IOP)。

关键词汇

单独海损　共同海损　仓至仓条款　全部损失　海上风险　施救费用　救助费用　保险险别

【本章小结】

货运保险是国际交易的保障条件。被保险人向保险公司投保一定险别并缴纳保险费,保险公司承保约定范围的损失,按照规定给予被保险人补偿。保险条款包括投保人、保险公司及保险条款、保险险别、保险费率及保险金额等事项。

海洋运输是国际贸易的主要货运方式,海上货运保险是典型的国际货运保险,海上风险是具有代表性的货运风险。

海上风险和海上损失及费用反映在相应的保险条款及险别中,适用的保险条款包括中国人民保险公司的保险条款和伦敦《协会货物条款》。前者规定了平安险、水渍险和一切险的承保险别,以及附加险的种类;后者是具有世界影响力的保险条款,我国保险公司接受该条款。除海运保险之外,还有陆运、空运、邮运等货运保险,特种货物有专门的保险条款,如冷冻货物保险和散装桐油保险等。

保险公司不是对一切风险都予以承保,如货物自身的缺陷、运输的延迟、使用化学武器造成的损失等均属于除外责任范围,而且货物遇险后要及时通知保险公司,采取救助措施,否则因此扩大的损失难获赔偿。

【课后作业】

一、翻译下列词语

China insurance clauses，CIC_____　　FPA_____　　WPA_____

all risks_____　　warehouse to warehouse clause，W/W clause_____

theft pilferage and non-delivery，TPND_____

rain fresh water damage，RFWD_____　　war risk_____

strikes riots and civil commotions，SRCC_____

institute cargo clauses，ICC_____　　irrespective of percentage，IOP)_____

insurance policy_____

二、选择题

1. 下列不属于一切险承保范围内的险别是(　　)。
   A. 偷窃提货不着险　　　　　　　　　B. 交货不到险
   C. 渗漏险　　　　　　　　　　　　　D. 受潮受热险

2. 某外贸公司出口茶叶5公吨，在海运途中遭受暴风雨，海水涌入舱内，导致一部分茶叶发霉变质，这种损失属于(　　)。
   A. 实际全损　　B. 推定全损　　C. 共同海损　　D. 单独海损

3. 我公司按CIF条件出口棉花300包，货物在海运途中因货舱内水管渗漏，导致90包棉花遭水渍受损，在投保下列(　　)时，保险公司负责赔偿。
   A. 平安险　　B. 水渍险　　C. 战争险　　D. 一切险

三、填空题

1. 海上风险一般包括_____和_____。

2. 被保险货物在海洋运输中，因遭受海上风险而引起的损失，按损失性质可分为_____和_____；按损失程度可分为_____和_____。

3. 中国海洋运输货物保险条款中的基本险包括_____、_____和_____。

4. _____是CIF条件下必须提交的结汇单据。

四、判断说明题

1. 按我国海运货物保险条款，投保了一切险，就无须另行投保任何附加险别。　　(　　)
2. 仓至仓条款是业务中常用的运输条款。　　(　　)
3. CIC规定的海洋货物运输基本险6个，一般附加险11个。　　(　　)
4. CIC战争险和ICC战争险都可以单独投保。　　(　　)

5. 我方按CIF条件对外发盘，下列投保险别是否妥当？不妥之处请予更正。
(1) 一切险、锈损险、串味险。　　　　　　　　　　　　　　　　（　）
(2) 平安险、一切险、偷窃提货不着险、战争险、罢工险。　　　　（　）
(3) 水渍险、受潮受热险。　　　　　　　　　　　　　　　　　　（　）
(4) 包装破碎险、钩损险、战争险、罢工险。　　　　　　　　　　（　）
(5) 航空运输一切险、淡水雨淋险。　　　　　　　　　　　　　　（　）
6. CIF术语下，保险单上的被保险人应当填写进口商。　　　　　　（　）

五、思考题

1. 中国保险条款(海运)规定的基本险和附加险都有哪些？

2. 某港商按CFR多伦多出口一批货物，由买方向多伦多某保险公司投保一切险适用仓至仓条款。该港商在装运途中翻车致使货物严重受损。港商委托买方向保险公司提出赔偿，保险公司不予受理；之后买方又向保险公司索赔，也遭到拒绝。请问为什么这一索赔会遭到拒绝？

3. 前进号货轮载货后，航运途中一号舱起火。船长命令对该舱灌水灭火。该舱载有文具用品、茶叶等，灭火后发现，文具用品一部分被焚毁，另一部分文具用品和全部茶叶被水浸湿。试说明以上各项货物损失的性质，并指出货主在投保了什么险别后，保险公司才能负责赔偿？

六、操作计算题

1. 根据下列条件填制销售确认书的保险条款(见表5.7)。

根据中国人民保险公司保险条款(2009年版)，出口商按照发票金额的110%投保一切险加战争险。

表5.7　任务——填制销售确认书

销 售 确 认 书
SALES CONFIRMATION
保险： Insurance：

2. 外贸公司按CIF价格条件出口一批冷冻食品，合同总金额为10 000美元，加一成投保平安险，保险费率为0.8%，问保险金额和保险费各是多少？

3. 某货物原报价每件1250美元CIF纽约，客户打算自己投保，要求改报CFR价，查原报价保险包括水渍险并附加淡水雨淋险，其费率分别为2.4%和0.1%，按CIF价加一成投保。试计算CFR纽约价。

4. 欧洲一客户与我方签订一笔日用品购买合同，价格条件是CFR鹿特丹25 000美元。客户要求我方代其投保一切险，保险费列入发票中收取。经查该货保险费率为0.8%，请计算一下我方代付的保险费。

5. 美国一个客户想进口500台某型号的彩电，要求到岸价CIF NEW YORK 不得超过USD105 000，国内一企业能提供该型号及客户要求的彩电，但这500台彩电的成本价为USD97 900，从运输公司得知，该运费不低于USD1000，从保险公司得知，该货保险费率为1%。请问，如果按照国际贸易习惯加成10%投保，这一买卖能否做成功？客户如果按照USD105 000元报价，能盈利多少？

七、案例讨论

1. 某货轮从上海港驶往新加坡，途中触礁，船底撞穿，海水涌入船中，部分货物遭水浸，船长为避免船舶沉没，令船舶强行搁浅，船舶受损严重，无法继续航行，于是船长决定雇用拖轮将货船拖往附近港口修理，检验后重新驶往新加坡。事后调查，这次事件造成的损失有以下几项：

(1) 1000箱货物由于船舶触礁而被水湿；

(2) 600箱货物由于船舶搁浅而遭水渍；

(3) 船底因触礁而受损；

(4) 船底因搁浅而受损；

(5) 拖船费用；

(6) 额外增加的燃料和船长、船员工资。

上述各项费用从性质上看，哪些属于单独海损？哪些属于共同海损？为什么？

2. 某货轮在航行途中因电线走火，第三舱内发生火灾，经灌水灭火后统计，被火烧毁货物价值5000美元，因灌水救火被水浸坏货物损失6000美元。船方宣布该轮损失为共同海损，试根据上述案例回答下列问题：

(1) 船方宣布共同海损是否合理？

(2) 对于被救烧毁的货物损失5000美元，船方是否应负责赔偿？理由是什么？

(3) 被水浸的货物损失6000美元属于什么性质的损失？应由谁负责？

3. 甘肃省兰州市某进出口公司于2021年12月向日本出口30公吨甘草膏，每公吨为40箱，共1200箱，单价为FOB Tianjin USD 1800 per MT，总值为54 000美元，即期信用证，装运期为12月25日前，货物必须装集装箱。兰州公司在天津设有办事处，于是，在12月上旬便将货物运到天津，由天津办事处负责订箱装船。不料货物在天津存仓后的第三天，仓库午夜失火，由于风大火烈，抢救不及，1200箱甘草膏全部被焚。办事处立即通知兰州公司总部并要求尽快补发30公吨，否则无法按期装船，但兰州公司总部已无现成货源。

请根据上述案例回答下列问题：
(1) 如果你是业务员，将从哪几方面着手处理？
(2) 该合同对兰州公司有哪些不利影响？

第六章 货款结算

学习目标

能够合理选用不同的结算方式和适用工具,通晓具体的结算运作程序,熟练填制结算条款。

第一节 结算工具

国际贸易中使用的结算工具主要是票据。票据(bills)是经出票人签名,约定由自己或委托他人无条件支付确定金额的可流通转让的信用结算工具,是以支付货币为目的的有价证券。票据是一种债权凭证,合法持有人可以通过交付票据或经过背书再交付票据的方式偿付所欠债务,还可以凭其向银行取得现款或通过贴现取得现金。

一、汇票

汇票(bill of exchange)是一方保证向另一方无条件支付款项的一种票据。汇票是由出票人签发并委托付款人在见票时无条件支付确定金额给收款人或持票人的票据。

(一) 汇票的种类

1. 银行汇票和商业汇票

银行汇票是银行对银行签发的汇票(多为光票),常用于票汇中;商业汇票是企业或个人向企业、个人或银行签发的汇票,多为随附货运单据的汇票。在国际贸易结算中,使用商业汇票居多。

2. 商业承兑汇票和银行承兑汇票

商业承兑汇票是企业或个人承兑的远期汇票，常用于托收；银行承兑汇票是银行承兑的远期汇票，常用于信用证。

3. 即期汇票和远期汇票

即期汇票(sight draft，demand draft)是持票人提示时，付款人立即付款的汇票；远期汇票(time draft，usance draft)是持票人提示时，付款人在一定期限内再付款的汇票。远期汇票的付款时间主要有4种规定方法。

(1) 见票后若干天付款(at ... days after sight)(业务中较常用)。

(2) 出票后若干天付款(at ... days after date)。

(3) 提单签发日后若干天付款(at ... days after date of bill of lading)。

(4) 指定日期付款(fixed date)。

4. 光票和跟单汇票

光票(clean draft)是不附带货运单据的汇票，常用于运费、保险费、货款尾数及佣金的收付；跟单汇票(documentary draft)是附带货运单据的汇票，常用于货款的收付。

(二) 汇票的使用

汇票的使用就是汇票的操作手续，包括出票、提示、承兑、付款、背书、拒付与追索等。

(1) 出票(to draw)，即出票人签发汇票并将其交给收款人的行为。

(2) 提示(presentation)，即持票人向付款人出示汇票要求承兑或付款的行为。提示分为承兑提示(持远期汇票要求付款人承诺到期付款)和付款提示(持即期汇票或到期的远期汇票要求付款人付款)两种。

(3) 承兑(acceptance)，是指持票人作承兑提示时，汇票付款人明确表示将按出票人的指示付款的行为。承兑后，持票人可将汇票背书转让并在市场流通。

(4) 付款(payment)，即期汇票的付款人和远期汇票的承兑人接到付款提示时，履行付款义务的行为。

(5) 背书(endorsement)，是转让票据权利的一种法定手续，即持票人在转让汇票时在汇票背面签上自己的名字或再加上受让人的名字，担保受让人所持汇票得到承兑和付款的行为。背书方式主要有三种，即限制性背书(不可转让)、不记名背书(只有背书人名称而无受让人签名)和记名背书(既有背书人签名又有被背书人签名)。汇票可以在付款前多次背书转让。

(6) 拒付与追索。拒付(dishonour)是持票人提示汇票要求承兑或付款时遭到拒绝的行为，又称退票。付款人避而不见、死亡或宣告破产，以致付款已事实上不可能的情况，也属于此种范围。追索(recourse)是汇票遭到拒付时，持票人向背书人、出票人及其他票据债务人请求偿还汇票金额、利息及费用的行为。

(三) 汇票的贴现

贴现是远期汇票承兑后，持票人在汇票到期前到银行兑换现款，银行从票面金额中扣除按贴现率计算的贴现利息后付给持票人余款的行为。汇票的贴现实际上就是汇票的买卖。

二、本票

本票(promissory note)是由出票人签发的，承诺自己在见票时无条件支付确定金额给收款人或持票人的票据。

本票按出票人的不同可分为一般本票和银行本票两种。出票人是企业或个人的，称为一般本票或商业本票，一般本票有即期和远期之分；出票人是银行的，称为银行本票，它只有即期本票一种。

三、支票

支票(cheque，check)是由出票人签发的，委托银行或其他金融机构在见票时无条件支付确定金额给收款人或持票人的票据。支票分为普通支票、划线支票、记名支票、不记名支票、保付支票和银行支票6种。支票既可用以支取现金，也可通过银行转账，但支票一经画线就只能通过银行转账(划线支票由出票人或收款人在其左上角画两道平行线)。

第二节　汇款

一、汇款的含义

汇款也称汇付，是买方主动将货款通过银行汇给卖方的一种付款方式。汇款可用于支付定金、货款尾数、中间商佣金、运保费用等。银行间款项拨妥之后，卖方便可以收到货款。

二、汇款的种类

根据汇出行向汇入行发出付款委托的方式不同,汇款方式可以分为电汇、信汇和票汇。

(一) 电汇(telegraphic transfer, T/T)

电汇是汇出行以电信手段向汇入行发出付款委托的汇款方式,具有速度快的优点,因此使用极为广泛。使用电汇时,汇款人向汇出行提交申请,汇出行通过电报、电传或SWIFT系统将汇款指令传给汇入行。汇入行核对密押后,缮制电汇通知书,通知收款人取款,收款人出具收据作为收妥凭证。汇入行解付款项后,将付讫借记通知书寄给汇出行转账,一笔汇款业务得以完成。电汇业务流程如图6.1所示。电汇付款内容扫描二维码可查看。

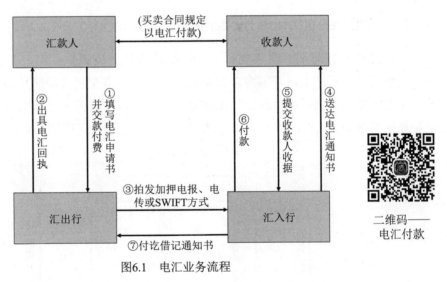

图6.1 电汇业务流程

(二) 信汇(mail transfer, M/T)

信汇是汇出行以信函方式向汇入行发出付款委托的汇款方式。使用信汇时,汇款人向汇出行提出申请交款付费给汇出行,取得信汇回执。汇出行再把信汇委托书邮寄汇入行委托其解付汇款,汇入行凭以通知收款人取款。收款人签字后将"收款人收据"给汇入行,汇入行再将付讫借记通知书寄给汇出行,从而使双方账目得以清算。信汇运作流程与电汇相同,只是传递付款委托的形式是用信函而已。信汇业务流程如图6.2所示。

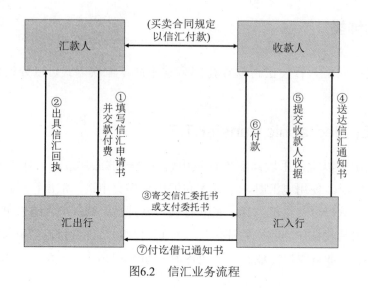

图6.2 信汇业务流程

(三) 票汇(remittance by banker's demand draft, D/D)

票汇是以银行即期汇票为支付工具的汇款方式。使用票汇时，汇款人填写申请书交款付费给汇出行，汇出行签发汇票交汇款人，由其寄交或带给国外收款人向汇入行取款。签发汇票后汇出行将付款通知书邮寄汇入行，取款时汇入行核对后付款，并把付讫借记通知书寄给汇出行，以结清双方债权债务。票汇业务流程如图6.3所示。

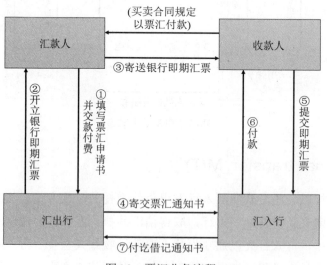

图6.3 票汇业务流程

票汇与电汇、信汇的区别在于，票汇经收款人背书可以转让，而电汇、信汇的收款人不能转让收款权；票汇的汇入行无须通知收款人取款，而电汇、信汇的汇入行通知收款人取款。

第三节 跟单托收

一、跟单托收含义及分类

跟单托收是出口商委托银行向进口商收款的一种结算方式。具体来讲就是卖方发货后，开具汇票(连同货运单据)交当地托收行，委托其通过国外代收行向买方收取货款的方式。根据代收行向买方交付单据条件的不同，分为付款交单(D/P)和承兑交单(D/A)两种。跟单托收属于商业信用，卖方先发货，买方后付款，对买方有一定的吸引力。

跟单托收涉及4个当事人，即委托人(出口商)、托收行(出口地银行)、代收行(进口地银行)、付款人(进口商)。

二、跟单托收的方式及业务程序

(一) 跟单托收的方式

1. 付款交单

付款交单(documents against payment, D/P)是代收行交单以进口商付款为条件。按照支付时间的远近分为即期付款交单和远期付款交单。

(1) 即期付款交单(D/P at sight)，是指进口商见票立即付款，即可领单提货。

(2) 远期付款交单(D/P after sight)，是指进口商见票时先承兑，到期时再付款领单提货。

2. 承兑交单

承兑交单(documents against acceptance, D/A)是代收行交单以进口商承兑汇票为条件。进口商承兑汇票后即可领单提货，汇票到期时再行付款。

(二) 跟单托收的业务流程

(1) 出口商发货后填写托收委托书，随附单据交托收行，委托其代收货款。

(2) 托收行确保单据与托收指令无误后，缮制托收指示书连同单据寄交代收行收款。

(3) 代收行收到单据后，向进口商提示汇票。

(4) 处理汇票。即期的立即付款赎单；远期的立即承兑。

(5) 代收行收款后，拨付给托收行；托收行再将款项划入出口商账户。

托收支付内容扫描二维码可查看。跟单托收的业务流程如图6.4所示。

二维码——
托收支付

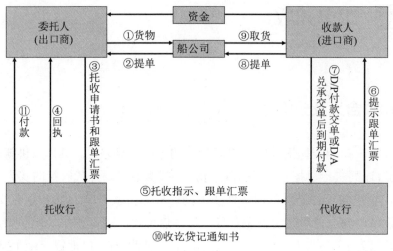

图6.4 跟单托收业务流程

三、跟单托收的注意事项

(一) 了解买方资信，妥善指定代收行

根据买方情况确定授信额度、成交金额与交货进度，避免其借故资金紧张延期付款。买方指定的代收行要经托收行确认才能选择，否则，容易出现银行地址有误、单据寄收不到、银行不办理国际业务、把单据放出提货而不付款等情况，卖方就会晚收货款或钱货两空。

(二) 争取使用CIF或CIP价格成交

托收采用CIF或CIP术语时，如果货物受损，进口商又拒付，出口商可凭保险单向保险公司索赔。如果是进口商办理保险，则装运后出口商应及时通知对方投保，同时自己加投"卖方利益险"，以便货损后保险公司对货损或未收到货款的损失予以赔偿。

(三) 备好单据并正确填写提单

交货后，出口商备齐单据(种类、份数)，通常有汇票、提单、发票、装箱单、保险单(CIF)。提单收货人一栏使用空白指示抬头(to order)，不要做成进口商抬头(to order of applicant)，谨防其凭身份证明提货后不付款。

(四) 了解进口国规定

西方有些银行对付款交单方式采取一种变通做法,即付款交单凭信托收据借单,简称D/P项下的T/R。这种方式是代收行允许进口方在付款前开立一张信托收据(Trust Receipt, T/R)[①],凭此收据从代收行借出货运单据提货,待货物出售后再将货款偿还银行。这是付款交单项下代收行对进口商提供的融资便利,提供融资方要承担进口商违约的风险。

北欧和拉美许多国家习惯把"单到"付款或承兑,视为"货到"付款或承兑,这样进口商可以拖延付款时间,对出口商不利。

欧洲有些银行不做远期D/P,而拉美有些银行则把远期D/P当成D/A处理;有时货到而单据未到,需要存仓、保险;还有的海关规定,货物进仓60天内无人提货即公开拍卖。因此,必须了解代收行是否做远期D/P及其对付款交单和承兑交单的明确解释,掌握进口国海关存仓管理办法。

(五) 了解《托收统一规则》(URC522)的内容

国际商会《托收统一规则》是托收当事人遵循的国际惯例,它对当事人的权利、义务和责任做了系统规定,掌握它可以减少当事人之间的误解和争议。《托收统一规则》(URC522)中明确表示不赞成使用远期付款交单的托收方式。

(六) 拒付前后的措施

(1) 单据要符合合同规定。如果单据不符,进口商就会拒收货物,延误通关。常见的单据错误有以下几种:保险单和提单无正确签名和背书;汇票填写不对或无出票人签字;发票和汇票金额不同;CFR和CIF术语下,提单未注"运费预付";CIF术语下,未提交保险单或保单金额小于发票金额。

(2) 注意进口国的外汇管制及社会状况的稳定情况,例如是否允许资金汇出;是否要将其本币换成外币支付;进口商是否要等待外汇分配。

(3) 收到拒付通知后,要了解拒付原因及货物状况,尽快联系客户或新的买家;在D/P条件下,货被提走,应追究代收行责任;如果货物到港,进口商拒不赎单,出口商应及时处理货物或组织回运,以减少损失。

---

① 进口商借单时提供一种书面信用担保文件,用来表示愿意以代收行的受托人身份代为提货、报关、存仓、保险、出售并承认货物所有权仍属于银行。

第四节 信用证

一、信用证概述

(一) 信用证含义

信用证(letter of credit，L/C)，是开证行根据申请人(买方)的请求，向受益人(卖方)开立的有一定金额的在一定期限内凭相符交单有条件地承担付款责任的书面保证。信用证是国际贸易中重要且常用的支付方式。

(二) 信用证的特点

信用证有三个特点：信用证是独立的文件，银行审单不依附于买卖合同；信用证是纯单据业务，凭单付款，不以货物为准；信用证是一种银行信用，开证行负有首要付款责任。它对卖方有保障，而买方更愿意使用其他结款方式。

二、信用证的使用

(一) 信用证的当事人

信用证的当事人有以下9种，其中前三者为基本当事人。

(1) 申请人(applicant)，又称开证人(opener)，指要求开立信用证的买方。申请人必须在规定的时间内开证，交开证押金并及时付款赎单。

(2) 开证行(opening bank; issuing bank)，指开出信用证的(进口地)银行。开证行负有首要付款责任。

(3) 受益人(beneficiary)，指接受信用证并享受其利益的卖方。受益人拥有按时交货、提交符合信用证规定单据、索取货款的权利和义务，又有对其后的持票人保证汇票被承兑和付款的责任。

(4) 通知行(advising bank; notifying bank)，指应开证行的要求通知并转交信用证的银行。通知行通常是开证行在出口地的代理行(correspondent bank)，是卖方的开户行。

(5) 保兑行(confirming bank)，指根据开证行的授权或要求对信用证加具保兑的银行，具有与开证行相同的责任和地位，对受益人独立负责。通知行和其他银行都可进行加具保兑。

(6) 议付行(negotiating bank)，指在相符交单下，根据开证行的授权购买汇票或单据的银行。如遭拒付，议付行有权向受益人(卖方)追索垫款。

(7) 付款行(paying bank; drawee bank)，指开证行的付款代理，代开证行验收单据的银行。一旦验单付款后，付款行无权向受益人(卖方)追索。

(8) 偿付行(reimbursement bank)，指开证行的付款代理，但不负责审单，只是代替开证行偿还议付行垫款的第三国银行。偿付行的付款不是最终付款，当开证行发现单证不符时仍可向议付行追索。

(9) 转让行(transferring bank)，指应受益人的委托，将信用证转让给信用证的受让人(第二受益人)的银行。转让行一般为通知行、议付行、付款行或保兑行。

(二) 信用证的内容

信用证无统一格式，但内容大致相同，主要包括信用证本身及载明的汇票、单据、货物、运输等事项(见示例6.1)。在SWIFT信用证条件下，有些内容可以省略，如开证行的付款保证、开证行签字等。

(1) 信用证本身，包括信用证的类型(form of credit)、信用证号码(L/C number)、开证日期(date of issue)、信用证金额(L/C amount)、有效期和到期地点(expiry date and place)、开证行(issuing/opening bank)、通知行(advising/notifying bank)、申请人(applicant)、受益人(beneficiary)、单据提交期限(documents presentation period)。

(2) 汇票，包括出票人(drawer)、付款人(drawee)、付款期限(tenor)、出票条款(drawn clause)。

(3) 单据，包括商业发票(commercial invoice)、提单(bill of lading)、保险单(insurance policy)、产地证明书(certificate of origin)、其他单据(other documents)。

(4) 货物，包括品名、货号和规格(name of commodity, article number and specification)，数量、包装(quantity and packing)及单价(unit price)。

(5) 运输，包括装货港(port of loading/shipment)、卸货港或目的地(port of discharge or destination)、装运期限(date of shipment)、可否分批装运(partial shipment allowed/ not allowed)、可否转运(transshipment allowed/not allowed)。

(6) 其他，包括特别条款(special condition)、开证行对议付行的指示(instructions to negotiating bank)、背批条款(endorsement clause)、索汇方法(method of reimbursement)和寄单方法(method of dispatching documents)、开证行付款保证(engagement/undertaking clause)、惯例适用条款(subject to UCP clause)、开证行签字(signature)。

示例6.1　信用证

BANCO BLSEL S.A. ARGENTINA

Cable advised by preliminary on: 27-Jul.-19　　ROSARIO
DATE　1-Aug.-19
27　SEQ OF TOTAL
IRREVOCABLE DOCUMENTARY LETTER OF CREDIT
OUR NO. CITI-090202

ADVISING BANK
THE BANK OF EAST ASIA LTD.
SHANGHAI BRANCH
APPLICANT
MIGUEL ANGEL ORFEI
20DE SETIEMBRE 1758,
7600 MAR DEL PLAZA
BUENOS AIRES, ARGENTINA

BENEFICIARY
TRIUMPH IMP. & EXP. CO.,LTD.
2103 SHANGHAI INT'L TRADE CENTER.
2200 YAN-AN ROAD(W)SHANGHAI, CHINA
AMOUNT　　　US$ 157 520.00
SAY US DOLLARS ONE HUNDRED FIFTY SEVEN THOUSAND FIVE HUNDRED AND TWENTY ONLY

EXPIRY
20-Sep-19

GENTLEMEN:YOU ARE AUTHORIZED TO VALUE ON US
BY DRAWING DRAFTS AT 45 DAYS' SIGHT FOR 100% OF INVOICE VALUE ACCOMPANIED BY THE FOLLOWING DOCUMENTS;

1. DETAILED COMMERCIAL INVOICE IN QUADRUPLICATE
2. PACKING LIST IN TRIPLICATE SHOWING ITEM AND WEIGHT
3. CERTIFICATE OF ORINGIN IN DUPLICATE STATING THE IMPORTNG COUNTRY AS ARGENTITNA DULY SIGN BY CHAMBER OF COMMERCE
4. FULL SET OF CLEAN ON BOARD OCEAN BILLS OF LADING ISSUED BY COSCO AND MADE OUT TO ORDER OF SHIPPER AND ENDORSED IN BLANK AND MARKED FREIGHT PREPAID AND NOTIFY APPLICANT
5. INSURANCE CERTIFICATE COVERING ICC 2009(A) FOR 110% OF INVOICE VALUE WITH CLAIMS PAYABLE IN BUENOS AIRES IN THE CURRENCY OF THE DRAFTS

(续表)

SHIPPING TERMS: CIF BUENOS AIRES SHIPPING MARK: MIG 　　　　　　MIG09722 　　　　　　BUENOS AIRES 　　　　　　CTN/NO.1-358 COVERING: 2 ITEMS OF TRAIN BRAND FOOTBALL 　　　ART NO. SIEL09084 　　　PACKING: 10PCS/CTN 　　　AS PER S/C NO. MIG09722 DD 5-JUN-19		
FROM:SHANGHAI TO:BUENOS AIRES	PARTIAL SHIPMENTS:NOT ALLOWED TRANSSHIPMENT: NOT ALLOWED	LATEST DATE OF SHIPMENT: 5-Sep.-19
SPECIAL INSTRUCTIONS: ALL CHARCES OUTSIDE OPENING BANK FOR ACCOUNT OF BENEFICIARY. ALL DOCUMENTS PRESENTED FOR NEGOTIATION SHALL BEAR THE NO. OF THIS CREDIT AND THE NAME OF ISSUING BANK. THE AMOUNT OF ANY DRAFT DRAWN UNDER THIS CREDIT MUST BE ENDORSED ON THE REVERSE OF THE ORIGINAL CREDIT. ALL DRAFTS MUST BE MARKED DRAWN UNDER THIS DOCUMENTARY CREDIT AND BEARING ITS NUMBER AND DATE. DRAFTS AND DOCUMENTS TO BE PRESENTED FOR NEGOTIATION NOT LATER THAN 15 DAYS AFTER THE BILL OF LADING DATE.		
Except so far as otherwise expressly stated, this documentary credit is subject to the "Uniform Customs and Practice for Documentary Credits" 2007 Revision International Chamber of Commerce Publication No.600		
WE HEREBY AGREE WITH THE DRAWERS, ENDORSERS AND BONA-FIDE HOLDERS OF DRAFTS DRAWN UNDER AND IN COMPLIANCE WITH THE TERMS OF THIS CREDIT THAT SUCH DRAFTS WILL BE DULY HONORED ON DUE PRESENTATION TO THE DRAWEE IF NEGOTIATED ON OR BEFORE THE EXPIRY DATE. David Lange Authorized Signature	ADVISING BANK THE BANK OF EAST ASIA LTD. SHANGHAI BRANCH Shanghai 13-Aug.-19 Place, date, name, and signature of the advising bank	

(三) 跟单信用证流程

跟单信用证流程如图6.5所示。

跟单信用证流程具体有以下几步。

(1) 开证、通知。双方对信用证种类和开证时间做出明确规定——买方向银行申请开证，提供押金(margin)或担保——开证行开证——通知行通知、转递信用证给卖方。

信用证支付内容扫描二维码可查看。

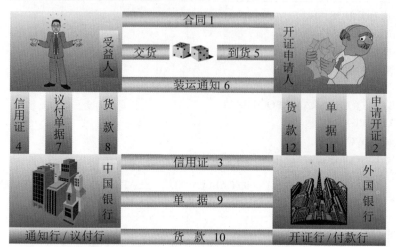

二维码——
信用证支付

图6.5　跟单信用证流程

(2) 交单、付款。卖方审证——如有差错通知买方改证——买方申请开证行修改，开证行修改后将改证通知书电告通知行——卖方再审，无误后发货——备齐单据，提交银行议付。

(3) 议付行议付、索偿。议付是指定银行在相符交单下，在银行工作日当天或之前向受益人(卖方)预付或同意预付款项，从而购买汇票及或单据的行为。议付后，银行根据信用证规定，向开证行或其指定银行索偿，即将单据及索偿证明(证明单证相符)航邮寄给开证行索汇。

信用证规定有电汇索偿条款时，议付行可以用电子方式向开证行或其指定银行索偿。

(4) 偿付(reimbursement)，是指开证行或其指定银行向议付行付款的行为。开证行或其指定银行收到单据后，核验认定与证相符，即将票款偿付议付行。如有不符，可以拒付，但不迟于收到单据次日起5个营业日内通知议付行。

(5) 付款、赎单、提货。开证行偿付后，立即通知买方付款赎单，买方付款取得全套货运单据，办理提货。如买方发现单证不符，可拒绝赎单。

(四) 信用证统一惯例与开立方式

1.《跟单信用证统一惯例》

在国际贸易中，使用较多的是跟单信用证，所开信用证都要标明所依据的信用证统一惯例的有效版本，被引证较多的是《跟单信用证统一惯例》。

《跟单信用证统一惯例》(uniform customs and practice for documentary credits，简称UCP600)，对信用证有关当事人的权利义务、信用证条款的规定以及操作规则都做了明确的解释，是国际贸易界权威的国际惯例，自1929年拟定实施以来，国际商会先后对其进行了7次修改,2007年7月1日起实行的是2006年的修订本,编号为国际商会第600号出版物,即《跟单信用证统一惯例》(UCP600)。UCP600共有三十九条,分别对信用证的相关问题进行了阐述。

2. 开立方式

目前开立信用证主要通过SWIFT方式。SWIFT是"环球同业银行金融电讯协会"(Society for Worldwide Interbank Financial Telecommunication)的缩写。该组织成立于1973年,它设有自动化的国际金融电讯网,该协会的成员银行可以通过该网办理开证及外汇买卖、证券交易、托收等业务。我国绝大多数银行都是该会成员。凡是依据国际商会制定的电讯信用证格式设计,通过SWIFT系统传递信用证的信息,即通过SWIFT开立或通知的信用证均称为SWIFT信用证,也称"环银电协信用证"。目前通过SWITF开立信用证的格式代码为M700和M701,修改信用证的格式代码为M707。因为只有SWIFT的成员银行才能使用密码在网上进行信用证资料传递,所以SWIFT信用证真实可靠。采用SWIFT信用证,必须遵守SWIFT使用手册的规定,受《跟单信用证统一惯例》(UCP600)的约束,可在证中省略银行的承诺条款,但不能免去银行承担的义务。目前的信用证主要采用SWIFT电文格式,我国银行在业务中使用SWIFT信用证已占很大比重。

在SWIFT电文项目中,有些是必选项目,有些是可选项目(即另外增加的项目)。SWIFT代码的对应内容如表6.1所示,SWIFT信用证见示例6.2。

表6.1 SWIFT信用证项目代码解释(M700格式)

代号	栏目名称(英文)	栏目名称(中文)
27	SEQ OF TOTAL	电文页次
40A	FORM OF DOC CREDIT	信用证类型
20	OUR REF NUM	信用证号码
31C	DATE OF ISSUE	开证日期
31D	DATE AND PLACE OF EXPIRY	到期时间和地点
50	APPLICANT	申请人
59	BENEFICIARY	受益人
32B	CURRENCY CODE AND AMOUNT	货币代码和金额
41D	AVAILABLE WITH…BY…	指定银行及兑付方式
42C	DRAFTS AT…	汇票期限
42D	DRAWEE	汇票付款人
43P	PARTIALSHIPMENT	分批装运
43T	TRANS SHIPMENT	转运
44A	LOADING ON BOARD	从……装船
44B	FOR TRANSPORTATION TO	目的港
44C	LATEST DATE OF SHIPMENT	最迟装运期
45A	GOODS DESC	货物描述
46A	DOCUMENTS REQD	所需单据
47A	ADDITIONAL CONDITIONS	附加条件

(续表)

代号	栏目名称(英文)	栏目名称(中文)
71B	CHARGES	费用
48	PERIOD FOR PRESENTATION	交单期限
49	CONFIRM INSTRUCTRIONS	保兑指示
78	INSTRUCTIONS TO PAY/ACCEPT/NEG BANK	对付款行、承兑行及议付行的指示
40E	APPLICABLE RULES	惯例适用版本(600号新加)

示例6.2　SWIFT 信用证

```
ZCZC BCC617 CPUA523 S0201152103160RN921882185
P3 CCBOC
.ICUA

TO: 2102 19BKCHCNBJA84092188
FM: 1552 16AIBKIE2DAXXX97778
      AIBKIE2DXXX
      +AIB BANK
      +DUBLIN
MT: 700 02
27: SEQUENCE OF TOTAL:1/1
40A: FORM OF DOC. CREDIT:IRREVOCABLE
20: DOC. CREDIT NUMBER:L/C67247
31C: DATE OF ISSUE: 090115
31D:EXPIRY: DATE: 090330
           PLACE:CHINA
51-: APPLICANT BANK: AIBKIE2D
SX51: AIBKIE2DXXX
        +AIB BANK
        +DUBLIN
50: APPLICANT: BLACKTORN SHOES LTD., COES ROAD,
  DUNDALK, CO. LOUTH，REPUBLIC OF IRELAND
59: BENEFICIARY: LILIN TRADING CO., LTD.
 18 CHANGJIANG ROAD, CHANGCHUN CHINA.
32B: AMOUNT: CURRENCY:USD AMOUNT:144000.
41-: AVAILABLE WITH/BY:ANY BANK
BY NEGOTIATION
42C: DRAFTS AT ...:SIGHT
42-:DRAWEE: AIBKIE2D
SX42: AIBKIE2DXXX
    +AIB BANK
    +DUBLIN
```

(续表)

43P: PARTIAL SHIPMENTS:ALLOWED
43T:TRANSSHIPMENT: ALLOWED
44A: LOADING IN CHARGE:CHANGCHUN, CHINA
44B: FOR TRANSPORT TO...:DUBLIN
44C: LATEST DATE OF SHIPMENT: 090315
45A: SHIPMENT OF GOODS:
　　9600 PAIRS OF MENS WORKING BOOTS USD15.00/PAIR CIF DUBLIN AS PER SALES CONFIRMATION NO. JTC09005
46A:DOCUMENTS REQUIRED:
SIGNED INVOICES IN TRIPLICATE.
FULL SET OF COMBINED TRANSPORT BILLS OF LADING CONSIGNED TO ORDER. BLANK ENDORSED. MARKED FREIGHT PREPAID AND NOTIFY APPLICANT.
INSURANCE POLICY/CERTIFICATE BLANK ENDORSED FOR THE FULL INVOICE VALUE PLUS 10 PERCENT COVERING ALL RISKS AND WAR RISKS AS PER OCEAN MARINE CARGO CLAUSES AND WAR RISKS (1.1.1981.) OF THE PEOPLES INSURANCE COMPANY OF CHINA.
CERTIFICATE OF CHINESE ORIGIN, ISSUED BY COMPETENT AUTHORITY.
PACKING LIST.
47A: ADDITIONAL COND:
71B: DETAILS OF CHARGES:ALL CHARGES OUTSIDE IRELAND FOR ACCOUNT OF BENEFICIARY.
48: PRESENTATION PERIOD:
　　15 DAYS FROM DATE OF ISSUANCE OF TRANSPORT DOCUMENT.
49: CONFIRMATION:WITHOUT
78: INSTRUCTIONS:
　　DISCREPANT DOCUMENTS IF ACCEPTABLE WILL BE SUBJECT TO A DISCREPANCY HANDLING FEE OF IEP20.00 OR EQUIVALENT WHICH WILL BE FOR ACCOUNT OF BENEFICIARY.
57-: ADVISE THROUGH: BANK OF CHINA, JILIN BRANCH.
　　10 B XIN MIN DAJIE, CHAOYANG QU.
　　YINMAO DAXIA, 1—6 LOV, CHANGCHUN.
　　130021 JILIN PROVINCE，CHINA.
78:THE NEGOTIATING BANK MUST SEND ALL DOCUMENTS DIRECTLY TO US IN ONE LOT BY COURIER SERVICE.
72: BANK TO BANK INFO: THIS CREDIT IS ISSUED SUBJECT TO THE UCP. FOR DOCUMENTARY CREDITS, 2007 REVISION, I.C.C.PUBLICATIONS NO.600.
　　-MAC/4F7DA034
　　DLM
SAC

　　=04192107
　　NNNN

(五) 信用证的种类(见图6.6)

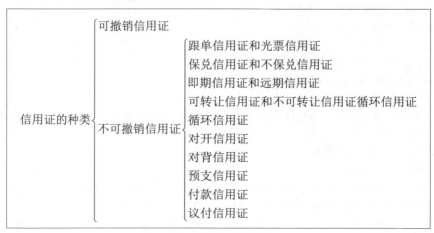

图6.6 信用证的种类

1. 不可撤销信用证和可撤销信用证

可撤销信用证是指开证行在开出相应的信用证凭证后,在任何时候单方面修改信用证或撤销信用证时都不需要征得受益人的同意。

不可撤销信用证是针对可撤销而言的,是指开证行一经开出、在有效期内未经受益人同意,不得随意修改或撤销的信用证。

按《跟单信用证统一惯例》(UCP600)第3条C款的规定,信用证是不可撤销的,因此,在国际贸易中使用的均为不可撤销的跟单信用证,以下介绍的各种信用证都属于此种性质。

2. 跟单信用证与光票信用证

跟单信用证(documentary credit)是开证行凭跟单汇票或仅凭单据付款的信用证。与之对应的是光票信用证(clean credit),开证行仅凭不附单据的汇票(光票)付款的信用证,常用于预付货款。

3. 保兑信用证和不保兑信用证

保兑信用证(confirmed L/C)是指由开证行以外的银行保证对相符交单履行付款义务的信用证。未经另一家银行保兑的信用证,称为不保兑信用证(unconfirmed L/C)。

4. 即期信用证和远期信用证

(1) 即期信用证。即期信用证(sight L/C)是指开证行或其指定银行收到相符单证后立即付款的信用证。在即期信用证中,有时加列电汇索偿条款(T/T reimbursement clause),即议付行议付后,拍电报或通过SWIFT方式通知开证行,说明已"相符交单",开证行接到通知后,即用电汇方式将货款拨交议付行。在电汇索偿条件下的付款,开证行有权对不符点单据进行追偿。

(2) 远期信用证。远期信用证(usance L/C)是指开证行收到相符交单后不立即付款,而是待信用证到期日再付款的信用证。在远期信用证条件下，双方都要承担汇价变动风险，卖方收回货款之前还要承担利息损失。

远期信用证可分为承兑信用证、延期付款信用证和假远期信用证。

① 承兑信用证(acceptance L/C)，是以开证行为汇票付款人的信用证。在承兑信用证下，由卖方开立远期汇票连同单据交议付行，银行审核后寄给其在进口地的代理行或开证行提请其承兑。开证行承兑后，将单据留下，把"承兑书"寄给议付行或将汇票退给议付行的代理行保存，待到期时再向开证行要求付款。

② 延期付款信用证(deferred payment credit)，是指卖方不用开具汇票，开证行保证货物装运后或收单后若干天付款的信用证，如装运日后30天付款、交单后15天付款。在这种信用证下，卖方不能通过贴现提前得到货款，因此，该信用证下的货价比承兑信用证下的货价要高。

③ 假远期信用证(usance L/C payable at sight)，是指买卖双方在贸易合同中约定即期交易，货物价格也以买方即期付款为基础，但买方出于融资的需要，开出的信用证要求受益人(卖方)开立远期汇票(因此是Usance L/C)，而信用证中开证行承诺或授权一家指定银行即期向受益人付款(因此是Payable at Sight)，所有贴现费(银行对客户使用资金收取的费用)和承兑费(银行因承兑存在信贷风险所收费用及与交易有关的管理费用)由买方负担。卖方可即期收款，待远期汇票到期时，买方再向开证行支付款项。这种信用证又称为买方远期信用证(buyer's usance L/C)。

5. 可转让信用证和不可转让信用证

(1) 可转让信用证。可转让信用证(transferable L/C)是规定受益人(第一受益人)可以将信用证的使用权转让给其他人(第二受益人)的信用证。信用证只能转让及转回一次，但如果信用证允许分批装运(支款)，则将信用证金额按若干部分分别转让给几个第二受益人(总和不超过信用证金额)，该项转让仍被视为信用证的一次转让，手续由转让银行办理。

可转让信用证的第一受益人是居于实际买主与供货方之间的中间商。中间商因没有足够资金付款，又不愿让供货方与实际买主拉直关系，便要求实际买主开立可转让信用证，他再将该证的使用权转让给供货方，这样，中间商把转售货物的货款转让给供货方，余额作为自己的利润。

对于第二受益人来说，即使提交了相符单据，也要承担因第一受益人替换单据(发票和汇票)时产生不符点而遭到开证行拒付的风险。所以，第二受益人对这种情况要尤为重视。

(2) 不可转让信用证。不可转让信用证(non-transferable L/C)是指受益人不能将信用证权利转让给他人使用的信用证。

6. 循环信用证

循环信用证(revolving L/C)是指信用证金额被全部或部分使用后，在规定时间内可恢复到原金额再次使用，直至规定的次数或规定的总金额用完为止的信用证。使用这种信用证可使买方免去多次开证的麻烦，节省开证费用，同时也简化卖方审证、改证手续，有利于合同履行。此种信用证通常用于老客户之间分批均匀交货的情况。

循环信用证可分为按时间循环和按金额循环两种。

(1) 按时间循环。按时间循环，是指受益人在一定时间内可多次支取信用证金额。如信用证中规定："本证按月循环，每月可支金额50 000美元，于每个日历月的第一天被自动恢复。本行在此证项下的最大责任不超过6个月的总值300 000美元，每个月未使用余额不能移至下个月合并使用。"

(2) 按金额循环。按金额循环，是指在信用证金额议付后，仍恢复到原金额再度使用，直至用完规定的总额为止。在按金额循环的条件下，恢复原金额的做法有以下三种。

① 自动循环。卖方每次议付规定金额后，信用证可自动恢复到原金额，可再次按原金额使用。如信用证中规定："本信用证项下付给你方的金额可自动提取，但总额不得超过50 000美元。"

② 非自动循环。卖方每次议付后，须在接到开证行通知后，才能恢复到原金额再度使用。如信用证中规定："每次议付后，待接到开证行通知时，才可恢复到原金额。"

③ 半自动循环。卖方每次议付后，在若干天内开证行未发出中止循环的通知，信用证即可自动恢复至原金额再次使用。如信用证中规定："每次议付后7天内，议付行未接到停止循环的通知时，信用证可恢复到原金额使用。"

7. 对开信用证

对开信用证(reciprocal L/C)是指两张信用证的申请人互以对方为受益人而开立的信用证。第一张证的受益人就是第二张证(回头证)的申请人。两证金额大致相等，此种信用证一般用于来料加工、补偿贸易和易货交易。对开信用证生效办法有两种：一是两张同时生效，即第一张证的生效以第二张证的开出为条件；二是两张信用证分别生效，即第一张证开出后立即生效，第二张证以后开出时生效，或者在第一张证议付时，附一份担保书，保证在一定期限内开出回头证。

来料加工中使用对开信用证时，加工方应用延期付款信用证代替远期信用证，以避免对方不开立成品回购信用证(而凭银行承兑的汇票进行贴现)；加工方的付款期限要结合加工时间来确定，避免加工方在远期信用证到期时必须付款，而对方回购信用证尚未开出。

8. 对背信用证

对背信用证(back to back L/C)又称转开信用证，是指受益人要求原证的通知行以原证为基础，另开一张内容相似的新信用证。这种信用证是中间商转售他人货物从中图利或两国不能直接办理进出口，通过第三者来沟通贸易而开立的。它与可转让信用证的区别在于，对背信用证与原证是两个独立的信用证，而可转让信用证是一笔信用证业务的延伸。

对背信用证内容除了申请人、受益人、金额、单价、装运期限、有效期限等可以变动外，其他与原证相同，修改比较困难。

9. 预支信用证

预支信用证(anticipatory L/C)是指开证行授权通知行或指定银行，允许受益人在装运交单前预支全部或部分货款的信用证。在业务中，多使用部分预支货款的方法。在预支信用证项下，装运前，卖方开具以开证行为付款人的汇票，由议付行垫付来证规定的预支数额给卖方，待货物装运交单议付时，议付行借记开证行账户，再从议付金额中扣还垫款本息，将余额支付给卖方。如果货物没装运，由开证行偿还议付行的垫款本息，然后开证行再向申请人追索此款。为引人注目，以前的预支条款常用红字打出，所以预支信用证也称"红条款信用证"(red clause L/C)。

使用此种信用证的原因有三点：一是该货供不应求，买方急于得手而想提前付款；二是卖方是买方在出口国的采购代理，或是跨国公司内部交易；三是买方向卖方预先提供装船资金，帮助其克服资金不足的困难，以此迫使卖方降低价格。

10. 付款信用证

付款信用证(payment L/C)，是指定某一银行付款的信用证。此种信用证一般不用汇票，凭受益人的装运单据付款。

11. 议付信用证

议付信用证(negotiation L/C)，是指开证行允许受益人向某一银行或任何银行交单议付的信用证。议付信用证包括公开议付和限制议付两种，前者是指开证行允许任何一家银行议付，后者是指开证行授权某一特定银行议付。议付信用证在业务中较常使用。

第五节 银行保函与备用信用证

一、银行保函

(一) 银行保函的定义

银行保函(banker's letter of guarantee L/G)是银行开立的担保履行某项义务并承担经济赔偿责任的书面文件。它实际上是银行以自己的信用代替客户的信用向受益人提供担保。银行签发保函之前，都会要求客户签署对等(反向)保证函，即同意偿还银行为其付出的金额。

(二) 银行保函的当事人

委托人,是保函的申请人,一般是合同的债务人。

担保人,保函的开立人,一般是银行。

受益人,通过保函取得赔偿的人。

(三) 银行保函的种类

银行保函不仅用于货物买卖,还更多地用于国际经济合作业务中。

1. 投标保函

投标保函(tender guarantee)是银行应投标人(委托人)的申请向招标人(受益人)发出的保证书。保证投标人在开标前中途不撤标或片面修改投标条件,中标后签约和交纳履约保证金,否则银行赔偿招标人的损失。投标保函的担保金额一般为项目金额的2%~5%。

2. 履约保函

履约保函(performance guarantee)是指银行向受益人保证申请人一定履行合约而开立的信用文件,是银行对卖方必须交货所做的保证。

3. 还款保函

还款保函(repayment guarantee)又称预付款保函或定金保函,是银行应合同一方的申请,向另一方开立的还款保证书。如果申请人不履行合同,不退还受益人支付的款项,则由银行代为支付款项。还款保函也是外国贷款人要求借款人提供的到期一定还款的银行保证。

二、备用信用证

(一) 备用信用证的定义

备用信用证(standby L/C),又称担保信用证或保证信用证,是开证行根据申请人的请求向受益人开立的承担某项义务的凭证。

在备用信用证方式下,如果申请人没有履约,开证行负责支付;如果申请人已经履约,此证不必使用。备用信用证在申请人具有履约能力时,银行风险为零;在申请人没有履约能力时,银行风险为100%。

(二) 备用信用证的适用

备用信用证是用于申请人违约时受益人取得补偿的一种备用方式,一般用在投标、履约、还款、预付货款或赊销等业务中,有些国家也将其用于合同中货款的支付。例如，买方采用L/C付款，为防止卖方货物出现问题，可要求卖方开出以买方为受益人的备用L/C，一旦货物不符合要求，可要求开证行还款。在我国，一般总行审批后，才可开立备用信用证。

(三) 备用信用证与跟单信用证的区别

第一，备用信用证在申请人违约时才能使用，而跟单信用证在受益人履约时使用；第二，备用信用证可适用于货物以外的多方面的交易(例如投标、借款、赊销等)，而跟单信用证只能用于货物的买卖；第三，备用信用证凭申请人违约证明付款，而跟单信用证则凭相符交单付款。

(四) 备用信用证与银行保函的区别

第一，操作程序比银行保函简单；第二，到期地点可在开证行也可在受益人所在地，银行保函只能在担保行所在地；第三，备用信用证不受任何合约的束缚，银行保函有独立担保和附属担保；第四，备用信用证拥有单到付款、向开证行电索、主动借记、授权借记、由开证行以外的其他银行议付等多种索偿、融资方式，银行保函则只能由担保行审单无误后付款。

第六节 国际贸易结算融资

融资是借贷资本的获取，它的实质是一种信用行为。国际贸易结算融资是银行对买方或卖方提供的与进出口贸易结算相关的短期资金融通。结算融资可以由银行直接向客户提供，也可以由银行为客户提供信用保证。

一、对卖方的融资

(一) 打包贷款

打包贷款也称信用证抵押贷款，是银行在货物出运之前以信用证作抵押向卖方提供的贷款，是银行凭开证行有条件的信用承诺而发放的贷款，因而属于信用放款。打包贷款期限一般是信用证抵押之日到卖方收回货款之日。提供贷款的银行承担议付行义务，收回信用证项下货款后，将贷款收回。在信用证打包贷款中，银行贷款额通常为全证的70%~80%。目前，有的银行也接受凭出口合同申请打包贷款，但贷款金额只是货款的50%左右。

(二) 出口押汇

出口押汇(export negotiation)是银行对卖方提供的一种短期融资。卖方发货后，将货运单据交银行审核，相符交单之后，银行向卖方垫付货款；银行将单据寄交开证行索回货款冲回原来垫付的资金，这个过程就是出口押汇。

出口押汇也可用于托收，即卖方发货后，开立以买方为付款人的汇票，连同全套单据提交托收行，银行审单无误买入票据，按照汇票金额扣除从付款日(买入汇票日)至预计收到票款日的利息和手续费，将款项付给卖方，待买方付款后卖方再偿还银行垫款。

(三) 远期汇票贴现

远期信用证项下的汇票经银行承兑后，卖方可向银行贴现取得资金融通；在D/P(远期)和D/A托收方式中，经买方承兑后的远期汇票同样可以贴现，但是不如银行承兑的信誉程度高。

(四) 凭银行保函融资

大宗交易经常采用银行保函项下的远期付款方式，即合同签订后，进口地银行应买方要求，出具以卖方为受益人的保函，担保买方如期付款，否则由担保银行付款。此时，卖方即可凭该银行保函向出口地银行要求贷款。这是依靠银行信用而使出口商从第三方获得融资的一种方式。

二、对买方的融资

(一) 进口押汇

进口押汇是银行应买方要求在进口结算中垫款并对外支付的一项业务，是银行向买方提供的一种资金融通方式。

进口押汇是在开证行与买方签订进口押汇协议的基础上，由开证行收到信用证方式下单据后先行付款，然后根据押汇协议及买方签发的信托收据，将货运单据交给买方凭以提货并销售，最后将货款连同这期间的利息交还原开证行，换回信托收据。进口押汇有时也使用在托收业务中。

(二) 银行担保提货

在信用证方式下，有时提单未到而货物先到，买方就向银行申请开立提货担保函，双方签字后向船公司提货。在此情况下，日后无论信用证单据是否存在不符点，买方均须付款。

第七节 不同结算方式的选用与支付条款

一、不同结算方式的结合

在国际贸易中,通常只选择一种结算方式,但各种结算方式都有利弊,为了加速资金周转,避开贸易风险,多种结算方式的结合使用已成为一种趋势。

(一) 信用证与汇款结合

信用证与汇款结合,是指大部分货款采用信用证方式支付,货款余额使用汇款方式支付。例如,发货数量与到货数量不易吻合的货物,常采用90%货款信用证支付,10%货款在货物到达后按照实到数量采用汇款方式支付。

(二) 信用证与跟单托收结合

信用证与跟单托收结合,是指部分货款用信用证支付,货款余额用托收方式结算。一般情况下,卖方要开立两张汇票,信用证项下货款凭光票付款,全套单据附在托收项下,按付款交单方式托收,但信用证要注明"发票金额全部付清后才可以交单"的条款。

在加工贸易中,加工方进口料件时,采用承兑交单托收方式付款;成品出口时,采用即期信用证方式收款。由于信用证项下的外汇包括料件款和加工费,可将其中的料件款暂存银行,以备进口的远期托收到期承付,其余加工费按规定结汇。

(三) 装运前电汇与跟单托收结合

在这种方式下,买方预先电汇部分货款或一定比率的定金(估计损失的数额)后,卖方发货并从发票金额中扣除已收款,将余额委托银行代收(如D/P)。如果买方不付款,卖方可将货物运回,并从已收订金中扣除运费等损失。

(四) 跟单托收与备用信用证结合

在这种方式下,卖方采用跟单托收方式收款,同时要求买方申请开立备用信用证作为付款担保。一旦买方拒付货款,卖方可凭买方违约证明向开证行要求偿付。备用信用证的到期日应晚于托收付款期限后一段时间,以便卖方有时间办理追偿手续。

(五) 承兑交单与即期付款交单结合

在加工贸易中,有时来料、来件与成品分别作价,这时加工方进口材料、配件采用承兑交单(D/A)方式付款；成品出口时，采用即期付款交单(D/P at sight)方式收款。在实践中，进口付汇与出口收汇时间应衔接好，以便成品款即期收汇后，保证远期进料款的对外支付。

(六) 远期信用证和即期信用证结合

在加工贸易中，加工方进口料件时，采用远期信用证方式付款；成品出口时，采用即期信用证方式收款，这种方法也称"对开信用证"。两张信用证相互制约生效，防止另一方不开证，合同无法履行。

(七) 即期付款信用证与预支信用证结合

在加工贸易中，加工方进口料件，采用即期付款信用证方式支付；出口成品采用预支信用证方式收款。委托方先开预支信用证，加工方收证后，开立汇票(光票)，向开证行预支部分货款，随即向委托方开出即期付款信用证，委托方收证后发出料件，加工方组织料件加工，成品出运后，凭装运单据收取预支信用证项下余款(加工费)，委托方支付余款后提货。对于预付的那部分货款，加工方用其作为料件款予以抵补。

(八) 汇付、保函、信用证三者结合

对于生产周期长、金额大的成套设备、飞机及轮船等交易，往往要按工程进度和交货进度分若干期付清货款(即分期付款和延期付款)。在这种情况下，一般采用汇付、保函和信用证相结合的方式。

1. 分期付款

分期付款(progression payment)是指买方预付定金，其余货款根据货物制造或交货进度分若干期支付，在货物交付完毕时付清货款。在分期付款条件下，买方付清最后一期货款时才取得货物所有权。买方付出订金之前，往往要求卖方提供银行保函，以保证其按时交货，否则退回订金。其余货款由买方开立即期信用证，分期支付。

2. 延期付款

延期付款(deferred payment)是指买方预付定金后，大部分货款在交货后相当长一段时间内分期支付。在延期付款条件下，合同签订后，买方要支付一小部分订金，同时要求卖方银行开出保函，保证按期履约交货，否则退回订金，而大部分货款在交货后若干年内分期采用远期信用证方式支付。

以上结算方式的结合在业务中时有采用，但不是仅此几种，还有其他的变通方案，不胜枚举，我们可以根据业务情况酌情对待，尽量使用双方均可接受的支付方式，达成交易。

二、结算条款

不同的结算方式下双方承担的风险和涉及的信用有着明显的区别,制定结算条款要根据不同的客户、商品、市场,结合价格、汇率风险等因素。结算条款主要包括付款时间、地点、金额、方法、条件等内容。

(一) 汇款支付条款示例

(1) 买方应不迟于6月25日将100%的货款用票汇预付至卖方。

The buyers shall pay 100% of the sales proceeds in advance by Demand Draft to reach the sellers not later than June 25.

(2) 买方应于4月20日前将30%货款电汇至卖方,其余货款收到正本提单传真后5日内支付。

The buyers shall pay 30% of the sales proceeds to the sellers by telegraphic transfer. The remaining part will be paid to the sellers within 5 days after receipt of the fax concerning original B/L by the buyers.

(二) 托收支付条款示例

(1) 买方根据卖方开具的即期跟单汇票,于见票时立即付款,付款后交单。

Upon first presentation the buyers shall pay against documentary draft drawn by the sellers at sight. The shipping documents are to be delivered against payment only.

(2) 买方根据卖方开具的见票后90天付款的跟单汇票,于提示时承兑,并于汇票到期日付款,承兑后交单。

The buyers shall duly accept the documentary draft drawn by the seller at 90 days' sight upon first presentation and make payment on it's maturity. The shipping documents are to be delivered against acceptance.

(三) 信用证支付条款示例

开立100%保兑的即期信用证,该证须于5月20日前开出。

Confirmed L/C for 100% invoice value available by sight draft is to reach sellers not later than May 20.

(四) 不同结算方式结合使用的支付条款示例

买方通过卖方接受的银行,于装船月份前20天开立并送达卖方即期信用证,规定50%发票金额凭即期光票支付,其余50%金额用即期跟单托收方式付款交单。全套货运单据附于托收项下，在买方付清发票的全部金额后交单。如买方不能付清全部发票金额，则货运单据由开证行掌握，凭卖方指示处理。

The buyer shall open a sight L/C to the seller 20 days before the month of shipment through a bank accepted by the seller, which stipulates that 50% of the invoice value shall be paid by sight draft, and the remaining 50% shall be presented by sight documentary collection. A complete set of shipping documents is attached to the collection, and will be presented after the buyer has paid the full amount of the invoice. If the buyer can't pay all the invoice amount, the shipping documents shall be held by the issuing bank and handled according to the seller's instructions.

关键词汇

汇票　汇款　托收　信用证　票汇　贴现　付款交单　出口押汇　承兑　承兑交单　提货担保

【本章小结】

结算条款包括结算工具和结算方式的选择、结算时间的安排、结算付款比例和条件等。不同的结算方式下，双方承担的风险和涉及的信用有着明显的区别，各种结算方式都有利弊，在选择过程中要综合考虑不同的客户、商品、市场、价格、汇率风险，以有利于安全收汇、扩大贸易和资金周转的原则签订结算条款。同时，结算方式的结合使用可以降低使用单一方式的风险。

进出口货款的收付(结算)是信用、币种、票据、收付时间及方式的集合运用。结算工具分为汇票、本票和支票三种；结算方式主要有汇款、跟单托收和信用证三种，前两种属于商业信用，后一种属于银行信用，我国常用的结算方式是信用证。

票据是以支付金钱为目的，由出票人签发的约定自己或另一人无条件地支付确定金额的可流通转让的证券。

结算方式主要有汇款、托收、信用证、银行保函、备用信用证等。信用证是典型的国际贸易结算方式，《跟单信用证统一惯例》(UCP600)是信用证结算的权威依据。

结算时间的良好安排有利于进出口融资成功。企业资金不足时都要从银行获取资金，以国际贸易单据作为抵押，融通银行资金不失为企业的一种必要手段，也是银行间经营借贷资本获利的一个重要渠道。

【课后作业】

一、翻译下列词语

bill of exchange_____　　sight draft_____　　demand draft_____

dishonor_____　　promissory note_____　　cheque, check_____

remittance_____　　telegraphic transfer, T/T_____　　mail transfer_____

M/T_____　　remittance by banker's demand draft, D/D_____

payment in advance_____　　documents against payment, D/P_____

documents against acceptance, D/A_____　　letter of credit, L/C)_____

opening bank_____　　negotiating bank_____

reimbursement bank_____　　sight L/C_____　　usance L/C_____

acceptance L/C_____　　banker's letter of guarantee, L/G_____

standby L/C_____　　progression payment_____　　deferred payment_____

二、选择题

1. 汇票有即期和远期之分，在承兑交单业务中(　　)。

A. 一部分使用即期汇票，一部分是用远期汇票

B. 只使用即期汇票，不使用远期汇票

C. 可使用即期汇票，也可使用远期汇票，由双方事先约定

D. 只使用远期汇票，不使用即期汇票

2. 在信用证结算方式下，汇票的收款人通常是(　　)。

A. 限制性抬头　　B. 指示性抬头　　C. 持票人抬头　　D. 来人抬头

3. 下列选项中，属于银行信用的国际贸易支付方式是(　　)。

A. 汇付　　B. 托收　　C. 信用证　　D. 票汇

4. 信用证规定到期日为2021年5月31日，而未规定最迟装运期，则可理解为(　　)。

A. 最迟装运期为2021年5月10日　　B. 最迟装运期为2021年5月16日

C. 最迟装运期为2021年5月31日　　D. 该信用证无效

5. 在托收结算业务中，单据的缮制通常以(　　)为依据，如有特殊要求，可参照相关的文件或资料。

A. 信用证　　B. 合同　　C. 发票　　D. 装箱单

6. 在信用证支付下，当信用证条款与合同规定不一致时，受益人可以要求(　　)。

A. 开证行修改　　　　　　　　B. 信用证申请人修改

C. 通知行修改　　　　　　　　D. 付款行修改

三、填空题

1. 汇票的处理手续包括_____、提示、_____、_____、背书、_____和追索等。
2. 汇款属于_____信用,托收属于_____信用,信用证属于_____信用。
3. 托收项下汇票付款人为_____,信用证项下汇票付款人为_____。

四、判断题

1. 信用证项下单据出现不符点时,开证行应在7日内提出。（　）
2. 汇票有商业汇票和银行汇票之分,在进出口贸易货款收付中,托收使用的是商业汇票,信用证使用的是银行汇票。（　）
3. 修改信用证时,可不必经开证行而直接由申请人修改后交给受益人。（　）
4. 未规定最迟装运期的信用证无效,受益人可以退回银行。（　）
5. 电汇委托书可以通过背书而流通转让。（　）

五、思考题

1. 常见的结算方式有哪几种?
2. 试述信用证的基本内容。
3. 卖方融资方法有哪些?
4. 阐述一下信用证当事人的权利和义务。

六、操作题

1. 根据所给条件填制销售确认书的结算条款(见表6.2)。

30%货款于装运前30天采用电汇支付,其余货款采用即期信用证支付,信用证最晚在2021年4月20日前开到我方。

表6.2　任务——填制销售确认书

销 售 确 认 书
SALES CONFIRMATION
付款: Terms of payment:

2. 以本章信用证样例(见示例6.2)填制下面的审证记录单(见表6.3)。

表6.3 审证记录单

信用证号码：	合同号码：
信用证通知号码：	开证日期/地点：
收证日期：	信用证名称：
开证银行：	通知行：
开证申请人(applicant)：	受益人(beneficiary)：
汇票付款人(drawn on)：	出票条款(drawn under)：
汇票期限：	信用证到期地点：
议付行限制：	价格条件：
装运港：	目的港：
运输方式：	运费支付方法：
可否分批：	可否转船：
装运日期：	有效日期：
交单天数：	提单托运人(shipper)：
提单抬头(consignee)：	提单通知方(notify)：
保险条款：	保险依据：
保险特殊条款：	保险险别：
赔款地点/币别：	保险加成：
数量溢短装：	金额溢短装：
原证金额：	
总品名：	总数量：

唛头：

品名：

货号：　　　　　　规格：　　　　　　数量：

件数：　　　　　　单价：　　　　　　总值：

信用证要求的单据名称份数										其他所需单据及份数						
提交对象	正本提单	副本提单	发票	保险单	装箱单	重量单	尺码单	商检产地证	贸会产地证	FA产地证	卖方产地证	海关发票	邮局收据(单)	邮局收据(样)	电抄	受益人声明	船方证明
银行																	
客户																	

单据寄往：	发票一般条款：
公共附注(除汇票所有单据注明)：	
受益人声明内容：	有关单据特殊条款：
信用证特别条款：	改证情况：
审证员：	复核员：

七、案例讨论

1. 某出口公司收到国外开来的一份即期议付信用证,在准备按信用证规定发运货物时,突然接到开证行的通知,声称申请人已经倒闭。对此,出口公司应如何处理?为什么?

2. 天津某出口公司出售货物一批给香港S商,价格条件为CIF香港,付款条件为D/P见票后60天付款,天津公司同意S商指定中国香港汇丰银行为代收行。天津公司在规定的装船期内将货发出,取得清洁提单,出具汇票,连同全套单据委托中行通过汇丰银行向S商收取货款。5天后,货物抵达香港,因当时该货行市不错,S商凭信托收据向汇丰银行借取提单,提取货物,并将部分货物售出。不料,因到货过于集中,价格迅速下跌,S商以缺少保险单为由,在汇票到期时拒付货款。你认为天津公司应如何处理此事?请说明理由。

3. 某公司以CIF鹿特丹条件与外商成交,出口一批货物,按发票金额110%投保一切险及战争险。售货合同的支付条款只简单填写信用证方式支付。国外来证条款如下:"Payment under this credit will be made by us only after arrival of goods at Rotterdam"(该证项下的款项在货到鹿特丹后由我行支付)。出口商没有要求改证。外贸公司交单结汇时,银行也未提出异议。但是,在运输途中60%的货物被大火烧毁,船到目的港后开证行拒付全部货款。你认为开证行拒付是否合理?请说明理由。

4. 我方公司出口马耳他罐头一批,由于发生单证不符,我方更正发票后通知银行寄去,买方提出费用增加,要求我方将佣金由3%改为5%,我方是否可以拒绝?

5. 某外贸公司从国外某商行进口一批钢材,货物分两批装运,信用证支付,每批分别由中国银行(以下简称"中行")开立一份信用证。第一批装运后,卖方在有效期内向银行交单议付,议付完毕即向中行索偿货款,随后中行偿付了国外货款。买方收到第一批货物后,发现品质不符,要求开证行对第二份信用证单据拒付,但遭到中行拒绝。请问中行这样做是否合理?为什么?

第七章 货物检验

学习目标

掌握货物检验的基本常识、基本程序,熟悉检验的依据与内容,学会订立检验条款及办理报检业务。

第一节 货物检验概述

一、货物的检验内容与程序

(一) 检验内容

货物检验是对货物的品质、数量、重量,以及安全、卫生、健康、环境、欺诈等方面的检验。

1. 品质检验

品质检验,即运用感官、化学、物理、微生物学等手段,对品质、规格、等级等实施检验,确定是否符合要求。

2. 数量检验

数量检验包括对件数、长度、面积、容积、体积等方面的检验。

3. 重量检验

重量检验包括对水尺计重(固体公估)、容量计重(液体公估)、流量计计重(根据流量计测定的流量)、衡器计重(以台秤、案秤、轨道衡、地中衡、自动定量秤等衡取重量)等方面的检验。

4. 安全、卫生、健康、环保、欺诈等方面的检验

为了维护本国公共利益,各国都有这类超商务检验,无论是否载入合同,检验机构都有权检验并销毁违规货物。

(二) 检验的程序

进出口货物装运前或到港后,企业通过国际贸易单一窗口向海关所属出入境检验检疫机构提出报检申请,双方约定时间到达货物存放处进行抽样和检验,合格者签发检验证书。

二、检验机构及其证书

(一) 检验机构

1. 国外检验机构

国外商检机构主要有官方和民间的两种。

(1) 国外官方检验机构包括美国食品和药品管理局(FDA)、美国食品安全检验局(FSIS)、德国技术检验代理机构网(TUV)、英国标准协会(BSI)。

(2) 国外民间检验机构包括瑞士通用公证行(SGS)、英国英之杰检验集团(IITS)、日本海事检定协会(NKKK)、新日本检定协会(SK)、美国安全试验所(UL)、国际羊毛局(IWS)、加拿大标准协会(CSA)。

2. 我国检验机构

(1) 我国官方检验机构。根据2018年国务院机构改革方案,原国家质量监督检验检疫总局的出入境检验检疫管理职责和队伍划入海关总署,海关总署项下出入境检验检疫机构负责全国进出口商品检验工作,属于官方检验机构。海关总署设在省、自治区、直辖市以及各口岸、集散地的出入境检验检疫机构,管理该地区的进出口商品检验工作。

我国商品检验机构的职责是对进出口货物实施检验并进行鉴定,监督管理质量;实施认证;对进出口食品和企业卫生注册登记和管理;管理检验证单、标志封识;负责原产地证书的签证工作。

(2) 我国民间检验机构。中国进出口商品检验公司(China National Import & Export Commodities Inspection Corporation,CCIC)于1980年7月成立,是经我国政府批准注册的第一家从事进出口检验和认证的综合性第三方检验认证机构,现已成为一家世界知名的跨国检验认证机构。CCIC总部设在北京,在全国各地设有36家分(子)公司,接受委托办理各项检验鉴定业务。CCIC在世界各主要地区设有18家海外公司或代表处,承担装船前

检验和鉴定业务,已形成以北京为中心的全球性服务网络。

(二) 检验证书

1. 检验证书的种类

进出口业务中常见的检验证书有以下几种。

(1) 品质检验证书(inspection certificate of quality),证明货物品质、规格、等级、效能等实际情况。

(2) 重量检验证书(inspection certificate of weight),按不同的计重方式证明货物重量情况。

(3) 数量检验证书(inspection certificate of quantity),按不同计量单位证明货物的数量情况。

(4) 包装检验证书(inspection certificate of packing),证明货物包装合格。

(5) 兽医检验证书(veterinary inspection certificate),证明动物产品经过兽医检验,符合检疫要求。

(6) 卫生检验证书(sanitary inspection certificate),证明供食用的动物产品来自安全非疫区,未受传染病感染,可供食用。

(7) 消毒检验证书(disinfecting inspection certificate),证明动物产品经过高温或药剂消毒,卫生品质合格。

(8) 熏蒸检验证书(inspection certificate of fumigation),证明粮谷、油籽、豆类、皮张等商品,以及包装用木材与植物性填充物等,已经过熏蒸灭虫。

(9) 温度检验证书(certificate of temperature),证明冷冻货温度符合要求。

(10) 残损检验证书(inspection certificate on damaged cargo),证明货物残损情况。

(11) 船舱检验证书(inspection certificate on tank/hold),证明载货船舱符合要求。

(12) 价值检验证书(certificate of value),证明货物发票的单价和总值。

(13) 产地检验证书(inspection certificate of origin),证明货物是出口国生产或制造的。

2. 检验证书的作用

法定检验货物的检验证书由出入境检验检疫局出具,其他货物的检验证书可由中国对外贸易促进委员会、中国进出口商品检验公司或生产企业出具。签发日期不能晚于提单日期。具体作用如下所述。

(1) 证明货物符合合同规定。

(2) 买方拒收货物、索赔的凭证。

(3) 卖方议付货款的单据。

(4) 作为海关放行的证件。

(5) 反映货物装卸、运输途中的实际状况，是明确责任归属的依据。

(6) 作为某些以品质、规格确定增减价的货物进行结算计价的依据。

思考： 美国公司与澳大利亚商人签订一份进口食品的合同，检验条款规定：该批食品的品质检验证明书由澳大利亚商检机构提供。货到目的港后，经美国卫生检疫部门抽样化验发现霉菌含量超过美国标准，决定禁止在美国销售，并建议就地销毁。美国公司将货物销毁后，凭美国当地公证检验机构提供的检验依据向澳大利亚公司提出索赔。请问：美国的做法是否有问题并说明理由。

三、检验的时间和地点

买卖双方什么时间检验和在哪里检验货物，直接关系到以哪一方提供的检验结果为准。归纳起来，国际贸易中主要有以下几种关于检验时间和地点的做法。我国多采用"出口国检验，进口国复验"的做法。

1. 产地检验

产地检验，是指发货前由卖方或买方的检验或验收人员对货物实施检验，卖方只对离开产地前的品质负责，买方则对离开产地后的品质负责。

2. 装运港（地）检验

装运港(地)检验，是指货物在装运前或装运时由双方约定的商检机构检验并出具证书，作为确认品质数量的依据。这种检验规定，称为以"离岸品质和离岸数量"为准。在这种检验下，货到复验后发现问题，买方也无权拒收或提出索赔。

3. 目的港（地）检验

目的港(地)检验，以"到岸品质和到岸数量"为准，是指卸货后由双方约定的商检机构检验并出具证书，作为确认品质数量的依据。

4. 用户所在地检验

对于密封包装、精密复杂或需要安装调试才能检验的货物，可推迟到用户所在地，由双方认可的检验机构检验并出具证书。

5. 出口国检验，进口国复检

这种检验是装运前检验并出具证书，作为收付货款的依据；货到目的地后，买方再行复验。如双方认可的商检机构复验后，不符合规定且系卖方责任，则买方可在规定时间内向卖方提出索赔，直至拒收货物。需要注意的是，销售合同要明确复验机构或标明采用双方同意的商检机构检验。

6. 装运港（地）检验重量，目的港（地）检验品质

大宗货物的检验，常以装运港(地)的重量检验证书作为重量依据，以目的港(地)的品质证书作为品质依据，这种检验方法以"离岸重量和到岸品质"为准。在此情况下，

若货物与合同规定的品质不符，买方可以向卖方索赔，但无权对货物重量提出异议。

四、检验的分类与方式

(一) 检验的分类

1. 法定检验

法定检验是商检机构对列入进出口商品目录的货物以及法律规定必须检验的货物实施的检验。

法定检验(法检)须对每一批次货物实施检验并出具证书、换证凭单，表示货物合格，准许出口或进口；未经检验或检验不合格的，不准销售使用。

其中"列入进出口商品目录的货物"以《进出口商品名称及编码协调制度》为基础，依照我国海关系统《商品综合分类表》的商品编码、商品名称、商品备注编制；对"法律规定必须检验的货物"，根据《中华人民共和国商检法》《中华人民共和国食品卫生法》《中华人民共和国认证认可条例》规定，对出口危险品包装容器进行鉴定，对装有易腐烂食品和冷冻品的集装箱、船舶、车辆等进行适载检验。

2. 抽查检验

抽查检验(抽检)是对法检以外的货物，实施抽检的一种方式。抽查检验有以下几点作用：一是可以了解货物质量信息，及时调整必检目录；二是可以打击假冒伪劣产品，减少贸易欺诈；三是可以敦促企业对质量负责。

抽查检验的货物包括以下几种：危及人体健康、财产安全及环境保护的货物；数量大、品质不稳定或发生过质量事故的货物；品质问题大的货物(投诉多、退货严重)；有新的特殊技术要求的货物。

(二) 检验的方式

1. 检验

(1) 检验的标准。为了统一检验的尺度，海关商检机构根据实际需要和国际标准，制定了货物检验方法的技术规范和标准。国际标准主要指国际标准化组织(ISO)、国际电工委员会(IEC)、国际电信联盟(ITU)、食品法典委员会(CAC)等制定的标准。

(2) 检验的规定。货物包装完毕才能检验，商检机构从大批货中任意挑选若干箱检验，未进行包装的货物拒绝检验。

2. 复验

(1) 复验的规定。当事人对检验结果如有异议，可在收到结果后15日内申请复验，受理机构应在60日内做出结论；技术复杂的，可适当延长，但不超过30日。商检机构对同一检验结果只复验一次。复验申请人交纳复验费，如认定原检验机构负有责任，则复验费由原检验机构负担。

(2) 注意事项。在进口国复验时，复验期限要根据检验的难易程度、港口拥挤情况及港口装卸能力而定，复验机构应当是双方认可的，但复验费用要明确谁来缴纳。如果途中转卖，买方没时间检货且卖方知道这一情况，可将复验地点定在最终目的地。

思考：我国某公司2021年6月向欧洲出口一批化工产品，数量35公吨，价值875 000美元。合同规定："装运期为2021年6月26日，信用证付款。货到目的港后，如发现品质或数量与合同不符，买方可以申请双方同意的检验机构实施复验并出具检验证书，买方复验须于货到目的港后45天内进行。"

2021年7月29日货物到达目的港，客户付款赎单提货后，发现品质有一定的问题，于9月25日单方面邀请Q检验行做了复验并出具证书。同时欧洲客户向我国某公司发来索赔函。请问：索赔是否有效？为什么？

3. 免验

列入目录的进出口货物符合免检条件的，由企业申请，经审批免予检验并颁发免检证书，有效期内免予检验，过期不再享受。但是食品、动植物及其产品、危险品及危险品包装、品质易变化或散装货不予免检。

第二节 检验条款

一般来说，卖方凭单交货、买方凭单付款，买方付款之前通常无法验货，而检验又与索赔密切相关，涉及双方的切身利益。因此，签订双方认可的检验条款至关重要。

一、检验条款的内容

检验条款包括检验内容、检验机构、检验证书及其效力、检验时间和地点，以及检验的相关问题等内容。

二、检验条款示例

发货前，制造厂应对货物的品质、规格、性能和数量/重量进行精密全面的检验，出具检验证明书，并说明检验的技术数据和结论。货到目的港后，买方将申请国家出入境检验检疫局(以下简称"商检机构")对货物的规格和数量/重量进行检验，如发现货物残损或规格、数量与合同规定不符，除保险公司或轮船公司的责任外，买方须在货物到达目的港后30日内凭商检局出具的检验证书向卖方索赔或拒收该货。在保证期内，如货物由于设计或制造上的缺陷而发生损坏或品质和性能与合同规定不符时，买方将委托中国商检局进行检验。

The manufacturers shall, before delivery, make a precise and comprehensive inspection of the goods with regard to its quality, specifications, performance and quantity/weight, and issue inspection certificates certifying the technical data and conclusion of the inspection. After arrival of the goods at the port of destination, the Buyer shall apply to China Exit and Entry Inspection and Quarantine Bureau (hereinafter referred to as CEEIQB) for a further inspection as to the specifications and quantity/weight of the goods. If damages of the goods are found, or the specifications and/or quantity are not in conformity with the stipulations in this contract, except when the responsibilities lies with Insurance Company or Shipping Company, the Buyer shall, within 30 days after arrival of the goods at the port of destination, claim against the Seller, or reject the goods according to the inspection certificate issued by CEEIQB. In case of damage of the goods incurred due to the design or manufacture defects and/or in case the quality and performance are not in conformity with the contract, the Buyer shall, during the guarantee period, request CEEIQB to make a survey.

关键词汇

进出口商品检验　　法定检验　　抽样检验

【本章小结】

货物检验和货物报检是检验工作的两个方面，货物检验工作是商检机构对申请检验货物的品质、数量和包装进行检验和检疫，以确定是否符合合同及相关法律规定。

我国进出口货物检验由海关所属的出入境检验检疫机构负责，其签发的检验证书是证明货物品质、数量、重量、包装及卫生等是否符合规定的依据，又是海关验放的证件。当事人可以在产地检验；装运港(地)检验；目的港(地)检验；用户所在地检验；出口国检验、进口国复检；装运港(地)检验重量、目的港(地)检验品质中确定双方同意的检验时间和地点。

检验类型分为法定检验、抽查检验两种，检验内容主要看货物是否符合安全、卫生、健康、环境保护等要求。

【课后作业】

一、翻译下列词语

CCIC_____ ISO_____ FDA_____ SGS_____

China Exit and Entry Inspection and Quarantine Bureau_____

Inspection Certificate of Quality_____

Inspection Certificate of Fumigation_____

Certificate of Temperature_____

Inspection Certificate on Damaged Cargo_____

Inspection Certificate of Origin_____

二、选择题

1. 瑞士通用公证行的英文缩写是(   )。

A. UL   B. ISO

C. IWS   D. SGS

2. 进出口货物检验的程序是(   )。

A. 抽样、检验、报检、签证   B. 报检、检验、抽样、签证

C. 报检、抽样、检验、签证   D. 检验、抽样、签证、报检

3. 下面哪种方法最为方便、合理,在我国较多使用(   )。

A. 出口国检验,进口国复检

B. 装运港(地)检验重量,目的港(地)检验品质

C. 在目的港(地)检验

D. 在出口国产地检验

4. 法定检验商品必须提交(   )才能报关出口。

A. 换证凭单   B. 出口许可证

C. 包装性能检验结果单   D. 电子底账号码

三、填空题

1. 进出口检验的内容包括_____、_____、_____,以及安全、卫生健康、环境、欺诈等方面。

2. 复验期限越长,卖方承担风险就越____。

3. 合同的检验条款包括_____、_____、_____、_____、_____。

四、判断题

1. 买方对货物的检验权是强制性的，是接受货物的前提条件。（　）
2. 检验证书的签发时间应在提单日期之前。（　）
3. 我出口合同中规定买方复验商品质量/数量(重量)的期限，就是买方可向我方提出索赔的期限，超过约定期限的索赔，在法律上无效。（　）

五、思考题

1. 确定检验时间和地点的方法有哪些？
2. 检验证书的作用是什么？

六、操作题

1. 根据所给条件填制销售确认书的检验与索赔条款(见表7.1)。

双方同意以装运港中国出入境检验检疫机构出具的质量检验证书作为议付单据之一，买方有权复验，费用买方负担。如发现质量与合同不符，买方有权向卖方索赔，并提交经卖方同意的公证机构出具的检验报告。索赔期限为货到目的港30天内。

表7.1　任务——填制销售确认书

销 售 确 认 书
SALES CONFIRMATION
检验与索赔： inspection and claims：

七、案例讨论

1. 我方某公司向某国出口一批冻鸡，到货后买方在合同索赔有效期内向我方提出品质索赔，索赔金额约占合同金额的半数以上。买方附来的证件有以下几项：

(1) 法定商品检验证书，注明该货物有变质现象(表面呈乌黑色，实际上为一小部分乌皮鸡)，但未注明货物的详细批号，也未注明变质货物的数量与比例。

(2) 官方化验机构根据当地某食品零售商店送检的食品而做出的品质变质证明。

我方未经详细分析就复函对方同意赔偿。

试分析我方对此处理有何不当之处？

2. 我方出口公司向新加坡商人出口一批花生，CIF新加坡。新加坡商人又将该货转卖给马来西亚商人，货到新加坡后，新加坡商人发现货物的质量有问题，但仍将原货转船至马来西亚。其后，新加坡商人在合同规定的索赔期限内凭马来西亚商检机构签发的检验证书，向我方提出退货要求。试问，我方出口公司应如何处理？为什么？

第八章 争议预防与处理

学习目标

本章从索赔、仲裁和不可抗力条款展开,从理论上厘清产生损失和争议的原因,为确定不可抗力免责和索赔条款奠定基础;使学生具体掌握不可抗力的认定与处理原则,明确不可抗力条款的内容及注意事项,了解索赔、仲裁的内容和方法,熟练签订相关条款。

第一节 货物的索赔

国际市场瞬息万变,而国际贸易履约时间长、涉及面广、业务环节多,一旦发生不可抗力事件,或在货物生产、收购、交货、支付等任何环节发生差错,都会妨碍合同履行,索赔纠纷在所难免。因此,在国际贸易中防范和妥善处理争议非常重要。

一、索赔相关问题

(一) 索赔与理赔

索赔(claim)是处理纠纷的有效措施,是指一方违反合同给另一方造成损失后,受损方向违约方要求赔偿的行为。货物索赔是货物运交买方过程中由于天灾或其他原因导致货物灭失短损后,买方提出赔付的要求。理赔(claim settlement)是违约方处理索赔的行为。

(二) 责任人的认定

1. 卖方责任

短装、漏装、损毁、内在缺陷、包装不良、交货延迟或品质不符等造成损失的,卖方就要接受买方的赔偿要求。有的包装不良致损很难鉴别,必须依靠公证机构的公证报告才能判定。

2. 买方责任

买方要承担自己行为不当而给卖方造成损失的责任,包括以下几项:由于市价下跌,买方不开证或延迟开证,或信用证中提出过高条件,使卖方难以履约;延迟租船,致使卖方不能按时发货;买方无理拒付。

3. 双方责任

双方对条款理解的偏差,如合同内容模棱两可,遇到贸易状况恶劣时,双方先后都有违约行为。

责任人认定后,根据买卖合同和有关法律规定,结合违约事实及书面证明进行索赔。证据不全的,出证机构不符的,都可能遭到拒赔。

(三) 索赔依据

1. 法律依据

法律依据是指索赔按照合同和有关国家的法律规定办理,必须在合同中订好双方能够接受的索赔规定,以便遵照执行。

2. 事实依据

事实依据是指索赔按照违约事实及其书面证明办理,做到尊重事实,证据确凿。

(四) 索赔期限

索赔期限是指受损方有权提出赔偿要求的期限。超过索赔期限,将丧失索赔权。索赔期限有约定和法定之分,约定期限是在合同中所做的规定期限;法定期限是根据有关法律或国际公约所做的规定期限。根据《联合国国际货物销售合同公约》规定,自买方实际收到货物之日起两年之内,提赔有效。所以,处理索赔时,如果发现理由不充分或证明不符,应在有效期内函请有关方面保留索赔权。约定索赔期限的长短,须视货物的性质、运输、检验的繁简等情况而定。

一般约定索赔期限的起算时间有以下几种:货到目的港后××天起算;卸货完毕后××天起算;货到用户所在地后××天起算;检验后××天起算;提单日后××天起算。索赔方超过规定的索赔期限提出索赔,将不予受理。

(五) 索赔金额与方法(扫描二维码可查看)

二维码——
索赔

1. 索赔金额

索赔金额要根据实际损害来确定。索赔金额要合理，并在合同中做出相应规定，这样就会有所遵循。发生货损后，双方应围绕货物本身受损情况及其对受害者的不利影响程度来确定索赔金额，这对受害者是比较公平的。

2. 索赔方法

当事人应根据合同规定，在规定时间内告知货物损害情况，并联系有关部门进行公证检验及鉴定，取得检验报告及相关证件，进行货币、非货币及两者混合的索赔。

思考：某港商与欧洲达利公司签订一份CIF合同，出售机床500台。货到目的港后，达利公司发现部分零件生锈，提出20%的扣价处理。港商答应用全新货物换回已交付货物，但此时达利公司已将机床卖给意大利客户。双方就此产生争议。请问：达利公司的做法是否妥当？并说明理由。

二、索赔条款

(一) 索赔条款的内容

索赔条款有两种形式：一种是异议和索赔条款(Discrepancy and Claim Clause)；一种是罚金条款(Penalty Clause)。异议和索赔条款一般是针对卖方交货质量、数量或包装不符合同规定而订立的，包括责任人的认定、索赔依据、索赔期限甚至索赔金额和办法。罚金条款也称违约金条款，是指一方违约后应向另一方支付罚金，罚金的支付并不意味着解除合同，违约方还要继续履行合同。除罚金外，违约方还要承担不能履约的损失。罚金条款一般适用于卖方拖延交货，买方拖延接货和延迟开证的情况。罚金数额由双方商定，根据违约时间长短或损害程度确定罚金比例。罚金的计算时间可以在交货期结束起算；也可以在规定期限结束后宽限一段时间，宽限期内免罚，宽限期终止再算罚金。罚金条款分为惩罚性和补偿性两种，多数条款以补偿性为原则，以惩罚性为例外。

有些合同将检验条款与索赔条款结合起来订立，称为"检验与索赔条款"。

(二) 索赔条款示例

(1) 买方对装运货物的任何索赔，必须于货物到达提单或运输单据所订目的港(地)之日起30天内提出，并提供卖方同意的公证机构出具的检验报告。属于保险公司、轮船公司或其他有关运输机构责任范围内的索赔，卖方不予受理。

Any claim by the buyer regarding the goods shipped should be filed within 30 days after the arrival of the goods at the port/place of destination specified in the relative bill of lading or transport document and supported by a survey report issued by a surveyor approved by the seller. Claims in respect of matters within responsibility of insurance company, shipping company/other transportation organization will not be considered or entertained by the seller.

(2) 买方因自身原因不能按合同规定时间开证，应向卖方支付罚金。罚金按迟开证每1天收取信用证金额的1%、不足5天者按5天计算，但罚金不超过买方应开信用证金额的10%。该罚金仅作为因迟开证引起的损失赔偿。

Should the buyers for its own sake fail to open the letter of credit on time stipulated in the contract, the buyers shall pay a penalty to the sellers. The penalty shall be charged at the rate of 1% of the amount of the letter of credit for every one day of delay in opening the letter of credit, however, the penalty shall not exceed 10% of the total value of the letter of credit which the buyers should have opened. Any fractional days less than 5 days shall be deemed to be 5 days for the calculation of penalty. The penalty shall be the sole compensation of the damage caused by such delay.

第二节 仲裁

一、仲裁相关问题

(一) 仲裁协议

仲裁(arbitration)，是指贸易双方在争议发生之前或之后达成书面协议，自愿将争议交给仲裁机构裁决的一种方法。裁决是终局性的，对双方均有约束力。

仲裁协议是贸易当事人将他们之间已经发生或可能发生的争议提交仲裁机构裁决的书面协议。该协议包括仲裁事项、仲裁地点、仲裁机构、仲裁规则、裁决效力等内容。仲裁协议可以是合同的仲裁条款，也可以是另行订立的书面协议，但其具有同等法律效力。

仲裁协议是仲裁的依据，当事人不能随意改变仲裁机构和地点；超出协议约定范围的争议事件，仲裁庭不予审理；凡是有仲裁协议的，不得再向法院起诉。

(二) 仲裁事项

仲裁事项是指提请仲裁的争议范围，只限于买卖合同项下引起的争议。仲裁庭只对规定的范围具有管辖权，如"因本合同产生的争议，应提交仲裁"。提交仲裁的事项必须是与合同有关的争议，而不是合同以外的纠纷。

(三) 仲裁地点和仲裁机构

1. 仲裁地点

仲裁地点一般选择在本国,这样本国当事人对适用的法律及仲裁程序都十分熟悉,对自己有利,能够减少言语隔阂,减少费用,便于处理纠纷。如果争取不到在本国仲裁,可在被告国或第三国仲裁。

2. 仲裁机构

仲裁机构分为常设仲裁机构和临时仲裁庭两种。国际上常设的仲裁机构有瑞典商会仲裁院、瑞士商会仲裁院、英国伦敦仲裁院、意大利仲裁协会、美国仲裁协会、日本国际商事仲裁协会、中国国际经济贸易仲裁委员会、印度仲裁院、奥地利联邦经济商会仲裁中心、亚洲地区仲裁中心。我国一般规定由常设仲裁机构仲裁。

(四) 仲裁规则与仲裁费用

1. 仲裁规则

仲裁规则是仲裁过程中遵循的程序和规则,包括仲裁申请、答辩方式、选定仲裁员、组成仲裁庭、审理仲裁、仲裁裁决及裁决效力等内容。

2. 仲裁费用

仲裁费用分为案件受理费和案件处理费两种。除了向当事人收取仲裁费用外,还可以向当事人收取其他费用(如仲裁员办理案件的报酬、旅差费、食宿费,以及聘请专家、鉴定人员和翻译的费用)。

仲裁费用由败诉方承担。部分胜诉,部分败诉的,由仲裁庭根据责任大小确定各自承担的费用比例。当事人自行和解或经仲裁庭调解结案的,当事人可以协商确定各自比例。

(五) 仲裁裁决的效力

仲裁庭审理案件后,根据事实和证据,对当事人提交的请求事项做出的予以支持或驳回、部分支持或部分驳回的行为就是仲裁裁决。该仲裁结果应当在自组成仲裁庭之日起6个月(不包括鉴定期间)内做出。有特殊情况需要延长的,由首席仲裁员提请秘书长批准适当延长。裁决书的日期,即为裁决发生法律效力的日期。仲裁裁决是终局的,对双方当事人均有约束力。任何一方当事人均不得向法院起诉,也不得向其他任何机构提出变更仲裁裁决的请求。

当事人必须依照裁决书的期限履行仲裁裁决,未写明履行期限的,应立即履行。在我国,一方当事人不履行裁决的,另一方当事人可以根据中国法律规定,向有管辖权的中国法院申请执行;或者根据1958年联合国《承认及执行外国仲裁裁决公约》及中国缔结或参加的其他国际条约,向有管辖权的法院申请执行。

二、仲裁条款

(一) 仲裁条款的内容

仲裁条款实际就是仲裁协议，它包括仲裁事项、仲裁地点、仲裁机构、仲裁规则、裁决效力、仲裁费用的负担。

(二) 仲裁条款示例

(1) 凡因本合同引起的或与本合同有关的任何争议，均应提交中国国际经济贸易仲裁委员会，按照该会现行的仲裁规则，由申请人选定在该会总会或深圳分会或上海分会进行仲裁。仲裁裁决是终局的，对双方均有约束力。

Any dispute arising from or in connection with this contract shall be submitted to China International Economic and Trade Arbitration Commission for arbitration which shall be conducted by the Commission or its Shenzhen sub-Commission or its Shanghai Sub-Commission at the Claimant's option in accordance with its existing rules of arbitration. The arbitral award is final and binding upon both parties.

(2) 凡因执行本合同所发生的或与本合同有关的一切争议，双方应通过友好协商办法解决，如果协商不能解决，应提交仲裁。仲裁在被申请一方所在国进行。如在中国，则由北京中国国际经济贸易仲裁委员会根据该会仲裁规则进行仲裁。仲裁裁决是终局的，对双方都具有约束力，仲裁费用由败诉方负担。

All disputes arising out of performance of, or relating to this contract, shall be settled amicably through friendly negotiation. In case no settlement can be reached through negotiation, the case shall then be submitted for arbitration, The location of arbitration shall be in the country of the domicile of the defendant.If in China,the arbitration shall be conducted by the China International Economic and Trade Arbitration Commission, Beijing in accordance with its rules of arbitration. The arbitral award is final and binding upon both parties. The charges arising from the arbitration shall be undertaken by the losing party.

思考： 我国某公司与外商订立一项出口合同，在合同中明确规定了一旦在履约过程中发生争议，即将争议提交中国国际经济贸易仲裁委员会，在中国仲裁。后来，双方对商品的品质发生了争议，对方在其所在地法院起诉我方，法院也发来了传票，传我公司出庭应诉。对此，我方应该如何处理？为什么？

第三节 不可抗力

不可抗力事件会导致货损、不能履约等情况，造成实际损失，但这类原因所造成的后果是可以免除责任的。

一、不可抗力事件相关问题

(一) 不可抗力事件的范围

所谓不可抗力(force majeure)，是指不能预见、不能避免并不能克服的客观情况。这种事件主要由自然原因和社会原因造成。自然原因事件，是指人类无法控制的自然灾害，如水灾、火灾、风灾、旱灾、雨灾、冰灾、雪灾、雷电和地震等；社会原因事件，是指人为、社会因素引起的事件，如当局发布新的法律、法规和行政禁令等；再如战争、罢工、暴动、骚乱等。汇率变化、价格升跌、货币贬值、能源危机、机器故障、怠工、关闭工厂、船期变更等不属于不可抗力事件的范围。

判断是否属于不可抗力事件，必须明确不可抗力事件的范围，防止故意扩大范围，祈求免责。不可抗力范围的限定方法主要有概括式、列举式、综合式三种。概括式是在合同中不具体规定哪些事件属于不可抗力事件，而只是笼统地予以规定。这类规定办法，过于笼统，含义模糊，解释伸缩性大，容易引起争议，不宜在合同中采用。列举式是在合同中详列不可抗力事件。这种一一列举的办法，虽然明确具体，但文字烦琐，且可能出现遗漏情况，因此也不是最好的办法。综合式是列明经常可能发生的不可抗力事件(如战争、洪水、地震、火灾等)的同时，再加上"以及双方同意的其他不可抗力事件"的文句。这种规定办法，既明确具体，又有一定的灵活性，是一种可取的办法。在我国进出口合同中，一般都采取这种规定办法。

(二) 不可抗力事件的处理

出现不可抗力事件后，双方要及时将有关情况进行通报，并做出相应处理。

1. 变更合同

变更合同是指经双方协商同意，对合同做出适当修改，如延迟交货、分期装运、替代交付和减量履行。如果合同没有解除，那么履约障碍一旦消失仍要继续履行。

2. 解除合同

由于不可抗力事件导致合同不能履行，这时可以解除合同。如果是暂时阻止合同履行，只能修改合同而不能解除合同。

根据不可抗力事件的原因、规模及对合同的影响情况，合同要做出具体规定，哪种情况可以解除合同，哪种情况只能延期履行，以便双方遵照执行。

(三) 不可抗力事件的通知和证明

不可抗力事件发生后，受害一方须及时通知对方，提供有效证明并附有明确的处理方案，否则不能免责并要承担后果。合同要明确规定通知的时间，例如"不可抗力事件发生后24小时内通知对方"。同时不可抗力事件的证明文件及出具机构也要做出具体规定，例如"不可抗力事件发生后必须由中国国际贸易促进委员会出具证明文件"。

思考： 2021年9月，某港商向菲律宾一客商购买一批大豆。合同规定10月交货。不料菲政府于该年10月20日宣布禁止大豆出口，自宣布之日起10天后生效执行。菲商以不可抗力为由要求解除合同。请问菲商的这种做法是否合理？为什么？

二、不可抗力条款

(一) 不可抗力条款的内容

所谓不可抗力条款是指因不可抗力事件导致不能履约或不能如期履约的一种免责条款。一般合同都规定：如果一方因不可抗力事件不能履行合同，免除其履行合同的责任；不能按期履约的，可以免除其延期履行的责任，另一方不得要求损害赔偿。不可抗力条款的内容包括不可抗力的范围、不可抗力的处理、不可抗力事件的通知与证明。

(二) 不可抗力条款示例

(1) 不可抗力：因通常公认的不可抗力而导致无法或推迟交货，卖方可免除其责。但事故发生时卖方必须即刻电告买方，并在事故发生后15天内航空寄给买方灾害发生地有关政府或商会出具的灾害证明。除此之外，如卖方未能在合同规定的期限内装运，则需对买方因此而蒙受的一切损失及费用给与赔偿。如果不可抗力事故超过60天，买方有权撤销合同中未发运部分。(备注：此条款为概括式条款)

Force Majeure: the sellers shall not be held responsible for late delivery or nondelivery of the goods owing to generally recognized "Force Majeure" carses. However the sellers shall immediately cable the buyers the accident then within 15 days after the accident, airmail the accident certificate issued by the government authorities or the Chamber of Commerce located where the accident takes place except of "Force Majeure" causes. If the sellers fail to make delivery within the time stipulated in the contract, the sellers shall indemnify the buyers for all the losses and expenses. If the "Force Majeure" cause lasts over 60 days, the buyers shall have the right to cancel the undelivered part of the contract.

(2) 不可抗力：由于战争、地震、火灾、水灾、雪灾、暴风雨，卖方不能全部或部分装运或延迟装运合同货物，卖方对此不负有责任。但卖方须用电报或电传通知买方，并须在15天以内以航空挂号信件向买方提交由中国国际贸易促进委员会出具的证明此类事故的证明书。(备注：此条款为列举式条款)

Force Majeure: If the shipment of contracted goods is prevented or delayed in whole or in part by reason of war, earthquake, fire, flood, heavy snow, storm, the Seller shall not be liable for nonshipment or late shipment of the goods of this contract. However, the seller shall notify the buyer by cable or telex and furnish the letter within 15 days by registered airmail with a certificate issued by the China Council for the Promotion of International Trade attesting such event or events.

(3) 不可抗力：如因战争、地震、火灾、雪灾、暴风雨或双方认可的其他不可抗力事故，致使卖方不能全部或部分装运或延迟装运合同货物，卖方对于这种不能装运或延迟装运本合同货物不负有责任。但卖方须用电报或电传通知买方，并须在15天以内以航空挂号信件向买方提交由中国国际贸易促进委员出具的证明此类事故的证明书。(备注：此条款为综合式条款)

Force Majeure: If the shipment of the contracted goods is prevented or delayed in whole or in part by reason of war, earthquake, fire, heavy snow, storm or other causes of Force Majeure approved between both parties, the sellers shall not be liable for nonshipment or late shipment of the goods of this contract. However, the sellers shall notify the buyer by cable or telex and furnish the letter within 15 days by registered airmail with a certificate issued by the China Councial for the Promotion of International Trade attesting such event or events.

关键词汇

不可抗力事件　索赔　理赔　短交　短卸　索赔期限　罚金条款　仲裁

【本章小结】

争议的防范与处理是合同签订与履行的保障机制，只有通晓导致纠纷的原因，掌握解决争议的办法，才能合理防范危机。

货物索赔是指货物自卖方交到买方的过程中货物发生灭失短损时，买方就货损情况向卖方提出赔付的要求。事先就责任人、索赔依据、有效期等在合同中做出规定，使索赔构成处理纠纷的一种有效措施。

仲裁是贸易当事人在发生争议之前或之后，达成书面协议，自愿将他们的争议交给双方同意的仲裁机构进行裁决。裁决对双方是终局性的，它排除了法院对争议案件的介入，是解决贸易纠纷的主要途径。

不可抗力事件是指由于自然原因和社会原因引起的，当事人在订立合同时无法预见、无法预防、无法避免和无法控制的事件。不可抗力事件主要由自然原因事件和社会原因事件造成。出现不可抗力事件时，首先要将事故真相告知对方并出具相应的证明，当事人根据合同规定，对贸易的影响程度进行相应的处理。

【课后作业】

一、翻译下列词语

Force Majeure＿＿＿＿＿　　claim＿＿＿＿＿
Claim Settlement＿＿＿＿＿　　short delivery＿＿＿＿＿
short landed＿＿＿＿＿　　lost in transit＿＿＿＿＿
delayed shipment＿＿＿＿＿　　certification of shortlanding＿＿＿＿＿

二、选择题

1. 不可抗力事件结果的处理包括(　　)。
   A. 只能变更合同，并通知对方　　B. 变更或解除合同，并通知对方
   C. 只能解除合同，并通知对方　　D. 只能延期履行合同，并通知对方

2. 进出口业务中索赔的分类有(　　)。
   A. 货币的索赔、退货还款、修复、折价
   B. 非货币索赔、货币的索赔、混合索赔
   C. 混合索赔、延期付款、赔款、补运
   D. 折价、退货还款、赔款、补交

3. 仲裁协议最重要的作用是(　　)。
   A. 约束各方当事人的行为　　B. 仲裁的裁决是终局性的
   C. 排除法院的管辖权　　D. 授予仲裁机构管辖权

三、填空题

1. 买方对商品的复验期，也是＿＿＿＿＿期。
2. 国际货物买卖中的索赔，一般有三种情况：＿＿＿＿＿、＿＿＿＿＿、＿＿＿＿＿。
3. 仲裁地点有＿＿＿＿＿、＿＿＿＿＿和＿＿＿＿＿三种选择。
4. 仲裁费用由＿＿＿＿＿支付。

四、判断题

1. 在进出口业务中，买方收货后发现货物与合同规定不符，在任何时候均可向卖方

索赔。( )

2. 我出口合同中规定买方复验商品质量/数量(重量)的期限,就是买方可向我方提出索赔的期限,超过约定期限的索赔,在法律上无效。( )

3. 双方当事人在争议发生后达成的仲裁协议是无效的。( )

五、思考题

1. 贸易纠纷形成的原因有哪些?
2. 异议和索赔条款包括哪些内容?
3. 双方处理索赔理赔时应注意哪些问题?
4. 不可抗力条款包括哪些内容?哪些不属于不可抗力的范围?
5. 仲裁协议有何作用?

六、操作题

1. 2021年5月15日由"索纳塔"号货轮运送的小麦到达大连港,经过国家商检机构检验,发现JESI219998号合同项下货物短重(short weight)11吨左右,约为4500美元,根据合同规定,应当在货物到达目的港后3日内提出索赔,请根据以上情形撰写一封索赔函。

2. 根据所给条件填制销售确认书的检验与索赔、不可抗力及仲裁条款(见表8.1)。

买方对于装运货物的任何异议,必须于货到目的港30天内提出,提供经卖方同意的公证机构出具的检验报告。如果货物已经过加工,买方即丧失索赔权利。

如果由于不可抗拒原因导致卖方不能履行合同义务时,卖方不负责任,但必须立即电告买方并向买方提交有效证明。

凡因本合同的任何争议,均应提交中国国际经济贸易仲裁委员会,按照该会的仲裁规则进行仲裁。裁决是终局的,对双方均有约束力。

表8.1 任务——填制销售确认书

销 售 确 认 书
SALES CONFIRMATION
检验与索赔: inspection and claims:
人力不可抗拒: Force Majeure:
仲裁: Arbitration:

七、案例讨论

1. 一买方对外开出信用证后,因卖方生产原料缺乏,无法履行合同,致使信用证过期,此时市价上涨两倍多,买方应如何要求卖方赔偿?若卖方能取得政府证明文件以不可抗力为由拒赔,买方应如何处理?

2. 信用证上标明是"直航,且不转船,目的地为美国",CIF NEW YORK,凭预借提单押汇之后,货被退关,只装上部分货物,余货将装下一班轮。船务公司在新加坡转船后将所载部分货物运至目的地。买方收货时发现部分存在货损情况。买方以卖方违反信用证规定为由,提出索赔。请问:

(1) 索赔是否成立?
(2) 若成立,应向谁索赔?
(3) 卖方应负什么责任?
(4) 转船损失是否可向保险公司索赔?

3. 某港商与中东某客商签订一批进口精炼油合同。后来,客商提炼原油的三个工厂之一遭受火灾,此时正值国际市场油价大幅上涨,故客商以不可抗力事故为由要求解除合同,请问该港商应如何处理此事?

第九章 单据

> **学习目标**
>
> 了解结汇单据的含义、作用及其种类,熟悉单据制作规范要求,会缮制主要结汇单据。

第一节 单据概述

一、单据的含义

国际贸易中的单据包括内部流转单据(如报关单、报检单等)和对外结算单据,这里我们主要介绍的是结算(抑或结汇)单据。结汇单据是指在国际结算中的单据、文件与证书,凭借这种文件来处理国际货物的支付、运输、保险、商检、结汇等。结汇单据是交给客户或银行的单据,是合同的一项必要条款。

二、单据的重要性

1. 单据是国际结算的主要付款根据

国际货物买卖中的托收、信用证支付方式均要求做到单据与合同一致,单据与信用证一致,只要这些单据一致,买方或银行即付款,货物与货币的对流演变为单据与货款的交换,卖方以单据代替对货物的交付,即卖方凭单交货,买方凭单付款。货物的单据化使得国际贸易的效率大大提高。

2. 单据是合同履行的手段和证明

卖方交付货运单据(如海运提单)，则意味着卖方交货了；买方就卖方出具的金融单据(如汇票)进行付款，收回票据，意味着买方完成合同的支付义务。单据可以随时反映合同各个环节的执行情况，例如，提单表明货已装船，保险单表明已为货物办理的投保手续，汇票表明卖方要求银行或买方支付货款。

3. 单据是融资的手段

买卖双方可以凭装运单据(提单、保险单)和金融单据(汇票)从银行融通资金，解决资金周转不利的状况。

4. 单据是解决争端的依据

比如，质量检验证书可以为买方就有关货物质量争议提供证明。

5. 单据是业务归档的重要数据

单据是对过往业务进行查找、总结的依据。

第二节 单据的种类与式样

一、单据种类

本章的结汇单据从性质上可以划分为商业单据和金融单据两种。

(一) 商业单据

商业单据主要是反映商业活动过程的单据，例如商业发票、装箱单、提单、保险单、产地证、受益人证明、船方证明、商检证明书、海关发票等。

1. 商业发票

商业发票是卖方开立的凭以向买方索取货款的价目清单和对整个交易和货物有关内容的总体说明。它反映了一笔交易的实质内容，是交易过程中的核心单据。它全面反映了合同内容，虽不是物权凭证，但可以作为全套单据的中心，有时还可以代替汇票成为付款的依据。

2. 装箱单

装箱单是卖方开具的描述货物包装情况的单据，是商业发票的附属单据。它是进口地海关验货、公证行检验、买方核对货物时的依据之一，用以了解包装件号内的具体内容和包装情况。

3. 海运提单

海运提单是轮船公司出具的收到货物的收据，是货物所有权的凭证，是提货的依据，也是运输契约的证明。

4. 保险单

保险单是保险公司出具的投保人购买货运保险的凭证，是向保险公司索赔的依据，也是CIF项下必须提交的单据之一，同时更是银行提供融资的不可或缺的单据之一。

5. 产地证明书

产地证明书是由商检机构或商会出具的反映货物原产地的证明文件。它是各国征收进口国别关税或减免关税的依据，包括一般原产地证明书、普惠制原产地证明书GSP FORM A、协定国之间的优惠关税产地证明书等。

6. 受益人证明

受益人证明是由卖方出具的邮单证明、寄样证明、邮局收据证明、装运通知证明等，表明卖方已依照合同或信用证规定履行义务。

7. 船方证明

船方证明是由运输方出具的有关船籍、航程、船龄、船级、班轮公会船只证明等。

8. 商检证明书

商检证明书是由国家商检机构出具的货物检验证明，证明货物质量、数量、包装等符合合同规定。

9. 海关发票

海关发票是卖方应进口国海关要求出具的一种单据，基本内容同普通的商业发票类似，其格式一般由进口国海关统一制定并提供。海关发票可用于进口国海关统计、核实原产地、查核进口商品价格的构成等。常见的海关发票有加拿大海关发票、美国5512海关发票等。

(二) 金融单据

金融单据即汇票、支票、本票或其他类似用以取得款项的凭证。如汇票可以清晰说明向谁付款、在什么地方付款、以什么方式付款及付多少款等情况。通常信用证和托收方式采用汇票结算。

二、单据式样

登录商务部贸易单证指南，即可看到相应的单据式样，扫描二维码可查看。

二维码——商务部贸易单证指南

第三节 单据的制作

一、单据的制作规范要求

所需单据必须正确、完整、及时、简明、整洁。

1. 正确

首先,正确是所有单据制作的前提,满足单单相符、单证相符、单货相符,是符合国际贸易惯例的要求。这一点尤为重要。其次,单据还必须与有关惯例和法令规定相符。例如,信用证项下所缮制的单据要与国际商会《跟单信用证统一惯例》(UCP600)相符,不能有任何抵触,否则就会被银行退回或拒付。

2. 完整

单据的完整性包括内容完整、种类完整、份数齐全。凭单据买卖的合同/信用证都会明确出口方提交哪些单据、提交几份、有无正副本要求、是否需要背书及在单据上标明的内容。例如,要求提单正本份数为3份,若只提供了2份,就会造成单证不符。

3. 及时

及时是指单据制作不迟延,具体包括及时制单、及时审单、及时交单、及时收汇。多数单据由出口方制作完成,有些需要相关部门配合完成。单据审核应做到齐抓共管,以保证在规定的时间内把全部合格单据向有关方面提交,及时交单就能及时收汇,及时收汇意味着又一个良性业务环节的开始。《跟单信用证统一惯例》(UCP600)规定:银行不予接受迟于装运后21天提交的单据。违反这一惯例就有收不回货款的危险。

4. 简明

《跟单信用证统一惯例》(UCP600)规定:为了防止混淆和误解,银行应劝阻在信用证或其任何修改书中加注过多的细节内容。有关专家也指出,单据中不应出现与单据本身无关的内容。简化单据不仅可以减少工作量和提高工作效率,还可以提高单据质量和减少单据差错。

5. 整洁

单据应清楚、干净、美观,格式设计合理,内容排列主次分明,重点内容醒目突出,不应出现涂抹现象,应尽量避免或减少加签修改。单据的制作在一定程度上反映了一个企业的业务技术水平。

二、对单据制作人员的要求

1. 具有很强的责任心

一个人有了责任心，工作中的困难会迎刃而解。责任心是做好工作的前提，也是成就事业的基础。

2. 具有熟练的专业知识和细致的工作作风

在制作单据时需要运用外贸专业知识，更需要耐心和精益求精。否则，任何马虎大意的行为都会给安全收汇带来风险。

3. 具有互相协作、互相支持的精神

一个良好的团队必须有精诚团结的素养，因为相互配合才能将事情更好地完成。

三、单据制作程序

卖方在租船订舱时向货运代理公司提交商业发票和装箱单，这两个单据是缮制日期最早的单据。

(1) 根据发票和装箱单上的数量托运，运输公司签发提单、承运货物收据、空运运单、国际铁路运单、多式联运单据。

(2) 根据发票的数量、单价、金额，要求检验机构制作产地证，要求保险公司出具保险单。

(3) 根据发票金额制作汇票，汇票日期是所有单据中最晚的日期。

(4) 根据合同或信用证制作其他单据。

第四节 单据条款

一、所需单据条款

合同一般都订有所需单据条款(documents required)，这是要求卖方出具的单据，证明其是否履约。这项条款不可或缺，是当今单据买卖的必需条件。

二、所需单据条款示例

1. 商业发票条款示例

Commercial invoice in six copies.

2. 海运提单条款示例

Full set clean on board of shipped Bill of Lading made out to order and blank endorsed, marked "Freight prepaid", notify applicant.

3. 装箱单条款示例

Packing list in three copies.

4. 保险单条款示例

Two original and two copies of the transferable insurance policy or insurance certificate.

5. 一般原产地证明书条款示例

One original certificate of Origin indicating that the goods are of Chinese origin signed by the China Council for the Promotion of International Trade.

6. 受益人证明（寄单）条款示例

Beneficiary certificate stating that one set of non-negotiable shipping documents would be sent to applicant within 48 hours after shipment.

7. 装运通知副本条款示例

Copy of beneficiary's telex/fax sent to applicant within 24 hours after shipment indicating date of departure, shipping marks number of L/C, B/L, Contract and order as well as number of cartons together with the total gross weight and goods value.

8. 船行证明条款示例

Original certificate from owners, agents or master of the vessel carrying the goods to Bahrain (not applicable if bill of lading evidences shipment by United Arab Shipping Co.) certifying that the vessel carrying the goods is not Israel owned and will not call at an Israeli port while carrying the goods, and the vessel is eligible for entry to the ports of the Arab states under the laws and regulations of such states.

（向巴林运送货物的船只的所有人、代理人或船长出具的证明原件(如果提单证明由阿拉伯联合航运公司装运，则不适用)，证明运送货物的船只不是以色列所有，在运送货物时不会停靠以色列港口，并且根据阿拉伯国家的法律法规，该船只有资格进入阿拉伯国家的港口。）

9. 商检证明书条款示例

One original inspection certificate of quality issued by CIQ.

10. 海关发票条款示例

Canada customs invoice.

关键词汇

结汇单据　商业发票　海运提单　装箱单　保险单　产地证

【本章小结】

结汇单据是合同中的一项必要条款，是国际结算中主要付款依据，是合同履行的手段和证明，是融资的手段，是避免和解决争端的依据，充分体现了卖方凭单交货，买方凭单付款，国际贸易效率大大提高。它包括商业发票、装箱单、提单、保险单、产地证(一般、普惠制)、受益人证明(寄单/寄样)、装运通知副本、船行证明、商检证明书、汇票等；单据制作要求正确、完整、及时、简明、整洁。

【课后作业】

一、填空题

1. 出口贸易中，出口单证是出口货物_____的证明，是结算的工具。
2. 按照CIF贸易条件成交的合同，实行单据和付款对流的原则，即卖方_____交货，买方_____付款。
3. 国际商务单证的制作原则是正确、完整、及时、简洁、清晰，其中_____最为重要。
4. 单据从性质上划分，可以分为_____单据和_____单据。

二、选择题

1. G.S.P. FORM A表示(　　)。
   A. 普通原产地证　　　　　　　　B. 普惠制原产地证
   C. 输欧盟纺织品产地证　　　　　D. 中国—东盟互惠原产地证
2. 以下关于单证清晰要求表述不正确的是(　　)。
   A. 单证表面清洁，美观、大方　　B. 内容记载清楚、简洁、明了
   C. 单证格式力求标准化和规范化　D. 更改处加盖校对章或简签
3. 某公司从德国的汉堡进口一批货物到大连，在开证申请书上的PORT OF LOADING后应填写(　　)。
   A. GERMANY　　　　　　　　　B. HAMBURG
   C. CHINA　　　　　　　　　　　D. DALIAN

4. 海运提单日期应理解为( )。
　A. 货物开始装船的日期　　　　　　B. 货物装船完毕的日期
　C. 货物装船过程中任何一天　　　　D. 签订运输合同的日期
5. 海运提单做成空白指示抬头，CONSIGNEE一栏可以填成( )。
　A. TO ORDER　　　　　　　　　　B. TO ORDER OF SHIPPER
　C. ABC CO. LTD.,　　　　　　　　D.TO ORDER OF ISSUING BANK
6. 下列我国进口商品单价写法正确的是( )。
　A. USD10/DOZ FOB NINGBO　　　　B. USD100/PC CIFC3 OSAKA
　C. EUR100/SET CFR DALIAN　　　　D. GBP500/MT CFR LONDON

三、操作题

1. 根据下列信息填制销售确认书(见表9.1)。

所需单据：

(1) 商业发票一式6份。

(2) 全套清洁已装船海运提单，做成托运人抬头，显示运费预付，通知买方。

(3) 保险单一式两份，按照发票金额的110%投保一切险和战争险，根据中国人民保险公司保险条款执行。

(4) 装箱单一式6份。

(5) 一般原产地证明书一式两份，注明货物原产于中国。

(6) 受益人证明货物起运后24小时内将装运通知发往进口商。

表9.1　任务——填制销售确认书

销 售 确 认 书
SALES CONFIRMATION
单据： Documents required:

2. 根据所给信用证(见示例9.1)及已知条件，缮制汇票、商业发票、装箱单等结汇单据。

(1) 汇票 （见二维码）

(2) 商业发票 （见二维码）

(3) 装箱单 （见二维码）

示例9.1 信用证

FIN /SESSION/OSN	：	F01　　3318　　　　204039
OWN ADDRESS	：	EVERCNBJACC1：CHINA EVERBRIGHT BANK CHANGCHUN BRANCH
Output Message Type	：	700　　ISSUE OF A DOCUMENTARY CREDIT
Input Time	：	1700
MIR	：	110425HNBNKRSEAXXX4069607654
Sent by	：	HNBNKRSEAXXX　　HANA BANK SEOUL
Output Date/Time	：	130425010S0058

3：(108:110425010S00058)

27　SEQUENCE OF TOTAL
　　1/1
40A　/FORM OF DOCUMENTARY CREDIT
　　IRREVOCABLE
20　/DOCUMENTARY CREDIT NUMBER
　　M12AH704NS00242
31C　/DATE OF ISSUE
　　130425　　　　　　　　　　　　2013-04-25
40E　/APPLICABLE RULES
　　UCP LATEST VERSION

31D /DATE AND PLACE OF EXPIRY
   130815 AT YOUR COUNTRY
                              2013-08-15
50 /APPLICANT
   SAM LIP INDUSTRIAL CO., LTD.
   NO.1 JANGKYO-DONG CHUNG-KU,
   SEOUL, KOREA.
59 /BENEFICIARY – NAME & ADDRESS
   JILIN PROVINCIAL WANLI NATIVE
   PRODUCE AND ANIMAL BY-PRODUCTS IMP.
   AND EXP. CORP, LTD. 168 BEIHAI
   ROAD CHANGCHUN, CHINA.
32B /CURRENCY CODE, AMOUNT
   USD11880.00:
   US DOLLARS ELEVEN THOUSAND EIGHT HUNDRED AND EIGHTY ONLY.
39A /PERCENTAGE CREDIT AMT TOLERANCE\
   10/10
41D /AVAILABLE WITH . . . BY – NAME & ADDR
   ANY BANK BY NEGOTIATION
42C /DRAFTS AT . . .
   BENEFICIARY DRAFTS AT SIGHT
   FOR 100 PCT OF THE INVOICE VALUE
42A /DRAWEE – BIC
   HNBNKRSEXXX
   HANA BANK
   SEOUL
43P /PARTIAL SHIPMENT
   PROHIBITED
43T /TRANSHIPMENT
   PROHIBITED
44E /PORT OF LOADING/AIRPORT OF DEP
   DALIAN, CHINA
44F /PORT OF DISCHARGE/AIRPORT OF DEST
   BUSAN, KOREA

44C /LATEST DAE OF SHIPMENT
   130730

                                           2013-07-30

45A /DESCRIPTION OF GOODS &/OR SERVICES
   ORIGIN CHINA
   CIF BUSAN
   DRIED GREEN SORGHUM BROOM
   WITH GREEN COLOUR DYED   6,600PCS USD1.80/PCS USD11880.00
   WEIGHT:410G
   THE LENGTH OF STRAW : MORE THAN 31CM
   THE LENGTH OF BLADE : MORE THAN 33CM
   THE BLADE IS 19-20CM WIDE

46A /DOCUMENTS REQUIRED
   +FULL SET OF CLEAN ON BOARD OCEAN BILLS OF LADING MADE OUT TO
   THE ORDER OF HANA BANK MARKED FREIGHT PREPAID AND NOTIFY APPLICANT
   +SIGNED COMMERCIAL INVOICE IN THREE FOLDS INDICATING CREDIT NO.
   +PACKING LIST IN THREE FOLDS
   +FULL SET OF INSURANCE POLICIES OR CERTIFICATES, ENDORSED IN
   BLANK FOR 110PCT OF THE INVOICE VALUE, WITH THE STIPULATION THAT CLAIMS
   ARE PAYABLE IN THE CURRENCY OF THE DRAFT AND ALSO INDICATING
   A CLAIM SETTING AGENT IN KOREA, INSURANCE MUST INCLUDE:
   INSTIUTE CARGO CLAUSES (A)
   +ORIGINAL PHYTOSANITARY CERTIFICATE

47A /ADDITIONAL CONDITIONS
   +10PCT MOE OR LESS IN QUANTITY AND AMOUNT ALLOWED.
   +WEIGHT SHOULD BE MARKED ON PHYTOSANITARY CERTIFICATE.
   +ALL DOCUMENTS MUST INDICATE L/C NO.
    +COUNTRY OF ORIGIN (MADE IN CHINA) MUST BE MARKED ON THE
   SURFACE OF EACH COMMODITY AND PACKAGE.
   +EXCEPT SO FAR AS OTHERWISE EXPRESSLY STIPULATED HEREIN,
    ALL THE DOCUMENTS SHOULD BE INDICATED L/C NUMBER AND MUST BE FORWARDED DIRECTLY TO US IN ONE LOT BY COURIER SERVICES.
   +ADDRESS OF THE ISSUING BANK

9-10, EULJIRO, 2-KA, JUNG-GU, SEOUL, KOREA

ZIP CODE: 100-720

ATTN : INTERNATIONAL BUSINESS OPERATION CENTER

71B /CHARGES

+ALL BANKING CHARGES OUTSIDE KOREA

AND REMITTANCE CHANRGES ARE FOR ACCOUNT OF BENEFICIARY.

48 /PERIOD FOR PRESENTATION

DOCUMENTS MUST BE PRESENTED WITHIN 21 DAYS AFTER THE DATE OF SHIPMENT

BUT WITHIN EXPIRY DATE

49 /CONFIRMATION INSTRUCTIONS

WITHOUT

78 /INSTR TO PAYG/ACCPTG/NEGOTG BANK

+T/T REIM IS NOT ALLOWED

+UPON RECEIPT OF DOCUMENTS IN ORDER, WE SHALL REMIT PROCEEDS TO YOUR DESIGNATING ACCOUNT.

+IF DOCUMENTS ARE PRESENTED WITH DISCREPANCIES. A DISCREPANCY FEE OF USD60.00(JPY7000.00 IR EYR60.00) OR EQUIVALENT SHOULD BE DEDUCTED FROM THE REIMBURSEMENT CLAIM. THIS FEE SHOULD BE CHARGED TO BENEFICIARY.

+THE NEGOTIATING BANK/PRESENTING BANK MUST SENT AN EXTRA COPY OF ALL DOCUMENT TO US FOR OUR FILES ALONG WITH THE ORIGINAL DOCUMENTS. IF NOT, USD10 WILL BE DEDUCTED FROM PAYMENT.

72 /SENDER TO RECEIVER INFORMATION

+U.C.P. (2007 REVISION) I.C.C

PUBLICATION NO. 600.

MAC: AUTHENTICATION CODE

854988C3

CHK: CHECKSUM

E235FCB66873

SAC: SWIFT AUTHENTICATION CORRECT

COP:P: CBT PRIMARY COPY

PCC:F: PC CONNECT : FIRST COPY OF THE MESSAGE

其他缮制单据的条件：

INVOICE NO.：	JHTX130715	B/L DATE：15,07,2013
MEASUREMENT：	19CBM	B/L NO.：FL743WANL
VESSEL'S NAME：	CMG CALLISTO	总包装数量：660CTNS
GROSS WEIGHT：	3980KGS	NET WEIGHT：3650KGS
CONTRACT NO.：	2013TX009	

SHIPPING MARKS: S. L. CO.，LTD.
　　　　　　　　2013TX009
BUSAN, KOREA
　　　　　　　　C/NO.1-UP

第十章 合同磋商与签订

学习目标

掌握交易前必备的专业知识和相应的业务工作，在设定的情境中与国内外客户建立关系，获得调研、编制经营方案和熟练撰写业务洽商信函的技能，促成交易并签订成交合同。

第一节 交易前的准备

为了顺利达成交易，磋商前应掌握必要的资料，诸如了解自身优势和劣势、国际市场供求规律、竞争对手情况、国外消费者的喜好、进出口活动对本企业的影响等。做好市场调研和记录分析，以此制定进出口经营方案。

一、国际市场调研

(一) 国际市场调研的概念与功能

以科学的方法对国际市场的有关信息进行系统的收集和分析，即为国际市场调研。市场调研是运用信息来识别和解释商机与存在的问题，为选择目标市场提供依据。

一般情况下，国际市场调研具有以下三个方面的功能。

(1) 确认机会，即进行市场的基础研究，把握市场的政治、经济、文化及社会的一般状况，据以确认和评价市场机会和企业机会。

(2) 制订计划与策略，即收集并研究市场的基础材料，以制定符合市场实际的经营方案。

(3) 修改计划偏差,即提供并分析企业在市场上的实际活动情况,评价其成果,据以修正计划的偏差。

(二) 国际市场调研的范围与内容

国际市场调研的范围有三方面:关于国别、地区或某一市场的一般信息;用来解决在广告宣传、定价、分销和产品中产生问题的专题信息;通过分析某国或某市场的社会、经济和消费趋势预测未来的市场需求。

市场调研的内容主要包括进出口货物、目标市场、国内外客户、销售渠道和竞争者等情况。

(三) 国际市场调研的途径

国际市场调研途径有以下几种:通过业务接触和交往活动考察客户,掌握当地市场情况;通过举办交易会、展览会、技术交流会、学术讨论会,接触和倾听客户对货物的反馈,掌握货物动态及国际市场行情;通过有关国家的商会、银行、驻外机构、咨询公司和各国民间贸易组织了解客户资信、销售渠道、经营范围等;从国内外有关专业性报刊和各种行业名录中了解客户和物色潜在客户;通过向目标市场的律师咨询,了解一些相关的法律法规情况。

中国进出口商品交易会(即广交会)介绍扫描二维码可查看。

二维码——
广交会介绍

(四) 国际市场调研的基本程序

国际市场调研的基本程序如下:确定调研目标,确定信息来源,确定调研方式,分析进入市场的可能性,分析盈利的可能性,制定国际市场经营方案,进入国际市场。

思考: 美国一客户来到我方某厂洽购一批设备,客户先去厂房查验设备,不时地询问产品的质量、规格及生产情况,对我方产品表现出极大的兴趣,于是决定当日下午举行会谈。双方会谈时气氛良好,美国客户将其要求做了详细介绍,我方代表对此做了相应的答复并发出报盘。客户对我方报价格不太满意,同时指出韩国同类设备的优点以及低廉的报价,希望我方予以解释。然而我方代表对该设备的主要竞争者——韩国产品却一无所知,答不上客户的提问。在接下来的询问中,我方谈判代表竟然不清楚40台设备所需的生产时间。无奈之中,客户拂袖而去。你认为我方存在哪些问题?应如何解决?

二、进出口经营方案

进出口经营方案是在市场调研基础上,对市场信息进行筛选、分析、归纳,结合本企业的经营目标、企业本身的特点,综合内外可控制与不可控制因素所制定的行动方案。经营方案主要包括计划概要、市场现况、企业内外部环境分析(见表10.1)、目标(财务目标和市场目标)、市场营销策略、行动方案、预计盈亏和控制措施及意外应急计划等项内容。

表10.1 企业内外环境对照示例

环境	不利条件(威胁)	有利条件(机会)
外部环境	1. 有新竞争对手	1. 增加附加产品
	2. 有替代品出现	2. 相关产品的多样化
	3. 不断增长的竞争压力	3. 市场增长迅速
	4. 经济萧条的影响	4. 进入新市场
	5. 政府相关政策的制约	5. 有新的消费群
	6. 消费者需求偏好变化	6. 运营模式垂直一体化
	7. 市场增长缓慢	7. 跨国经营
环境	企业优势	企业劣势
内部环境	1. 成本优势	1. 狭窄的产品线
	2. 产品开发能力优势	2. 市场份额小
	3. 管理水平优势	3. 低于对手销售能力
	4. 产品知名度优势	4. 缺少市场战略目标
	5. 市场领先程度优势	5. 科研方面落后
	6. 生产规模优势	6. 缺少管理人才
	7. 技术水平优势	7. 市场中企业形象差
	8. 人员素质优势	8. 企业管理能力薄弱

进出口经营方案有文字和表格形式。文字形式出口经营方案举例如图10.1所示，表格形式出口经营方案举例如表10.2所示。

某进出口公司小五金制品向东南亚国家出口营销方案提要

引言

一、产品情况

二、公司经营情况分析

1. 公司的经营优势

2. 企业外部环境

3. 公司面临的主要问题

4. 东南亚市场特点

三、公司计划及行动方案

1. 销售额及市场占有率

2. 开辟东南亚地区高档次小五金制品市场

3. 具体措施

图10.1 文字形式出口经营方案举例

表10.2 表格形式出口经营方案举例

商品情况	品名：		规格：		生产商：	
	包装：		尺码：		产品特色：	
	收购价：		毛重：		竞争对手及特点：	
	实际成本：		净重：		产品改进：	
进销存情况	项目		金额		数量	
	库存					
	成交待运					
	预计收购					
	预计出口					
历年情况	年份		出口数量		利润情况	主销地区
	2017年					
	2018年					
	2019年					
	2020年					
	2021年					
2022年	外销计划	国别地区	数量	单价	FOB净价	换汇成本
出口安排	主要客户	性质(佣金率)	市场特点	年(月)销量	销售额	存在的问题
	主要措施					
备注	备货资金来源：自有资金 银行贷款 银行打包放款					

三、申领进出口配额及许可证

(一) 出口配额招标及许可证申领

出口配额(export quotas)是一国政府在一定时期内对某些商品的出口数量或金额规定最高限额的制度。限额内，商品可以出口；限额外，商品不准出口或者予以处罚。

我国出口配额采用招标办法确定，出口许可证在网上申请、审批，生成的电子数据每两小时自动传给海关。不具备网上申领许可证的企业在一定时期内可以通过纸面申领。许可证发放机构为商务部、地方商务厅、商务部特派员办事处。出口配额当年有效,有效期3个月,有效期内报关使用一次。

(二) 进口配额和许可证申领

进口配额(import quotas)是一国政府在一定时间内对某些商品的进口数量或金额规定最高限额的制度。对超过规定限额的商品,不准进口。

进口商品的管理分为三类,即禁止进口、限制进口和自由进口。我国普通商品进口配额全部取消,仅对小部分限制进口的商品实行进口配额和许可证管理。

四、业务关系的建立

(一) 出口商与供货商建立关系

1. 创建供货商信息数据库

通过参加交易会、参加博览会、上网查询以及下厂查访等方式,建立一个产品供应信息数据库,以备查询使用。供应商信息数据格式如表10.3所示。

表10.3 供应商信息数据表

制表人: 制表日期:

项目	内容
供应商名称地址	
厂长姓名及电话	
生产负责人及电话	
技术负责人及传真	
供应商电子邮箱	
开户行及账号	
纳税人识别号	
企业经营性质及范围	
货物名称	
货号	
规格	
出厂价(含税)	
出口退税率	
包装种类	
内包装数量	
包装箱体积	
毛重/净重	
月产量	
最低起定量	
交货期限	

(续表)

交货地点	
支付方式及付款时间	
样品提交时间	
产品优势	
需要改进的地方	
主销地区	
竞争对手	
最初下订单时间	
备注： 是否需要预付货款 产品质量等级 交货期是否准时	

2. 发展与供货商的关系

根据国外客户的需求情况，从若干个供货商中挑选出几个(如3～5个)，对其进行深入详细的调查，然后发函建立关系。发函内容包括愿望和目的、需要和相关要求(产品的品名、货号、规格、数量、出厂价格、包装种类及包装细数、包装规格、每件的毛净重、月产量、最低起定量、交货期及交货地点、支付时间和方式、产品优势、设计及生产周期等)。联系方式可以采用信函、电话、传真、电子邮件等。另外，要关注供货商的报价是否含税。

(二) 出口商与进口商建立关系

1. 寻找客户，建立客户档案

公司可以通过银行、商会、企业名录、驻外使馆商务参赞处、销售代理、展销会、报纸、杂志、电视广告、贸易团体互访、互联网等渠道寻找海外客户，建立客户资源库，实施客户档案管理。客户档案明细如表10.4所示。

表10.4　客户档案明细

客户编号	
国别	
客户名称	
地址	
电话	
传真	
网址	
联系人名称	
开户行	
账号	

(续表)

初次联系时间	
订单编号	
产品规格	
采购工厂	
成交价	
成交金额	
资信及业绩情况	
竞争对手情况	
备注:	

2. 发函建立业务关系

与客户初次沟通的函件可以是专函，也可以是直接询盘(inquiry)。询盘时，语言要简练、有序、完整，业务思维要成熟；专函应附公司业务资料。联系方式采用信函、电子邮件、传真均可。

(三) 买方的交易准备工作

买方的交易准备工作包括进行国内需求调研，掌握国内销售渠道，了解国内进口管理措施；进行国外市场调研，根据国内需求选择交易对象；在国家外汇管理局申请进入"对外付汇进口单位名录"(获进口付汇权)；做好进口成本估算，制定具体的进口经营方案，实施交易磋商。

第二节 进出口合同的磋商

交易双方就买卖货物的有关条件进行协商以期达成交易的过程，称为交易磋商(business negotiation)或谈判。磋商是双方"给予"与"接受"的互助过程，是通过冲突实现合作的过程，是双方适用法律、政策及道德规范形成统一意见的过程，是互惠而不均等的公平。

交易磋商在形式上可以分为口头磋商、书面磋商和无纸函件三种。口头磋商主要是指在谈判桌上面对面进行的谈判，结果要以书面合同的形式确定下来；书面磋商是指通过信件、电报、电传、传真通信媒介进行的洽谈；无纸函件是指通过网络往来的电子邮件磋商。

磋商程序包括4个环节：询盘、发盘、还盘和接受。其中发盘和接受是达成交易必不可少的两个环节。

一、询盘

询盘(inquiry)也称询价,是交易的一方打算购买或出售某种货物,向对方询问买卖该项货物的有关条件,或者就该项交易提出带有保留条件的建议。询盘无法律约束力。

询盘主要是试探对方交易的诚意和了解其对交易条件的意见,内容涉及价格、规格、品质、数量、包装、交货期以及索取样品、商品目录等,多数是询问价格。如果是新客户,则应表达建立贸易关系的愿望,说明去函目的、本公司及产品的概况等。卖方询盘参见示例10.1,买方询盘参见示例10.2。

示例10.1 卖方询盘(2021年2月5日去电)

主 题:Inquiry
发件人:ABC TC @ WIR.NET.CN
日 期:2021-02-05 16:32:01
收件人:DEF IT@USA.IT
发送状态:发送成功

Attn: Mr. Villard Henry
Dear Sirs,
　　Through the courtesy of our Commercial Councilor's Office in America we notice that you are interested in doing business with us.
　　Our lines are mainly exp. & imp. of light industrial products. We wish to establish business relations by some practical transactions. To give you a general information of the various kinds of shoes now available for export, we enclose a copy of our latest catalogue and a price list for your reference. We hope you are interested in some of them. It will be a great pleasure to receive your inquiries for any of the items against which we will send you our favorable quotations.
　　We would appreciate receiving your specific inquiries.

　　Yours faithfully,

　　Huang Helong
　　Shoes Department

转呈:维拉德·亨利先生
敬启者:
　　通过美国商务参赞处的好意介绍,我司得知贵公司有意与我司做生意。
　　我司主营轻工业产品的进出口,希望通过一些实践交易建立业务往来关系。为提供一些关于我司现供出口的各类鞋子的大体信息,现随函附寄一份我司最新产品目录和价格表供你方参考。望贵方对其中一些产品感兴趣。若能收到贵方针对任何一款产品的询盘,我方将十分荣幸,并报我方最优价格。
　　若收到贵方特定询盘,我方将不胜感激。
　　谨呈

黄鹤龙
鞋品部

示例10.2　买方询盘(2021年2月6日来电)

主　题：Inqury
发件人：DEF IT@USA.IT
日　期：2021-02-06 11:42:12
收件人：ABC TC @ WIR.NET.CN
发送状态：发送成功

Attn: Mr. Huang,
　　We are pleased to receive your fax of Feb. 5, and glad to do business with you.
　　At present we are in the market for excellent working boots, please quote us Art. No. JB601 in your catalogue with indications of packing, May shipment, CIF New York, including our 3% commission.
　　We await your early reply.

Yours sincerely,

Villard Henry
Purchasing Division

转呈：黄先生
　　很高兴收到您2月5日来函并很高兴能与贵司做生意。
　　目前我方想购买劳保靴，请给贵方目录中产品编号JB601报价(含包装指示，5月装运，CIF纽约，含3%佣金)。
　　期待您的尽快回复。
　　谨呈

维拉德•亨利
采购部门

二、发盘

　　发盘(offer)是交易的一方(发盘人)向另一方(受盘人)提出购买或出售某种货物的有关条件，并愿意按照这些条件与对方达成交易的行为。卖方发盘参见示例10.3。
　　发盘有实盘和虚盘两种性质。实盘是发盘人以成交为目的的明确表示，具备明确完整、肯定、无保留三个条件；虚盘则存在不肯定的表示，不具备实盘的三个条件，不具有法律效力，例如"以我方最后确认为准"(subject to our final confirmation)，或"以货物的未售出为准"(subject to goods being unsold)。
　　发盘可以是应对方的询盘做出的答复，也可以在没有邀请的情况下直接发出。卖方发盘称为售货发盘(selling offer)，买方发盘称为购货发盘(buying offer)或递盘(bid)。在实盘有效期内，发盘人将受其约束，不得任意撤销或修改其内容，一经对方接受就要承担按照发盘条件与对方订立合同的法律责任。

《联合国国际货物销售合同公约》对发盘有如下解释。

1. 发盘的构成条件
发盘要有特定的受盘人，发盘的内容要十分确定，表明发盘人受其约束。

2. 发盘的生效和撤回
发盘在送达受盘人时生效，因此发盘到达受盘人之前对发盘人没有约束力。这就要求发盘人要以更快的通信方式将撤回的通知送达受盘人。

3. 发盘的撤销
发盘的撤销是指发盘送达受盘人后，发盘人取消发盘、解除效力的行为。撤销通知必须在受盘人发出接受信息以前送达受盘人。在下列情况下发盘不得撤销：①发盘中写明了有效期或"不可撤销"字样；②受盘人已采取行动，如寻找用户、组织货源等；③受盘人已回复接受。

4. 发盘的失效
发盘的失效，是指发盘约束义务的结束和接受发盘权利的丧失。下列情况可造成发盘的失效：①受盘人将拒绝发盘条件的通知送达发盘人；②受盘人还盘；③发盘人依法撤销发盘；④有效期已过；⑤人力不可抗拒的意外；⑥在发盘被接受前当事人丧失行为能力。

示例10.3　卖方发盘(2021年2月7日去电)

主　题：Offer
发件人：ABC TC @ WIR.NET.CN
日　期：2021-02-07 19:12:23
收件人：DEF IT@USA.IT
发送状态：发送成功

Dear Mr. Villard Henry,

Re: Working Boots

We have received your fax of Feb. 6, asking us to offer the working boots for shipment to America and appreciated very much your interest in our product.

Now we offer you at your request as follows:

1. Commodity: working boots Art. No. JB601, size run: 40–45.
2. Packing: to be packed in a box, 12 pairs to a carton.
3. Quantity: 20 004 pairs.
4. Price: U.S.Dollars twenty (USD20.00) per pair CIFC 3% New York.
5. Payment: by irrevocable sight L/C.
6. Shipment: From Dalian to New York in May, 2021

Please pay attention to the fact that we have not much ready stock on hand. So your L/C should be opened before March 15, 2021 if our price meets with your approval.

Our offer remains effective until Feb. 16, 2021 our time.

We will send you our sample of JB601 working boots in two days, upon receipt of it please advise us.

> (续表)
>
> Looking forward to your early reply.
>
> Yours faithfully,
>
> Huang Helong
> Shoes Department
>
> 尊敬的维拉德·亨利先生：
>
> 　　　　　　　　　　关于：工作靴
>
> 　　我方收到您2月6日来函要求我方提供将工作靴运往美国的报盘，蒙贵方对我方产品感兴趣，我方十分感激。
> 　　现针对你方咨询报盘如下：
> 　　1. 品名：劳保靴，编号JB601，尺寸范围：40～45
> 　　2. 包装：盒装，12双一纸箱
> 　　3. 数量：20 004双
> 　　4. 价格：CIF纽约(含佣金3%)，每双20美元
> 　　5. 付款条款：不可撤销即期信用证
> 　　6. 装运条款：2021年5月从大连运往纽约
> 　　请注意我方并未有太多库存，因此，若贵方确认我方报价，请于2021年3月15日之前开立信用证。
> 　　我方报价有效期截止于我方时间2021年2月16日。
> 　　我方将于两日内寄送JB601的样品，请收到后予以答复。
> 　　盼复。
> 　　谨呈
>
> 　　　　　　　　　　　　　　　　　　　　　　　　　　　　黄鹤龙
> 　　　　　　　　　　　　　　　　　　　　　　　　　　　　鞋品部

三、还盘

　　还盘(counter offer)是受盘人对发盘内容不完全同意而提出修改意见的行为。还盘是对发盘的拒绝，等于受盘人提出一项新的发盘。双方可以多次往复还盘，讨价还价，直至接受或谈崩。磋商函电参见示例10.4～示例10.6。

示例10.4　买方还盘(2021年2月12日来电)

> 主　题：Counter Offer
> 发件人：DEF IT@USA.IT
> 日　期：2021-02-12 21:21:10
> 收件人：ABC TC @ WIR.NET.CN
> 发送状态：发送成功
>
> Attn: Mr. Huang,
> 　　We have received your offer and your sample of working boots with thanks.

(续表)

> While appreciating the good quality of your boots, we find your price is rather too high for the market we wish to supply. We also point out that very excellent working boots is available in our market from several European manufacturers, all of them are at prices from 10%~15% below yours. Such being the case, we have to ask you to consider if you can make a 10% reduction in your price, our order would be around 25 000 pairs. Your concession would be highly appreciated.
>
> We are looking forward to your early reply.
>
> Yours sincerely,
>
> Villard Henry
> Purchasing Division
>
> 转呈：黄先生
> 我方收到贵方劳保靴的报价以及样品，十分感谢。
> 在欣赏贵方劳保靴的高品质，同时，我方发现贵方价格对于我们期望投放的市场而言过高。我方也发现在市面上有来自欧洲工厂的极品劳保靴，其价格均较贵方产品低10%～15%。基于此情况，我方请求贵方考虑可否在贵方报价基础上降价10%，我方订单大概25 000双。若蒙贵方让步，我方将不胜感激。
> 期待贵司尽快回复。
> 谨上
>
> 维拉德·亨利
采购部

示例10.5　卖方还盘(2021年2月13日去电)

> 主　题：Counter Offer
> 发件人：ABC TC @ WIR.NET.CN
> 日　期：2021-02-13 12:34:59
> 收件人：DEF IT@USA.IT
> 发送状态：发送成功
>
> Dear Mr. Villard Henry,
>
> Re: Working Boots
>
> We learn from your fax of Feb. 12, that our price is found to be on the high side.
>
> We believe our price is quite realistic, it is impossible that any other suppliers can under-quote us if their products are as good as ours in quality. In order to assist you to compete with other dealers in the market, we decide to reduce 2% of the price quoted to you in the fax of Feb. 7, if your order reaches 25 000 pairs. As you know the market is firm with an upward tendency we hope you accept it without any delay.
>
> Your early reply would be highly appreciated.
>
> Yours faithfully,
>
> Huang Helong
> Shoes Department

(续表)

> 尊敬的维拉德·亨利先生：
>
> 关于：劳保靴
>
> 　　我方从贵方2月12日发来的传真得知我们的产品价格被认为偏高。
> 　　我方坚信我方价格十分现实，不可能会有其他的供应商可以在同品质的基础上低于我方报价。为了帮助贵司与市场上的其他经销商竞争，我方决定如果贵司订单达到25 000双，我方会在2月7日报价基础上降低2%。由于市场坚挺且呈上涨趋势，我方希望贵司不再迟疑接受此价。
> 　　贵司尽快回应，我司将十分感激。
> 　　谨呈
>
> 黄鹤龙
鞋品部

买方对来盘条件展开分析、货比三家的环节即为比价。比价要从纵横两个方面进行，即分析该轮发盘与该商品历史行情之间的关系(纵向)、分析此轮发盘各家条件的优劣利弊(横向)，再结合自己的购买意图，有针对性地选择还盘的对象。可以降低不必要的条件迫使对方让价，或价格不降，增加对方的义务。例如，把预付款变为托收。

示例10.6　买方还盘(2021年2月14日来电)

> 主　题：Counter Offer
> 发件人：DEF IT@USA.IT
> 日　期：2021-02-14 06:42:01
> 收件人：ABC TC @ WIR.NET.CN
> 发送状态：发送成功
>
> Dear Mr. Huang,
> 　　We are glad to receive your fax of Feb. 13, 2011.
> 　　We have taken your quality into a full consideration and decided to place an order with you as follows:
> Working boots (JB601)
> Quantity: 50 004 pairs
> Price: USD 19.00/pair CIFC3% New York
>
> Packing: size assorted $\dfrac{1 \quad 3 \quad 3 \quad 2 \quad 2 \quad 1}{40 \quad 41 \quad 42 \quad 43 \quad 44 \quad 45}$
>
> 12 pairs to a carton
> Other terms and conditions as per your offer in the fax of Feb 7, 2021.
> Please make reply as soon as possible.
> Looking forward to your favorable reply.
>
> Yours sincerely,
>
> Villard Henry
> Purchasing Oivision
>
> 尊敬的黄先生：
> 　　我方很高兴收到贵司2021年2月13日发来的传真。
> 　　我方全面考虑贵方产品品质，现决定与贵方下单如下：

(续表)

劳保靴(JB601)
数量：50 004双
价格：CIF纽约(含3%佣金)，19美元每双
包装：尺码配比 $\frac{1\quad 3\quad 3\quad 2\quad 2\quad 1}{40\ \ 41\ \ 42\ \ 43\ \ 44\ \ 45}$
每个纸箱装12双
其他条款按照贵方2021年2月7日报盘。请尽快予以回复。
盼复。
谨呈

维拉德·亨利
采购部

发盘、还盘与询盘有本质区别，询盘没有提出条件，只是询问；而发盘和还盘提出了条件，一经确认就意味着成交。还盘既要压低条件，还要与对方保持联系。

四、接受

接受(acceptance)是受盘人接到对方的发盘或还盘后，同意对方提出的条件，愿意与对方达成交易、订立合同的一种表示。卖方接受参见示例10.7。

1. 构成接受的条件

接受必须由受盘人做出；接受必须与发盘的内容相符，必须在有效期内接受。

2. 接受的生效和撤回

英美法系以"投邮生效"为原则，接受的电函一经发出立即生效，不存在接受的撤回问题；大陆法系以"到达生效"为原则，即接受的电函须在规定时间内送达发盘人，接受才能生效；《联合国国际货物销售合同公约》采纳的是到达生效原则，撤回接受必须在接受到达之前或二者同时到达。

思考：我某外贸企业向国外购买某商品，不久接到外商6月20日的发盘，有效期至6月26日。我方于6月22日电复："如果把单价降低3美元，可以接受。"对方没有答复。后因用货部门要货急切，该货行市又看涨，随即于6月25日去电同意对方6月20日发盘的各项条件，并通过银行向对方开证。请问这项接受是否有效？为什么？

示例10.7　卖方接受(2021年2月14日去电)

主　题：Acceptance
发件人：ABC TC @ WIR.NET.CN
日　期：2021-02-14 18:22:08
收件人：DEF IT@USA.IT
发送状态：发送成功

Dear Mr. Villard Henry,

Re: working boots

Thank you for your fax today.

After due consideration, we decide to accept your price. Now we confirm supplying the working boots on the following terms and conditions:

1. Commodity: working boots Art. No. JB601.
2. Packing: to be packed in a box, 12 pairs to a carton, size run: 40~45, size assorted:

1	3	3	2	2	1
40	41	42	43	44	45

3. Quantity: 50 004 pairs.
4. Price: USD19.00 per pair CIFC3% New York.
5. Payment: by irrevocable sight L/C.
6. Shipment: from Dalian to New York in May, 2021.

We will send you our sales confirmation for your signature.
Thank you for your cooperation.

Yours faithfully,

Huang Helong
Shoes Department

尊敬的维拉德·亨利先生：

关于：劳保靴

谢谢你今天的传真。经过适当考虑，我们决定接受贵方价格。现在我们确认按照以下条款和条件供应工作靴：

1. 商品：工作靴，货号JB6012。
2. 包装：每箱12双，每双用一纸盒包装，尺码：40~45，尺码配比：

1	3	3	2	2	1
40	41	42	43	44	45

3. 数量：50 004双。
4. 价格：每双19.00美元，纽约到岸价含3%佣金。
5. 付款方式：不可撤销即期信用证。
6. 装运：2021年5月从大连港运往纽约港。我们将把销售确认书寄给贵司签字。

谢谢合作。

谨上

黄鹤龙
鞋品部

五、交易磋商的内容

交易磋商的主要内容构成了合同的重要条款,双方围绕权利义务的对等来渐渐展开,货物买卖的磋商内容不外乎货物本身状况及货款的收付及其争议的处理事宜,具体包括品质规格、成交数量、内外包装的确定、价格的确定、装运、保险的办理、结算方式的确定,以及检验、索赔、仲裁和不可抗力,所需的单据等项内容。业务中,检验、索赔、仲裁、不可抗力等通常印在合同中,只要双方无异议,即不必逐条协商,这样可以节省洽商时间。

六、交易磋商的技巧

(一) 确定谈判态度

进出口业务中的谈判对象多种多样,不能以同样的态度对待所有谈判,需要根据谈判对象与谈判结果的重要程度来决定所要采取的态度。谈判对象、内容与态度之间的关系如表10.5所示。

表10.5 谈判对象、内容与态度之间的关系

对象	谈判内容与结果	态度
长期合作的大客户	并非很重要	让步的心态
对企业很重要	重要	友好合作的心态
不重要	无足轻重	轻松上阵,甚至取消谈判
不重要	非常重要	积极竞争的态度

(二) 创建良好气氛

谈判之初,要找到双方一致的观点,营造彼此较有默契的氛围。当遇到分歧时,也要面带笑容,委婉地与其协商,避免对方产生敌意,使谈判陷入僵局。

(三) 了解谈判对手

我们把握对手的信息越多,越能掌握谈判的主动权。我们不仅要了解对方的谈判目的,还要了解对方的经营性质、经营情况、谈判代表的性格、对方的文化、谈判对手的习惯与禁忌等,以及其他竞争对手的情况。比如,作为供货商,既要了解其他供货商的情况,还要了解可能与对方有联系的客户情况,如果对方提出苛刻的条件,我们可以把其他采购商的信息拿出来,让对手知道,我们知道底细,同时暗示我们有多种合作的选择。

(四) 控制谈判节奏

在谈判初期,态度应积极,抓紧洽谈,早日暴露双方的分歧;在此基础上针对不同

的分歧，区别对待：分歧不大的友好协商，学会适时让步，不必过多用时；分歧较大的要耐心倾听对方的述说，从中了解对方的真正需求，找到双方利益的分界点，有针对性地加以解决，达到双赢，得以平衡，使谈判顺利而有序进行。

(五) 让步式进攻

在谈判中，我们可以适时提出一两个很高的要求，对方必然无法同意，在经历一番讨价还价后我们做出让步，把要求降低或改为其他要求。在谈判中，我们要学会适时让步，尽管这种让步是假象，也会让对方产生成就感，促使谈判顺利进行。先抛出高要求也可以有效降低对手对于谈判利益的预期，挫伤对手的锐气。

七、交易磋商的注意事项

(一) 谈判环境

谈判室应宽敞通风，不设电话；谈判双方可对坐、边角就坐或围坐，但不要一方占主导；安排秘书传递信息、复印打印文件；设休息室并安装电话，谈判间歇安排茶点，缓和气氛。

(二) 保密事项

不要在公共场所(如机舱、车厢、出租车内以及旅馆过道)谈论业务问题；谈判间隙，不要将文件留在洽谈室；不要过分信任当地代理，避免将文稿交当地人发送；有人向自己透露竞争者的秘密消息时，保持怀疑态度，防止骗局。确定信息真实性，小心使用。如果是骗局，可不露声色，以策略应对。

第三节 进出口合同的签订

一、书面合同的签订

交易达成后，双方的权利和义务明确下来，便是制作和签署书面合同。合同内容力求合法、简明，条款明确、完整。

(一) 书面合同的形式

进出口业务中买卖双方既可采用正式合同(contract)、确认书(confirmation)、协议书

(agreement)，也可采用备忘录(memorandum)等形式。我国采用两种形式：一种是条款完备的正式合同，如销售合同(sales contract)、购货合同(purchase contract)。这类合同除了包括货物的名称、规格、包装、装运港和目的港、交货期、付款方式、运输标志、货物检验等条件外，还有异议索赔、仲裁、不可抗力等条件，用于大宗货物或成交量大的交易。另一种是简式合同，如销售确认书(sales confirmation)、购货确认书(purchase confirmation)。这类合同用于小批量业务。无论是哪种形式，都具有同等效力。业务中，各进出口单位都印有固定格式的合同或确认书。

除了上述合同形式外，订单和委托订购单有时也被采用。订单(order)是由实际买主拟制的货物订购单；委托订购单(indent)是由代理商拟制的代客购买货物的订购单。上述两种形式的单据都必须通过磋商确认后，才能作为买卖合同。

当面成交的合同，双方签署后各执一份，作为履约的依据；函电成交的合同，一方拟定签署后寄交另一方会签，并附上一封成交函(见示例10.8)，对方签字后回寄一份并附函(见示例10.9)。

示例10.8　卖方寄出合同函(2021年2月15日去函)

主　题：Sending Contract
发件人：ABC TC @ WIR.NET.CN
日　期：2021-02-15 22:22:07
收件人：DEF IT@USA.IT
发送状态：发送成功

Dear Mr. Villard Henry,
　　With reference to our exchanged faxes, we are pleased to come to a deal on working boots of 50 004 pairs at the price of USD19.00 per pair CIFC3% New York for shipment in May. Enclosed you will find our Sales Confirmation No.21JCMA1234 in duplicate of which please countersign and return one copy to us for our file. We trust you will open the relative L/C at an early date.
　　We look forward to receiving your further enquiries.

　　Yours faithfully,

　　Huang Helong
　　Shoes Department

亲爱的维拉德·亨利先生：
　　关于我们之间交换的传真信息，我们很高兴达成一笔50 004双工作靴的交易，每双19.00美元，纽约含佣金3%到岸价，5月份装运。随函附上我方第21JCMA1234号销售确认书一式两份，请会签并将一份退回我方存档。我们相信贵方会尽早开立相关信用证。
　　我们期待收到您的进一步询问。
　　谨呈

黄鹤龙
鞋品部

磋商函电示例10.9　买方回寄合同函(2021年2月23日来函)

主　　题：Sending Contract
发件人：DEF IT@USA.IT
日　　期：2021-02-23 09:40:05
收件人：ABC TC @ WIR.NET.CN
发送状态：发送成功

Dear Mr. Huang,
　　We have duly sent your Sales Confirmation No.21JCMA1234 covering 50 004 pairs of working boots we have booked with you. Enclosed please find the duplicate with our counter-signature.
　　The relative L/C will be established with Bank of China, New York Branch in your favor in a few days. It will reach you in due course.

　　Yours sincerely,

　　Villard Henry
　　Purchasing Division

尊敬的黄先生：
　　我们已经及时寄送出你方第21JCMA1234号销售确认书，内容涵盖我们向你方预订的50 004双工作靴。随函附上副本，请查收，并附上我们的签名。相关信用证将在几天后以你方为受益人在中国银行纽约分行开立。它将在适当的时候到达贵司。
　　谨呈

维拉德·亨利
采购部门

(二) 书面合同的内容

从法律角度可以把合同内容分为以下三个部分。

1. 效力部分

效力部分是指合同的开头和结尾部分。合同的开头也称约首，载有合同名称及编号、签约时间和地点、双方名址，有时还载明据以签约的函电日期及编号。合同的结尾也称约尾，载明使用文字及效力、正本份数、附件以及双方代表人签字。

2. 权利和义务部分

权利和义务是合同的主体或本文部分，包括4项：一是合同标的，包括货物的品质、数量、包装；二是货物价格，包括单价和总值；三是卖方义务，包括交货、交单和转移货权等；四是买方义务，包括支付货款和收货。

3. 索赔与争议解决部分

这部分也称安全保障部分，包括检验、索赔、不可抗力、仲裁条款等规定，是出现纠纷时，寻求解决办法的主要依据。

二、签订合同的注意事项

签订合同时,一是要遵守平等互利原则,不因是买方市场而由其任意摆布,也不因是卖方市场而盛气凌人;二是要在寄出前检查条款是否一致;三是要检查对方签字寄回的合同是否改动,防止偷换条款。一旦发现合同不一致,立即通知对方更正。合同多为固定格式文本,各执一份作为履约依据。出口销售确认书见示例10.10。

示例10.10　出口销售确认书

销 售 确 认 书
SALES CONFIRMATION

编号:　　　　　　　　NO.:
日期:　　　　　　　　DATE:
地点:　　　　　　　　PLACE:

卖方:　　　　　　　　　　　　买方:
The seller:　　　　　　　　　 The buyer:
Address:　　　　　　　　　　　Address:

确认售予你方下列货物,其条款如下:
We hereby confirm having sold to you the following goods on terms and conditions as stated below:

(1) 货物名称及规格,包装及装运唛头 Name of commodity & specification, Packing and shipping marks	(2) 数量 Quantity	(3) 单价 Unit price	(4) 总值 Total amount

(5) 装运:
Shipment:

(6) 保险:
Insurance:

(7) 付款:
Terms of payment:

(8) 单据:
Documents required:

(续表)

(9) 检验与索赔： Inspection and claims:
(10) 人力不可抗拒： Force majeure:
(11) 仲裁： Arbitration:
备注： Remarks: 本确认书共_____份，请签退一份以供存档。自双方代表签字(盖章)之日起生效。 This confirmation is in_____copies，please sign and return one for our file. Effective since being signed/sealed by both parties. 　　(买方 Buyers)　　　　　　　　　　　　　(卖方 Sellers)

关键词汇

交易磋商　递盘　订单　发盘　委托定购单　还盘　出口经营方案　询盘　比价

【本章小结】

　　从交易磋商的准备到签订出口合同，一般包括以下环节：国际市场调研、选定目标市场、建立客户关系、磋商、签订合同。交易磋商的准备和建立相应的业务关系是进出口工作的第一步。

　　市场调研为卖方制定营销目标和最后做出决策提供依据。出口经营方案是在市场调研和成本核算基础上，综合出口企业内外可控制与不可控制因素，结合市场具体需求制定的行动方案。配额招标、投标和许可证的申领是配额商品出口必须事先做好的工作，否则交易无法进行。

　　磋商程序主要有询盘、发盘、还盘、接受等几个环节，其中询盘往往同建立关系函合一，该函的发出及对方的回应意味着进出口磋商的开始。

关键词汇

市场调研　交易磋商　询盘　发盘　实盘　虚盘　递盘　还盘　接受　进出口配额

【课后作业】

一、翻译下列词语

business negotiation_____　　inquiry_____

reference price_____　　subject to our final confirmation_____

offer_____　　counter offer_____　　acceptance_____

sales contract_____　　sales confirmation_____

order_____　　indent_____

name of commodity_____　　purchase confirmation_____

quotation_____　　concession_____

二、选择题

1. 美国买方向我轻工业品进出口公司来电"拟购美加净牙膏大号1000罗，请电告最低价格、最快交货期"。此来电属于交易磋商环节的(　　)。

   A. 发盘　　　　　　　　　　B. 询盘

   C. 还盘　　　　　　　　　　D. 接受

2. 实盘最重要的条件是(　　)。

   A. 标明有效期　　　　　　　B. 在某种程度上发盘人受其约束

   C. 发送到受盘人手中　　　　D. 交易条款确定，无保留条件

3. 我公司对某外商就玻璃花瓶进行发盘，下列(　　)情况下，双方可达成交易。

   A. 外商在发盘有效期内，表示完全接受我方发盘

   B. 由外商认可的另一家公司在发盘有效期内向我公司表示完全接受发盘内容

   C. 外商根据以往经验，在未收到我方发盘的情况下，向我公司表示接受

   D. 外商在有效期内表示接受，但要求提前装运日期

三、填空题

1. 国际货物买卖合同的基本内容分为效力部分、_____和索赔与争议解决部分。

2. 交易磋商的内容包括_____、_____、_____、_____、_____、_____、_____、_____、_____以

及_____、_____、_____等。

3. 国际货物买卖的磋商程序包括_____、_____、_____、_____。其中_____和_____是达成交易必不可少的两个环节。

4. 销售合同适用于_____的交易，销售确认书适用于_____的交易。无论采取哪种形式的合同，都具有_____。

四、判断题

1. 还盘就是一项新的发盘，原发盘人不受原发盘约束。　　　　　　　　（　）
2. 根据《联合国国际货物销售合同公约》，受盘人在对发盘表示接受的同时，对发盘的内容作了任何添加或变更，均是对发盘的拒绝，并构成还盘。　　　　　　　　（　）

五、思考题

1. 交易前要做好哪些准备工作？
2. 进出口经营方案的基本内容是什么？
3. 交易磋商一般要经过哪些环节？
4. 建立业务关系函的基本内容和联系方法有哪些？
5. 有效的发盘必须具备哪些条件？

六、案例讨论

1. 我国某公司向国外汉威集团公司发盘出售一批木材，对方在发盘有效期内复电表示接受，同时要求提供商检机构签发的检验证书。第二天，我方收到该公司开来的信用证。因该货市价上涨17%，且我方无法提供该商检机构的检验证书，我方立即回电表示拒绝，并将信用证退回。试问我方的做法是否合理？为什么？

2. 2月5日，加拿大休顿电子有限公司向我方H电子公司提出出售集成电路板20万块，每块FOB维多利亚港25美元的发盘。我方H公司接到发盘后，于2月7日还盘，将数量减至10万块，价格降至20美元并要求对方即期装运。2月10日，加拿大休顿电子有限公司电传H电子公司，同意数量减至10万块，但价格每块只能降至22美元，新发盘有效期为10天。H电子公司于2月15日电传表示接受。但2月18日，加拿大休顿电子有限公司再次来电取消2月10日的发盘，于是双方发生纠纷。请根据《联合国国际货物销售合同公约》的规定判断此项撤盘是否有效？为什么？

七、操作题

1. 请根据出口成交函(见表10.6)及交易条件(见表10.7)，缮制一份出口成交确认书(见表10.8)。

表10.6　某公司出口成交函

Jiqing Trading Co. Ltd.
A12, Yangang Road Nanguan District Changchun, China
Fax: (0431)8527×××× Tel: (0431) 8528××××

April 3，2021

James Brown & Sons
#304-310 Jalan Street, Toronto, Canada
Tel No.: (+01) 770××××
Fax No.: (+01)770××××
E-mail: lock@www.jbs.com.cnd

Dear Mr. lockwood,

  Thank you for your letter of March 31, 2021 and your Order NO.21-CS012HX.
  Enclosed are two copies of our Sales Confirmation No. 21BASB0601. Please countersign and return one copy for our file.
  In order to allow us stick on our production schedule and meet the date of delivery, please open the L/C without delay.
  We will keep you fully informed of the progress of your order. If you would like to get in touch with us urgently, you may telephone or fax us.
  Please be sure that we shall effect the shipment in time to satisfy your local market demand.

Yours sincerely,

Jiqing Trading Co., Ltd.
Zhao Li (Mr.)

表10.7　交易条件详情

品名：书包
货号：ST608
数量：10 000个(1000)箱
包装：纸箱装，每箱10个
唛头：JB&S
   21BASB0601
   TORONTO
   C/NO.1-1000
价格：每个15美元CIF多伦多包含5%佣金
装运：2021年6月以前，可以转船，不可以分批装运，由上海发往加拿大多伦多
支付：30%货款于装运前15天采用电汇支付，其余货款于正本提单传真对方5日内支付。
保险：投保一切险 按照中国人民保险公司的保险条款办理，按照发票金额的110%投保。
备注：收到全部货款后两日内将提单正本寄给买方。

表10.8 任务——销售确认书

销 售 确 认 书

SALES CONFIRMATION

编号：　　NO.:
日期：　　DATE:
地点：　　PLACE:

卖方：　　　　　　　　　　　　买方：
The seller:　　　　　　　　　　The buyer:

确认售予你方下列货物，其条款如下：
We hereby confirm having sold to you the following goods on terms and conditions as stated below:

(1) 货物名称及规格，包装及装运唛头 Name of commodity & specification, packing and shipping marks	(2) 数量 Quantity	(3) 单价 Unit price	(4) 总值 Total amount

(5) 装运：
Shipment:
(6) 保险：
Insurance:
(7) 付款：
Payment:

备注：
Remarks:
请签退一份以供存档。
Please sign and return one for our file.

　　(买方 Buyers)　　　　　　　　　　　　(卖方 Sellers)

2. 请将下列资料填入销售确认书(见表10.9)。

　　卖方：Fulin Light Industrial Products I/E Corp.
　　No.10 Zhongshan Square
　　Dalian China
　　买方：ABCD Co.
　　9 Lockey ct
　　N.Y. U.S.A

销售确认书号码：21ASB0701

签约地点：大连

签约时间：2021年3月15日

表10.9　任务——填制销售确认书

销 售 确 认 书
SALES CONFIRMATION

编号：　　　　　　　　NO：
日期：　　　　　　　　DATE：
地点：　　　　　　　　PLACE：

卖方：　　　　　　　　　　　　　　　卖方：
The seller:　　　　　　　　　　　　　The buyer:

第十一章 进出口合同的履行

学习目标

在前述各章基础上,掌握合同的履行程序及相应业务内涵,通晓业务单证的处理技术,做好业务善后处理工作,培养系统、全面、协调工作的素养和能力。

第一节 出口合同的履行

履行合同是实现货物和资金转移的过程,是根据合同规定履行各自义务的过程。完整的出口履约工作(以CIF条件、信用证支付为例)包括催证、审证和改证、筹备资金、安排生产、租船订舱、报检报关、投保、装船、发装运通知、制单结汇等环节;进口履约工作(以FOB条件、信用证付款为例)包括开立与修改信用证、安排运输、投保、审单和付款、报关检验、接货以及进口索赔等环节。

在实际业务中,催证、审证、改证可以与货物准备同时进行。如果货物是以销定产,则应当在收到信用证之后安排生产。出口合同履行(信用证结算)将证、货、船、款这4个方面协调好,履行合同就能够按部就班地进行了。

一、落实信用证

信用证相当于开证行和出口商之间的契约,落实信用证条款是履行合同的重要工作,包括催证、审证、改证等事宜。

(一) 催证

按时开证是进口商的义务,但在行情骤变或资金短缺时,进口商往往会拖延开证。

对此，出口商应当及时提示对方开证，必要时请驻外机构或银行协助催证。在催证函中，陈述合同的开证时间、备货与装运期，并向其阐明不按时开证的违约后果，以确保顺利履行合同。

(二) 审证

审证即审核信用证，是出口方及银行对国外银行来证内容进行全面审核的过程，以确定是接受还是修改。合同和"UCP600"是审证的主要依据，信用证条款与合同的规定相一致是审证的原则，单证不符会遭到银行拒付。

议付行和卖方都要审证，议付行重点审核开证行的政治背景、资信、付款责任、索汇路线、信用证真伪和其他对卖方的不利的情况；卖方则着重审核信用证内容与合同条款是否一致。审证对照情况如表11.1所示。

表11.1　审证对照情况

审证依据	根据国内有关政策和规定、交易合同、国际商会第600号出版物(UCP600)以及业务中出现的具体情况进行审证
审证原则	信用证比合同规定严格时，应当修改信用证；比合同宽松时，可不修改
审证要点	(1) 对信用证本身的审核：惯例适用、有效性、当事人、到期日和到期地点 (2) 专项审核：金额、币种、付款期限、品名、货号、规格、数量、装运期限、装运港、卸货港、分批转运、单据的出具(由谁出具、能否出具、单据与证前后是否矛盾、单据与合同是否一致)
信用证常见问题	有限制来证生效的条款；要求提交外商出具的检验证书或其他机构提供的证明文件
	开证行无保证付款的责任文句
	信用证漏列适用惯例条款
	信用证密押不符
	信用证金额大、小写不一致；汇票与合同货币不一致；信用证金额不够(未满足溢短装条款)；信用证号码前后矛盾
	汇票付款人不是开证行；汇票付款期限与合同不符
	申请人或受益人名称、地址与合同不符
	货物本身、单价和数量与合同不符
	货物分批和转运条款与合同规定不一致
	信用证无有效期；信用证的有效期、装运期、交单期之间相互矛盾；交单期过短；到期地点在国外
	单据要求的格式有特殊规定；漏列或多列提交的单据；要求提供领事发票
信用证常见问题	提单抬头错误；提单抬头与背书要求不符；运费支付方法与贸易术语规定相互矛盾；正本提单直寄客户；空运提单收货人不是开证行；运输工具限制过严(如限制船名、船籍、船旗、挂靠码头)
	装运港和目的港与合同不一致
	保险单种类有误；投保险别与合同规定或实际情况不符；投保金额与合同规定不符
	产地证明书出具机构不当(如国外机构或无授权机构)；要求提交的检验证书与实际不符
	费用条款规定不合理

(三) 改证

改证,即受益人(卖方)审证后发现内容与合同和惯例不一致时向申请人提出的修改要求。改证多由卖方提出,也可由买方提出,但需经卖方同意。改证要领如表11.2所示。

表11.2 改证要领

改证原则	收到来证后,仔细核对销售合同。在不影响收汇和增加出口成本的情况下,可不改证。但对装运货物、出口制单、安全收汇和控制货权不利的内容,则应一次性提出改证
改证函的缮制	审证后,将不利条款集中起来电告买方修改,即改证函。一封规范的改证函,应包含以下内容: (1) 感谢对方按时开证 (2) 列明不符点并说明修改意见 (3) 感谢对方合作并希望改证早日到达
改证函的缮制	例:THANK YOU FOR YOUR L/C NO. 8989551. HOWEVER, WE ARE SORRY TO FIND IT CONTAINS THE FOLLOWING DISCREPANCIES, PLEASE MAKE AMENDMENT TO IT. THE EXPIRY DATE SHOULD BE APRIL 4, 2021 INSTEAD OF MARCH 4, 2021. THANK YOU FOR YOUR KIND COOPERATION, PLEASE SEE TO IT THAT THE L/C AMENDMENT REACH US WITHIN NEXT WEEK, OTHERWISE WE CAN NOT EFFECT PUNCTUAL SHIPMENT
改证注意事项	(1) 不要把改证函发给开证行 (2) 改证函必须提及信用证号码 (3) 货物数量发生偏差时,如来证数量比合同少,要求买方按照合同修改;如果来证数量比合同多,既可更改数量,也可询问是否需增订。此时,信用证总额必须修改 (4) 修改方法:先列不符点,再说修改方法;或逐条指出,逐条修改 (5) 提及不符点时,不要用"MISTAKE(错误)"来表述,有的不符点比如到期地点在国外,称不上错误

(四) 信用证的管理

1. 来证处理

收到来证后,缮制审证记录(见示例11.1),便于查验来证信息;登记到证时间及修改次数,以备查阅。对于不能接受的来证,退回或通知买方修改。

2. 来证保管

收到来证后要做好交接的签收事宜,以便分清责任;然后复印若干份待用,内部流转可用复印件传递信息。议付完毕,按照合同顺序编号装订归档备查。

3. 电脑制单

将来证信息录入电脑排版存盘,装运后按照单证格式打印后,交银行议付。

示例11.1 审证记录

信用证号						合同号						
证通知号 收证日						开证日/地点						
开证银行						证名称						
						通知行						
开证申请人						受益人						
汇票付款人						出票条款						
汇票期限						到期地点				议付行限制		
价格条件						目的港						
装运港						运输方式						
装运期 有效期 交单天数						运费支付方式						
可否分批						可否转运						
提单托运人						提单抬头						
提单通知方						保险条款						
数量溢短装						原证金额						
金额溢短装												
总品名 数量				件数			总数量 单价				金额	
信用证中所要求的单据名称和份数												
正本提单	副本提单	发票	保险单	装箱单	重量单	尺码单	商检产地证	贸会产地证	FA产地证	卖方产地证	海关发票	邮局收据(单)	邮局收据(样)	电抄	受益人声明	船方证明	其他所需单据名称及份数
																	名称	银行	客户
银行																			
客户																			

(续表)

单据需寄往	需邮局收据否( )	需邮样证明否( )
需开证人出具的函电否( )		
需电抄否( )		
发票一般条款:		
公共附注(除汇票外所有单据中须注明)		
产地证收货人	产地证特殊条款	
受益人声明内容		
发票特殊条款		
装箱单特殊条款		
提单特殊条款		
信用证特殊条款		
改证情况		
索汇方式		
备注		

思考：英国A进口商开来一张信用证，以B公司为受益人。信用证要求："2/3 original clean on board bill of lading, made out to order of A Import Co. Ltd., notify accountee...."（提交凭A进口有限公司指示的2/3正本清洁已装船提单，以开证申请人为被通知人……）。在特殊条款中又规定："The beneficiary must send 1/3 original bill of lading to the accountee immediately after shipment."（受益人需在装运后立即将1/3正本提单寄给开证申请人）。根据信用证规定，B公司装运后取得三份正本提单，并将其中一份直接邮寄给进口商，其余两份连同其他单据提交出口地银行办理议付。开证行收到单据后，即提出拒付。理由是提单被通知人一栏漏打申请人的电话号码，单证不符，不能接受。B公司立即与外轮代理联系更改提单，但被告知，货物已被收货人凭一份正本提单提走。

我们从中应当汲取哪些教训？根据海运提单的特点解释一下。

二、准备货物

准备货物也叫排产，是卖方根据合同规定向供货部门下达购销合同，安排生产、包装、清点货物，刷制唛头及报检领证等一系列工作。与此同时，生产部门向卖方开立增值税专用发票，以便卖方据此支付货款。安排好货物的生产与包装是卖方按时、按质、按量履行合同的前提条件。

对货物的把握程度直接影响备货的质量，因此，业务人员必须参与到生产设计、原材料组织、品质控制直至包装储运等备货环节。备货跟单注意事项扫描二维码可查看。

二维码——备货跟单注意事项

（一）货物品质、数量、包装要符合规定

一般来说，影响货物品质的因素有两个：一是内部因素，二是外部因素。内部因

素体现在原材料和制作工艺上,只有合格的原材料和精良的制作工艺才能符合外国的严格标准,避开技术壁垒。外部因素体现在运输、储存和销售环节,运输过程中野蛮装卸会使货物受到碰撞,储存不当也会出现意想不到的问题。不论如何,我们都要从内外两方面把住质量关,交货品质不能低于也不宜高于合同规定,低于和高于合同规定均属违约。在对外贸易中,卖方对数量短交和超交,均要承担法律责任。备货数量必须留有余地,以做调换。远洋运输对包装要求很高,包装不过关很可能发生破损,进而引起货物受损,船公司对包装不良的货物不签发清洁提单,这样收汇安全就无保障,甚至遭致买方索赔。所以,业务人员要细心核对货物的品质、数量和包装,精心安排每个环节,严格履行合同规定。

思考: 某出口公司与国外买方成交红枣一批,合同与来证均要求三级品,但发货时才发现三级红枣库存已空,于是改以二级品交货,并在发票上加注"二级红枣仍按三级计价"。当时正赶上国际市场红枣价格大幅度下浮,买方拒收货物,该出口公司遭受巨大损失。请问:该出口公司这种做法是否妥当?为什么?

(二) 生产时间要与装运期限对接

备货时间要结合船期安排,以利于船货衔接,避免船货不对接,影响按时装货。特别注意的是,信用证规定分期分批装运的货物,要落实信用证条款之后,才能生产,防止备好货物后,买方不开证或不要货物。同时,业务人员要安排好国内短途运输,保证货物准时到港装运。

(三) 避免商标侵权问题

供货商所交货物必须具有自主产权。对使用买方商标或凭来样成交的货物,需让其提供商标注册复印件及相关证明,方可生产。

(四) 做好备货记录

从下放排产单到货物出厂之前,业务人员应当分阶段巡视生产情况,包括原材料外购、工艺制作、打包入库及刷唛等程序,同时按照生产进度做好业务记录,对需要解决的问题,要有书面联系函,再把这些记录、往来函电及联系单归档。业务人员要保证将出现的问题在出厂之前解决,避免耽搁装运出口。

三、出口报检

(一) 中国国际贸易单一窗口概述

中国国际贸易单一窗口是国际贸易数据标准化、简易化、便捷化、高效化、无纸化的网络口岸综合资讯服务平台,由国家口岸管理办公室主办,由海关总署会同国家发展和改革委员会、交通运输部、商务部、中国人民银行、税务总局、市场监管总局、民航总局、国家外汇管理局等国务院17个部门共同建设,由中国电子口岸数据中心负责运行维护,于2016年12月31日正式上线运行。

中国国际贸易单一窗口的统一门户网站联通国际贸易各主要服务环节,实现口岸管理相关部门间的数据共享和联网核查,向进出口企业提供货物申报、舱单申报、运输工具申报、口岸通关、许可证和原产证书办理、企业资质办理、公共查询、出口退税、税费支付等"一站式"窗口服务。目前开通了信息动态、标准规范、政策法规、服务指南、我要办事等板块及相关辅助功能。中国国际贸易单一窗口网站页面如图11.1所示。

图11.1 中国国际贸易单一窗口网站页面

在出口报关系统下,企业通过"单一窗口"申报,实现一次录入、一次提交、一次查验、一键跟踪、一键办理,处理结果通过"单一窗口"统一反馈给申报人,全程无纸化作业,申报到放行结关最快只需两小时。

在货物申报页面,企业相关人员填写具体信息(如运输方式、运输工具名称、提运单号等)后,系统将自动查找并调取相关舱单信息;填写商品信息、集装箱信息,下载系统模板填入相关信息后上传;单击"转至报关/报检单"系统自动生成报关/报检单并流转给相应部门。通过报关单号/海关编号/提运单号等,企业相关人员可以查看报关单、报检单状态及回执的详细内容。

2018年4月20日,国家撤销独立设置的商检机构,商检职能并入海关,进出口商品检验和报关手续统一由海关在中国国际贸易单一窗口办理。

出口报检是出口单位按照商检法和商检与海关单一窗口的规定,向当地海关出入境检验检疫机构申请办理的检验手续。海关对商品检验实施监管,建立电子底账,向企业反馈电子底账数据号,符合要求的签发检验检疫证书。

在收到国外来证、审核无误、货物已经备妥的情况下,企业相关人员即可在租船订舱的同时于单一窗口填写"中华人民共和国出境货物检验检疫申请"(见示例11.2),申请号项下生成电子底账数据和底账数据号,凭此可到关区办理相关商检和报关通关手续,之后,附上合同或信用证副本等,向海关的出入境检验检疫机构报检,报检最迟要在出口报关或装运前7天办理。

对于法检货物,检验合格后,海关出入境检验检疫机构发出"出境货物通关指令",海关凭以放行。

示例11.2　报检申请页面

(二) 报检方式

货物出境时,实行先报检,后报关。报检是指发货人向商检机构申报,接受货物检验的行为。根据不同的标准,报检方式有不同种类。

1. 纸质申报和电子申报

纸质申报是书面走单申报方式,效率低、传递不便;而电子申报(国际贸易单一窗口)是通过电子业务平台将报检数据传递商检机构,经过商检处理后,将报检信息反馈报检人,远程进行的报检。在电子申报下,企业足不出户就可进行网络申报,提高了工作效率,加快了通关速度。

2. 直接申报与委托申报

直接申报也称自理报检,是报检人自行办理报检手续的方式。在直接申报下,报检单位须在商检备案,商检机构颁发备案证书。

委托申报也称代理报检,是在商检注册的企业接受委托,为发货人办理报检的方式。在委托申报下，企业没办自理报检手续的，需向代理报检机构提交报检委托书(见二维码)。

3. 口岸报检与非口岸报检

(1) 口岸报检。口岸报检一般是指货物在沿海附近，卖方直接通过口岸海关商检机构办理报检，装运前登录国际贸易单一窗口，向海关商检部门提交检验申请，输入报检信息，单击"报检"，得到一个电子底账号(报关用)，同时卖方约请口岸海关商检人员检验合格后，单一窗口下面会有个流程显示检验检疫合格。

(2) 非口岸报检。非口岸报检一般是指货物存放内地，卖方向产地海关商检部门报检，登录单一窗口填写报检信息，得到电子底账号，检验合格后，窗口显示检验检疫合格，凭以办理在口岸报关。

实施电子转单后，出口货物(除危险品外)在产地完成检验检疫后，即直接向口岸机构发送换证凭单电子信息，商检的通关单数据传到海关系统，与报检数据对比确认相符合的，海关予以放行。

二维码——
报检委托书

(三) 出口报检流程(扫描二维码可查看)

出口单位按照《中华人民共和国商品检验法》规定，在报关或装运前7天登录国际贸易单一窗口输入报检信息，办理报检，同时打印出境货物报检单。对检验周期长的货物，卖方应留有检验时间；对于需要隔离的动物，出境前60天预报，隔离前7天报检。报检货物必须是包装完毕的整批货物。一般情况下，检验人员要到工厂实地抽检，检验后，两天内检验机构出具检验报告，卖方缴纳商检费用。

图11.2为检验人员在生产车间的抽检。

图11.2　检验人员在生产车间抽检

卖方约请商检机构，检验合格后，加盖检验检疫专用章，海关凭以放行。按照规定，对于一般货物，卖方须在电子底账号码给出后60天内装运出口；对于鲜活商品，2周内装运出口；对于植物类商品，3周内装运出口。逾期未装运的，重新检验方可出口。

出口企业必须到货物产地商检机构报检，如果是异地报关，可由产地商检机构出具电子转单凭条或换证凭单，发货人持单到离境口岸换证。查验合格后，海关凭以报关和验放货物。

(四) 出境货物报检单示例及填写要点

1. 出境货物报检单示例(见示例11.3)

示例11.3　出境货物报检单

中华人民共和国出入境检验检疫申请				
报检单位(加盖公章)：				*编　号
报检单位登记号：	联系人：	电话：	报检日期：	年　月　日

发货人	(中文)
	(外文)

收货人	(中文)
	(外文)

货物名称(中/外文)	H.S. 编码	产地	数/重量	货物总值	包装种类及数量

运输工具名称号码		贸易方式		货物存放地点	
合同号		信用证号		用途	
发货日期		输往国家(地区)		许可证/审批号	
起运地		到达口岸		生产单位注册号	
集装箱规格、数量及号码					

合同、信用证订立的检验检疫条款或特殊要求	标记及号码	随附单据(画"√"或补填)	
		□合同	□包装性能结果单
		□信用证	□许可/审批文件
		□发票	□
		□换证凭单	□
		□装箱单	□
		□厂检单	□

(续表)

需要证单名称(画"√"或补填)				*检验检疫费	
□品质证书	__正__副	□植物检疫证书	__正__副	总金额	
□重量证书	__正__副	□熏蒸/消毒证书	__正__副	(人民币元)	
□数量证书	__正__副	□出境货物换证凭单	__正__副		
□兽医卫生证书	__正__副	□		计费人	
□健康证书	__正__副	□			
□卫生证书	__正__副	□		收费人	
□动物卫生证书	__正__副	□			
报检人郑重声明: 1. 本人被授权报检。 2. 上列填写内容正确属实,货物无伪造或冒用他人的厂名、标志、认证标志,并承担货物质量责任。 签名:_____				*领取证单	
				日期	
				签名	

注：有"*"号栏由海关出入境检验检疫机关填写。

2. 出境货物报检单填写要点

(1) 发货人委托他人代理报检时,应加附报检委托书原件。

(2) 由海关出入境检验检疫机构签发的证书为全国统一格式,如接受国外提出的其他格式,需经由海关出入境检验检疫机构同意,并在报检单中注明。

(3) 保证检验机构有必要的检验出证时间,每份报检申请限报一批货物,凭样成交的,应提供成交样品。

(4) 法检货物应提交"出境货物运输包装性能检验结果",企业凭其在原产地办理报检手续。

四、租船订舱

(一) 订舱概述

由于贸易条件不同,海运出口货物的运作程序也有所差别。按照FOB条件成交的,卖方不负责运输;按照CFR条件成交的,卖方无须办理保险;按照CIF条件成交的,卖方既要订舱,又要办理保险。这里仅讲述CIF条件下的班轮装运程序。此种班轮装运程序为报检、订舱、投保、货物集港、报关、装船、支付运费、发装船通知。

对于数量大、需整船装运的货物,要办理租船手续;对于数量不够整船运输的货物,办理班轮订舱手续。我国进出口货物绝大多数采用班轮运输,托运人(shipper)(进出口单位)订舱时要与承运人(carrier)或者货运代理(shipping forwarder)取得联系。海运时,承运人指的是船公司、船方代理;货运代理是接受委托,办理货物运输事宜的当事人。货主的代理即为"货代";承运人的代理即为"船代"。他们掌握运输动态,将小票货物从不同货主手里集中起来向船公司订舱。船公司愿意支付佣金给货代以求货源稳定，企业也乐于寻求货代，免去繁杂的订舱事宜。订舱时，出口企业通常要找在商务部备案的国际货运代理。

(二) 订舱流程

下面就班轮订舱流程(见图11.3)予以介绍。

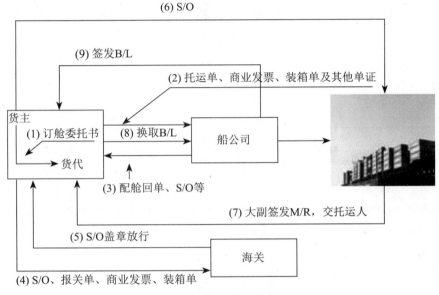

图11.3　订舱装运流程

(1) 出口企业填写订舱委托书(见示例11.4)，随附发票、箱单，委托货代订舱。

(2) 货代接受订舱委托后，缮制托运单，附上商业发票、装箱单等，向船公司订舱。

(3) 船公司确认装运船舶后，将其中的配舱回单、装货单(shipping order, S/O)退还货代。

(4) 卖方凭装货单(下货纸)办理报关手续。

(5) 海关放行。

(6) 船公司凭海关放行的装货单(S/O)装货。

(7) 装货后，大副签发大副收据(收货单M/R)——船公司签发给货主标明货已装妥的临时收据，交给货代。

(8) 货代持大副收据向船公司换取正本提单(B/L)。

(9) 船公司将正本提单交给货代，由其代交托运人办理结汇。

发货人收到货代转来的装货单(见示例11.5)及送货通知(送货时间、入港时间、场地联系人、电话、船名、提单号、箱型、箱量等)后，在规定期限内，将货送到港区货场。现在很多货代实行网上订舱。

租船订舱内容扫描二维码可查看。

二维码——租船订舱

示例11.4 订舱委托书

订舱委托书		委托编号		商业发票号	
		开户行		银行账号	
托运人		合同号			
		信用证号			
		国外银行			
收货人		贸易性质		支付方式	
		贸易国别		消费国别	
通知人		装运港		目的港	
		可否转运		可否分批	
运费支付方式		装运期限		转运港	
				价格条款	

唛头	品名规格及货号	包装种类	包装件数	每件细数	计价数量	单位	单位体积	毛重	净重	单价	总值
											FOB价

特别要求		总体积			
	保险单	险别			
		保额			
		赔款地点			
备注	货柜种类： 货柜数量： 所需单据：	提单份数		正本　　副本	
		海关编号			
		委托日期			
		制单员		电话/传真/电子邮件	

示例11.5 装货单

中国外轮代理公司
CHINA OCEAN SHIPPING AGENCY
装 货 单
SHIPPING ORDER

S/O NO._____

船名　　　　　　　　　　　　航次　　　　　　　　　　　目的港
Vessel Name_____　Voy._____　For_____

托运人
Shipper_____

受货人
Consignee_____

通知
Notify_____

(续表)

兹将下列完好状况之货物装船后希签署收货单 Receive on board the undermentioned goods apparent in good order and condition and sign the accompanying receipt for the same.				
标记及号码 Mark & Nos.	件数 Quantity	货物描述 Description of Goods	毛重/千克 Gross Weight in Kilos	尺码 Measurement
共计件数(大写) Total Number of Packages in Writing				

日期　　　　　　　　　　时间
Date_____　　Time_____
装入何仓_____
实收_____
理货员签名　　　　　　　　经办员
Tallied by _____　Approved by _____
注：装货单是船公司或其代理向船上负责人(船长或大副)和集装箱装卸作业区签发的通知其装货的指示文件

五、货物集港

货物集港就是把货物运往出口装货场地，如港口、机场、车站等。集港过程中，应合理安排流向，选择从产地到出口地的最便捷的运输途径。如果工厂有送货的服务(明示在购货合同中，以免发生纠纷)，就让其送货；如果货物不耐摔，最好用集装箱到工厂仓库装货，但出口公司要负责拖柜费。货物运到装货地不能马上运出，应送入仓库妥善保管，但应尽量减少仓储时间，一般装运前3～5天到港即可。出口公司应及时与外运公司联系，使货物尽快装运出口，以节省仓储费用(出口公司支付)。

订舱装运内容扫描二维码可查看。

二维码——
订舱装运

六、出口报关

报关是指进出口企业在货物进出关境时通过国际贸易单一窗口向关境地海关申报货物内容，按照规定缴纳关税并申请海关查验放行的行为。

(一) 出口报关的方法

现在出口报关都在国际贸易单一窗口上进行。企业登录单一窗口，输入相关报关信息和电子底账账号，上传订舱委托书、报关单、装货单、发票、装箱单、合同、出口许可证(如需要)、原产地证、商检证、环保证、监管证明、机电产品登记表、重要工业品登记表、信用证副本等扫描件，随申报一起报给海关，单击"报关"，几分钟后获得入库回执(即申报已传到海关内网系统)，再过4~5分钟会传回一个经海关电子审结的回执(表明单证信息没问题，海关审结放行)，企业把回执打印盖章，通关完成。

报关一般经过三个环节：申报、查验、放行。海关接受申报后，核查报关单证内容与货物相符后，在装货单上加盖海关放行章(有的电子签章放行)，方可装船。

(二) 报关单填制项

报关单填制项包括下列内容：*预录入编号、*海关编号、出口口岸、备案号、出口日期、申报日期、经营单位、运输方式、运输工具名称、提运单号、发货单位、贸易方式、征免性质、结汇方式、许可证号(需要时填写)、运抵国(地区)、指运港、境内货源地、批准文号、成交方式、运费、保费、杂费、合同协议号、件数、包装种类、毛重(千克)、净重(千克)、集装箱号、随附单据、生产厂家、标记唛码及备注、项号、商品编号、商品名称、规格型号、数量及单位、最终目的国(地区)、单价、总价、币制、*征免、*税费征收情况、报关员、单位地址、邮编、电话、申报单位、填制日期、海关审单批注及放行日期(有"*"号者为海关填写项目。不同合同的货物，不能填写在一张报关单上)。具体填制信息详见海关总署公告2019年第18号《关于修订<中华人民共和国海关进出口货物报关单填制规范>的公告》。出口报关单填制规范扫描二维码可见。

出口货物报关单(见二维码)是出口企业在装运前向海关申报出口许可的一份单据，是海关征税的凭证，是国家法定统计资料的来源。

二维码——出口报关单填制规范

二维码——出口货物报关单式样

七、出口投保

在CIF条件下，卖方订妥舱位后，为保证货物在运输途中遇到意外事故时能得到补偿，应向保险公司办理货运保险，但应在报关结束之后办理。投保流程如下：填制"海运出口货物投保单"送交保险公司审核，无误后保险公司发承保回执，列明保单号码、保单日期并收取保险费，打印保险单送交投保人。业务中也有一种做法，即经常出口的企业购买空白保险单，自行填写后经保险公司盖章确认即完成投保手续。保险单是卖方议付的重要单据之一。出口企业利用电子方式进行投保也比较常见。例如，利用中国人民保险公司推出的货运险电子商务系统(e-Cargo)，进行双向传递。投保流程如下：单击"保险实务"的"进出口货运险投保"，即进入投保页面，客户端投保人可以接收业务管理端发来的信息，如"投保单审核通过""投保单需要修改"等信息，并可以查看相关详情，通过单击"打印保单"生成正式保单。

投保后，根据保险习惯，如果货物所有权转移，保险单也随之转让，无须保险公司同意。保险单转让必须在货权转让之前或同时进行。如果货权已经转移，再办理保险，这种保单转让无效(此时被保险人已丧失物权，无可保利益)。所以在CIF条件下，卖方保单日期不得晚于提单日期。在CFR条件下，卖方装货时必须通知买方，以便其在装船完毕前办理保险。

按FOB或CFR术语成交的，货物从仓库到装船这段时间内，需自行安排保险事宜，以便发生货损时保险公司给予赔偿；或者将内陆运输与海洋运输一并投保，注明内陆至港口起讫地点即可。

如信用证的保险险别要求超过合同保险条款的范围，保险公司可加费承保，保单按信用证规定开立；还可将不符点控制在保险条款范围之内；抑或要求客户改证。

八、装运及通知

(一) 装运

出口企业拿到海关放行的装货单后，与港方仓库、货场及理货员办妥交接手续；集装箱装卸区根据装货情况，将出运的箱子调整到集装箱码头前方堆场，待船靠岸后，理货员代表船方组织装卸人员按照积载图(stowage plan)和装货清单(舱单)按票接货装船，并做舱内堆码、隔垫加固工作。卖方可现场监装，对临时出现的问题及时解决，出现舱容紧张、配货多的情况，应与船方协商，尽量利用舱容，避免退关。装船后，理货组长与大副共同签署"收货单"(mate's receipt，即大副收据，见示例11.6)。理货员如发现某批有缺陷或包装不良，即在收货单上批注，并由大副签署，以确定船货双方的责任。但作为托运人，应尽量争取收货单上无不良批注，以取得清洁提单；如有不良批注(包装不良需换货)，应设法消除，然后换取清洁已装船正本提单。

示例11.6　收货单

<table>
<tr><td colspan="4" align="center">中国外轮代理公司
CHINA OCEAN SHIPPING AGENCY
收　货　单
MATE'S RECEIPT</td></tr>
<tr><td colspan="4">　　　　　　　　　　　　　　　　　　　　　　　　　　　S/O NO._____
船名　　　　　　　　　　　航次　　　　　　　　　　　目的港
Vessel Name_____Voy._____For_____
托运人
Shipper_____
受货人
Consignee_____
通知
Notify_____
下列完好状况之货物业已收妥无损
Received on board the following goods apparent in good order and condition:</td></tr>
<tr><td>标记及号码
Mark & Nos.</td><td>件数
Quantity</td><td>货物描述
Description of Goods</td><td>毛重/千克
Gross Weight in Kilos</td><td>尺码
Measurement</td></tr>
<tr><td colspan="3">共计件数(大写)
Total Number of Packages in Writing</td><td colspan="2"></td></tr>
<tr><td colspan="5">日期　　　　　　　　　　　时间
Date　　　　　　　　　　　Time
装入何仓
Stowed_____
实收
Received_____
理货员签名　　　　　　　　大副
Tallied by _____Chief Officer_____</td></tr>
</table>

(二) 发装运通知

装船后应立即向买方发出装运通知(shipping advice)，内容包括信用证或合同号码、品名、数量、金额、船名、装运日期、毛净重、体积等，以便买方付款赎单、办理报关接货。在FOB、CFR术语下，卖方应及时发出装运通知，便于买方投保。如果未及时发出装运通知，会给买方带来延迟提货、仓储费用增多等问题。

九、制单结汇

装运后,卖方按照规定缮制单据,在交单期内,递交银行办理结汇。卖方通过银行收款时(CIF条件下),需要在提单和保单上背书,以便将权利转让给银行。

(一) 出口结汇方法

结汇是将所收外汇按售汇之日外汇牌价的买入价卖给银行。我国出口结汇方法有以下三种。

1. 收妥结汇

收妥结汇是议付行审查单据无误后,向国外银行寄单索汇,待收到货款拨入议付行账户的贷记通知书(credit note)后,再按当日外汇牌价,折成人民币拨卖方账户的方法。

2. 押汇

押汇又称买单结汇,是议付行在相符交单情况下,买入卖方跟单汇票,从票面额中扣除利息,将余款按议付日外汇牌价折成人民币拨给卖方的方法。押汇单据必须有保险单,否则银行不予受理。

3. 定期结汇

定期结汇是出口地银行根据向国外付款行索偿所需时间,预先确定一个固定的结汇期限(比如7~15天),到期后主动将票款金额折成人民币拨交卖方的方法。

上述三种结汇方法,只有押汇才是真正意义上的议付。

(二) 对单据的要求及其不符点的处理

开证行审核相符交单后,才能付款。为此,出口交单必须做到单据的份数和种类与规定相符,不可短少;单据内容必须正确、完整,做到单证一致,单单一致,单货一致;交单时间必须在规定的交单期和有效期内;单据少用校对章。

出现单证不符情况时,首先要争取时间修改更换。如果来不及修改,视情况选择做出处理。

1. 卖方处理单据不符点的办法

(1) 表提。表提也称担保结汇,即单据出现不符点时,受益人可以向议付行书面提出并出具保函,担保日后遭到开证行拒付时自己承担后果。这种办法适用于不符点情况不严重,或者事先通过买方确认可以接受的情形。

(2) 电提。电提又称电报提出,即出现单证不符时,议付行先向开证行列明不符点情况,待开证行同意后再将单据寄出。如买方同意,开证行授权议付,出口地银行立即寄单收汇;如买方不同意,卖方可及时处理途中货物。

(3) 跟单托收。议付行不同意表提或电提时,卖方只能采用托收方式收款,这时进口地银行不承担付款责任。

无论是采用表提、电提还是跟单托收方式，信用证受益人都失去了开证行的付款保证，信用证的银行信用变成了商业信用。

2. 卖方应对开证行拒付的措施

(1) 甄别拒付的合理性。卖方遇到拒付情况，要与议付行一起认真审核不符点，看其是否成立。比如，是否以单据以外的理由拒付、是否对单据无端挑剔、是否是经得起推敲的不符点、是否在5个工作日内提出、是否一次性提出等。

(2) 改单或换单。可行性高的情况下，研究是否可以改单或换单。

(3) 密切注意货物下落。通过当地货代，与目的港货代联系，控制物权，防止买方提货。

(4) 积极与客户取得联系。如果货物品质过关、市价良好，那么客户可能支付不符点货款，因此要积极说服客户接受不符点单据。

(5) 降价或另寻买主。尽量说服客户付款赎单，实在不行可答应降价要求，或者联系新的买主。

(6) 退单退货。万不得已的情况下再这样做。

(三) 缮制结汇单据

结汇单据主要有汇票、发票、装箱单、提单、保险单、原产地证明书、海关发票、商检证书、受益人证明/声明、装船通知等。根据业务需要酌情选用结汇单据。

1. 汇票

汇票(draft，bill of exchange，见单据11.1)是卖方的收款工具，不得涂改。一般议付信用证要求提供汇票，付款信用证和延期付款信用证不要汇票。汇票内容包括汇票号码；汇票金额(小写)；汇票日期和地点；汇票期限；收款人(payee)；汇票金额(大写)；出票条款；付款人(payer，drawee)；出票人(drawer)。汇票填制方法扫描二维码即可查看。

单据11.1　汇票

```
No.
Exchange for
At_____after sight of this  First of Exchange (Second of the same tenor and date
unpaid) pay to the order of _____.
    The sum of



    Drawn under


To:
                                                            盖章
```

2. 发票

结汇的发票种类很多，有商业发票，还有海关发票、领事发票、厂商发票、形式发票等。

(1) 商业发票。商业发票(commercial invoice，见单据11.2)简称发票，它是卖方开给买方载有货物品名、货号、规格、数量、价格、包装、结算等内容的清单，是双方交接货物、结清货款的主要单证，是出口报关和进口征税的依据，也是索赔、理赔依据。发票价值不能低于货物实际价格。在国际贸易中，其他单据均参照发票内容缮制。

二维码——
发票填制方法

单据11.2　商业发票

EXPORTER/SELLER/BENEFICIARY		发票	
TO: MESSRS			
SHIPMENT FROM	INVOICE NO.		DATE
TO	DOCUMENTARY CREDIT NO.		
BY	CONTRACT NO./SALES CONFIRMATION NO.		
VESSEL/FLIGHT/VEHICLE NO.	TERMS OF DELIVERY AND PAYMENT		
B/L NO.			
SHIPPING MARKS	DESCRIPTION (NOS. & KIND OF PKGS)	QUANTITY	UNIT PRICE	AMOUNT

(续表)

```
                                          _____
                                          STAMP OR SIGNATURE
```

(2) 海关发票。海关发票(customs invoice)是某些国家在进口货物时必须提供的由海关制定的一种特定格式和内容的发票。业务中，海关发票由买方提供，卖方按要求填写。海关发票可作为结汇单据。它主要作为审查原产地、估价完税、征收差别关税或反倾销税的依据，此外还供编制统计资料之用。海关发票主要有多种，如加拿大海关发票(Canada customs invoice)；美国海关发票 (special customs invoice)，包括Form 5515(适用于服装等一般货物)、Form 5520(钢铁特殊简易发票)、Form 5523(适用于鞋类)。填写时，海关发票的内容要与商业发票一致。"出口国国内市场价格"一栏是征收反倾销税的依据，这个数据相对要低一些。如价格为CIF条件，应列明FOB价、运费、保险费，三者总和与CIF货值相等。签字及证明人以个人身份出现，个人手签有效。

(3) 领事发票。领事发票(consular invoice)与海关发票作用相似。拉丁美洲国家、菲律宾等国规定，凡运往该国的货物，卖方必须提供领事发票。领事馆会根据进口货值收取费用。如果当地没有领事馆，不能接受领事发票。

(4) 厂商发票。厂商发票(manufacturer's invoice)是由供货商出具的证明国内出厂价格的发票。

(5) 形式发票。形式发票(proforma invoice)可用于签约后买方申领进口许可证、申请批汇、开证等，也可代替报价或合同，还可用于对报关要求不严的货物(如印刷品、样品)。

此外，还有钱货两讫发票 (receipt invoice)、样品发票(sample invoice)、寄售发票(consignment invoice)等。

3. 装箱单、重量单和尺码单

这几种单据是货物的不同包装规格、不同花色、不同体积和不同重量逐一分类说明的单据。卖方报关时需要提交装箱单(见单据11.3)、重量单或尺码单，这些单据也常常作为结汇单据。

单据11.3 装箱单

EXPORTER/SELLER/BENEFICIARY	装箱单 PACKING LIST	
TO:MESSRS		
SHIPMENT FROM	INVOICE NO.	DATE
TO	DOCUMENTARY CREDIT NO.	
BY	CONTRACT NO. /SALES CONFRIMATION NO.	
VESSEL/FLIGHT/VEHICLE NO.	B/L NO.	
SHIPPING MARKS	DESCRIPTION(NOS. & KIND OF PKGS)	QUANTITY	MEASUREMENT	G.W. KGS	N.W.KGS

STAMP OR SIGNATURE

作为发票的补充,装箱单便于买方核对货物品种、花色、尺寸、规格和海关查验货物。装箱单(packing list; packing specification)侧重表示包装情况,重量单(weight list)侧重说明重量,尺码单(measurement list)着重体积描述。

(1) 装箱单缮制要求。首先,要有装箱单名称。按照信用证要求缮制,如果要求"中性包装单",则名称打"packing list",但是单内不打卖方名称,不能签章。其次,要有品名、规格、唛头、箱号、种类,且要与发票一致。在单位包装货量或品种不固定的情况下,需注明每个包装件的包装情况,因此包装件应编号。例如,Carton No. 1-5:...;Carton No. 6-10:...

(2) 重量单缮制要求。重量单应注明每个包装件、每个货物类别的毛重、净重、皮重及总重。例如:

Case No.	Size(mm)	G.W(kgs)	N.W(kgs)	Tare(kgs)
1/50	57	@60/3000	@50/2500	@10/500
51/80	58	@63/1890	@52/1560	@11/330
81/100	55	@58/1160	@48/960	@10/200
总计1/100		6050	5020	1030

(3) 尺码单缮制要求。尺码单将货物每个包装箱尺寸作重点说明,尺码用公制表示。例如:

500 Cartons of toilet shampoo

package	quantity	measurement
500Ctns	@32 bottles/16 000 bottles	@75cm×53cm×35cm/69.562m^3

4. 海运提单

海运提单(bill of lading)(见单据11.4)是承运人签发的货物收据,是物权凭证,也是船方凭以交出货物的依据。

海运提单填制方法扫描二维码即可查看。

二维码——
海运提单填制方法

单据11.4 海运提单

Shipper ② 托运人		B/L No. ① 提单号码	
Consignee or order ③ 收货人或指示 To order		中国对外贸易运输总公司 **CHINA NATIONAL FOREIGN TRADE TRANSPORTATION CORP.** 海运提单 **OCEAN BILL OF LADING** SHIPPED on board in apparent good order and condition (unless otherwise indicated) the goods or packages specified herein and to be discharged at the mentioned port of discharge or as near thereto as the vessel may safely get and be always afloat. The weight, measure, marks and numbers, quality, contents and value, being particulars furnished by the Shipper, are not checked by the Carrier on loading. The shipper, Consignee and the Holder of this Bill of Lading hereby expressly accept and agree to all printed, written or stamped provisions, exceptions and conditions of this Bill of Lading, including those on the back hereof. IN WITNESS where of the number of original Bills of Lading stated below have been signed, one of which being accomplished the other(s) to be void.	
Notify address ④ 被通知人			
Pre-carriage by ⑤ 前程运输	Port of loading ⑥ 装运港		
Vessel ⑦ 船名	Port of transshipment ⑧ 转运港		
Port of discharge ⑨ 卸货港	Final destination ⑩ 最后目的地		
Container No./ seal No. or marks and Nos. ⑪ 集装箱号或唛头号	Number and kind of package: description of goods ⑫ 货物的件数、包装种类和货物描述	Gross weight (kgs) ⑬ 毛重	Measurement (m³) ⑭ 尺码

(续表)

Freight and charges ⑮ 运费和费用 Freight prepaid (CIF CFR) Freight collected (FOB)			REGARDING TRANSHIPMENT INFORMATION, PLEASE CONTACT ⑯ 转船信息
Ex. rate	Prepaid at ⑰ 运费预付地	Freight payable at ⑱ 运费支付地	Place and date of issue ⑲ 签单地点和日期
	Total prepaid ⑳ 全部预付	Number of original Bs/L ㉑ 正本提单份数	Signed for or on behalf of the Master ㉒ 承运人或船长的签名 As Agent

5. 保险单据

保险单据有两种形式：保险单和保险凭证。

(1) 保险单(insurance policy或policy，见单据11.5)，俗称大保单，是保险公司与投保人(被保险人)之间订立的保险合同。保险单内容除载明被保险人、保险标的、运输工具、险别、起讫地点、保险期限、保险价值和保险金额等项目外，还有保险人责任范围及保险双方权利义务条款。如需要对保险单增补或删减时，可在保单上加贴条款或加注字句，加盖骑缝章。被保险人可以空白背书转让保险单。保险单是向保险公司索赔的凭证，也是保险公司理赔的依据，是押汇的单证之一。在CIF术语下成交的合同中，保险单是卖方必须提供的单据。保险单填制方法扫描二维码即可查看。

二维码——
保险单填写方法

(2) 保险凭证(insurance certificate)，俗称小保单，是保险公司签发的证明货物投保和保险合同生效的文件，具有与保险单同等的效力。

单据11.5 保险单

中国人民保险公司
THE PEOPLE'S INSUREANCE COMPANY OF CHINA
总公司设于北京 一九四九年创立
HEAD OFFICE: BEIJING ESTABLISHED 1949

保 险 单
INSURANCE POLICY
No. 002207

　　中国人民保险公司(以下简称本公司)根据被保险人的要求由被保险人向本公司缴付约定的保险费,按照本保险单承保险别和背面所载条款与下列特款承保下述货物运输保险,特签发本保险单。
THIS POLICY OF INSURANCE WITNESSES THAT THE PEOPLE'S INSURANCE COMPANY OF CHINA (HEREINAFTER CALLED "THE COMPANY"). AT THE REQUEST OF THE INSURED AND IN CONSIDERATION OF THE AGREED PREMIUM BEING PAID TO THE COMPANY BY THE INSURED. UNDERTAKES TO INSURE THE UNDERMENTIONED GOODS IN TRANSPORTATION SUBJECT TO THE CONDITIONS OF THIS POLICY AS PER THE CLAUSES PRINTED OVERLEAF AND OTHER SPECIAL CLAUSES ATTACHED HEREON.

发票号/Invoice No.:　　　　　　　　　　　　保险单号/Policy No.:

被保险人/Insured:

自/From:
至/To:
装载输工具/Per conveyance S.S.:

起运日期/Slg. on or abt.:　　　　　　　保费/Premium as arranged:
　　　　　　　　　　　　　　　　　　　费率/Rate as arranged:

赔款地点及币别/Claim payable at:
签单地点/Issuing place:　　　　　　　　签单日期/Issuing date:

标记/Marks & Nos.:	保险货物项目/Descriptions of Goods:	数量及包装/Quantity:	保险金额/Amount insured:

总保险金额/ Total amount insured:

(续表)

```
承保险别/Conditions:




所保货物，如遇风险，本公司凭本保险单及其有关证件给付赔款。
所保货物，如发生保险单项下负责赔偿的损失事故，应立即通知本公司下述代理人查勘。
CHAIMS, IF ANY, PAYABLE ON SURRENDER OF THIS POLICY TOGETHER WITH OTHER RELEVANT DOCUMENTS. IN THE EVENT OF ACCIDENT WHEREBY LOSS OR DAMAGE MAY RESULT IN A CLAIM.
UNDER THIS POLICY IMMEDIATE NOTICE APPLYING FOR SURVEY MUST BE GIVEN TO THE COMPANY'S AGENT AS MENTIONED HEREUNDER:

                    中国人民保险公司吉林省分公司
                    THE PEOPLE'S INSURANCE CO. OF CHINA
                              JILIN BRANCH
                    8, XIAN ROAD, CHANGCHUN, CHINA
                TLX: 83005 PICJB CN  CABLE: 42001 CHANGCHUN


                              MANAGER
```

6. 原产地证明书

原产地证明书(certificate of origin，简称"产地证")是一种证明货物原产地或制造地的证件，是实行差别关税、控制进口配额的依据。在我国，原产地证明书由中国海关所属国家出入境检验检疫机构或中国国际贸易促进委员会(China Council for the Promotion of International Trade，CCPIT)签发。

办证流程如下：注册申请—注册考核—颁发注册证书—电子申报(国际贸易单一窗口)—电子审核—签发证书。

申请原产地证明书通过网上传输申请书一份(扫描二维码可见)，经签证机关核对通过后，发电子签证回执单，经办人持产地证明书及相关单据前往商检交款后缮打产地证，签字盖章后成为有效结汇单据。不使用海关发票或领事发票的国家，通常要求出口商提供产地证。

二维码——
产地证书申请书

原产地证明书通常包含以下几种。

(1) 一般原产地证明书。

一般原产地证明书(见单据11.6)是证明货物原产于某一定国家或地区，享受进口国正常关税(最惠国)待遇的证明文件。该证书由中国国际贸易促进委员会(CCPIT)或各地海关所属出入境检验检疫机构签发。

单据11.6　一般原产地证

ORIGINAL

1. Exporter	Certificate No. CERTIFICATE OF ORIGIN OF THE PEOPLE'S REPUBLIC OF CHINA	
2. Consignee		
3. Means of transport and route	5. For certifying authority use only	
4. Country/region of destination		
6. Marks and numbers	7. Number and kind of packages; description of goods	8. H.S.Code	9. Quantity	10. Number and date of invoices

(续表)

11. Declaration by the exporter The undersigned hereby declares that the above details and statements are correct, that all the goods were produced in China and that they comply with the Rules of Origin of the People's Republic of China. -- Place and date, signature and stamp of authorized signatory	12. Certification It is hereby certified that the declaration by the exporter is correct. -- Place and date, signature and stamp of certifying authority

(2) 普惠制原产地证明书(A格式)。

普惠制原产地证明书(A格式)(见单据11.7),英文为"Generalized System of Preferences Certificate of origin Form A",是货物出口到给惠国时,享受在最惠国税率基础上减免关税的官方凭证。普惠制原产地证明书填制方法扫描二维码可见。

二维码——普惠制产地证书填制方法

单据11.7　普惠制原产地证书(A格式)

1. Goods consigned from (Exporter's business name, address, country)	Reference No. GENERALIZED SYSTEM OF PREFERENCES CERTIFICATE OF ORIGIN (Combined declaration and certificate) FORM A THE PEOPLE'S REPUBLIC OF CHINA Issued in＿＿＿＿＿＿＿＿＿＿＿＿＿＿＿ (country) See Notes overleaf
2. Goods consigned to (Consignee's name, address, country)	
3. Means of transport and route (as far as known)	4. For official use

(续表)

5.Item number	6. Marks and numbers of packages	7. Number and kind of packages; description of goods	8.Origin criterion (see Notes overleaf)	9. Gross weight or other quantity	10. Number and date of invoices
11. Certification It is hereby certified, on the basis of control carried out, that the declaration by the exporter is correct. -- Place and date, signature and stamp of certifying authority			12. Declaration by the exporter The undersigned hereby declares that the above details and statements are correct, that all the goods were produced in _____CHINA_____ (country) and that they comply with the origin requirements specified for those goods in the Generalized System of Preferences for goods exported to -- (importing country) -- Place and date, signature and stamp of authorized signatory		

(3) 区域性经济集团互惠原产地证书。

该类证书是协定国之间互惠减免关税的官方凭证。目前与我国相关的区域性经济集团互惠原产地证书有中国—东盟自由贸易区原产地证明书(FORM E)、亚太贸易协定原产地证明书、中国与巴基斯坦优惠贸易原产地证明书、中国—智利自由贸易区原产地证明书(FORM)等(扫描相应二维码可见)。上述产地证的签订可降低进口关税。更多产地证图示可在商务部贸易单证指南上查询。

| 二维码——中国—东盟FORM E | 二维码——亚太贸易协定产地证 | 二维码——中国—巴基斯坦优惠贸易安排原产地证明书 | 二维码——中国—智利自由贸易区原产地证明书 | 二维码——商务部贸易单证指南 |

7. 检验证书

检验证书(inspection certificate，见单据11.8)是有关货物品质、数量和卫生条件的证书。检验证书由国家海关出入境检验检疫机构出具。

单据11.8　检验证书

```
            CIQ 中华人民共和国出入境检验检疫
         ENTRY-EXIT INSPECTION AND QUARANTINE
             OF THE PEOPLE'S REPUBLIC OF CHINA

                              编号：     No.:        日期：
发货人
Consignor_____
收货人
Consignee_____
品名                              标记及号码
Description of Goods_____ Mark & No._____
报检数量/重量
Quantity/Weight Declared_____
包装种类及数量
Number and Type of Packages_____
运输工具
Means of Conveyance_____
```

填制检验证书的注意事项有以下几点。

(1) 所填日期不迟于提单日期。

(2) 所填发货人(consignor)是卖方，即信用证受益人。

(3) 所填收货人(consignee)是买方，即申请人，或填写"to whom it may concern"("致有关当事人")。

(4) 所填货物的品名、数量、重量、唛头、运输工具要与信用证及其他单据一致。

8. 受益人证明

受益人证明(beneficiary's certificate，见单据11.9)是受益人根据信用证要求缮制的证明货物的品质、唛头、包装标识、装运以及寄单事项的单据。受益人证明主要有装船通知证明、运输证明、价值证明、产地证明、寄单证明、寄样证明等。例如，有时为让买方了解转售货物,附寄少量船样(shipping sample),有的客户要求把寄出船样的邮局收据也作为结汇单据之一。

单据11.9　受益人证明

EXPORTER/SELLER/BENEFICIARY: ABC TRADING CORPORATION 115 Hangzhou Road, Chaoyang District, Changchun China	受益人证明 BENEFICIARY'S CERTIFICATE	
TO:MESSRS DEF INTERNATIONAL TRADING CO. G. street, H box 1234. California U.S.A		
SHIPMENT FROM Dalian	INVOICE NO. A401	INVOICE DATE: MAY 31, 2021
TO New York	DOCUMENTARY CREDIT NO. AB5678	
BY steamer	CONTRACT NO./SALES CONFRIMATION NO. 21JCMA1234	
VESSEL/FLIGHT/VEHICLE NO. President Wilson, 13-H	B/L NO. Y-S-3	

DEAR SIRS,

WE HEREBY CERTIFY THAT THE FOLLOWING DOCUMENTS HAVE BEEN SENT TO YOU BY EMS DATED JUN. 6,2021:

COPY OF BILL OF LADING IN DUPLICATE
COMMERCIAL INVOICE IN DUPLICATE
CERTIFICATE OF ORIGIN
ONE ORIGINAL SURVEY REPORT ON QUANTITY/WEIGHT
TWO COPIES STATEMENTS TO THIS EFFECT HAS BEEN ATTACHED.

ABC TRADING CORPORATION

李琦

填制受益人证明的注意事项有以下几点。

(1) 所填名称要按信用证缮制。

(2) 所填证明内容中的日期应与提单日期、交单期相协调，不能早于提单日期，也不能晚于交单日期。例如，提单日期是2021年5月25日，交单期是6月1日，证明内容是"WE HEREBY CERTIFY THAT ONE SET OF NON-NEGOTIABLE SHIPPING DOCUMENTS HAVE BEEN AIRMAILED TO THE APPLICANT WITHIN 2 DAYS AFTER THE SHIPMENT DATED May 25,2021"，则证明日期不能早于5月25日，也不可晚于6月1日。

(3) 所填内容要根据信用证缮制，所用将来时态要变为完成时态。

(4) 注明出证人的公司名称并签署。

9. 装运通知副本

装运通知副本(COPY OF SHIPPING ADVICE)(见单据11.10)是卖方发货后发给买方的货物装运细节通知。有的信用证要求提交装运通知副本作为议付单据。

单据11.10　装运通知副本

EXPORTER/SELLER/BENEFICIARY: ABC TRADING CORPORATION 115 Hangzhou Road，Chaoyang District，Changchun China		装运通知 SHIPPING ADVICE	
TO:MESSRS DEF INTERNATIONAL TRADING CO. G. street，H box 1234. California U.S.A			
SHIPMENT FROM Dalian		INVOICE NO. A401	INVOICE DATE: 31 MAY 2021
TO New York		DOCUMENTARY CREDIT NO. AB5678	
BY Steamer		CONTRACT NO./SALES CONFRIMATION NO. 21JCMA1234	
VESSEL/FLIGHT/VEHICLE NO. President Wilson, 13-H	B/L NO. Y-S-3		
DEAR SIRS, WE HEREBY INFORM YOU THAT THE GOODS UNDER THE ABOVE MENTIONED CREDIT HAVE BEEN SHIPPED.THE DETAILS OF THE SHIPMENT ARE STATED BELOW.			

(续表)

```
COMMOFITY: WORKING BOOTS
QUANTITY: 4200 CARTONS
AMOUNT:USD957600.00
OCEAN VESSEL: President Wilson,VOY: 13-H
BILL OF LADING NO. Y-S-3
DATE OF DEPARTURE: 31-MAY-2021
PORT OF LOADING: DALIAN
DESTINATION: NEW YORK
SHIPPING MARK: DEF INT TDING CO.
               21JCMA1234
               NEW YORK
               C/NO.1-4200
WE HEREBY CERTIFY THAT THE ABOVE CONTENTS ARE TRUE AND CORRECT.

                                    ABC TRADING CORPORATION
                                    _____
                                            李琦
```

在填制装运通知副本时，其装运日期要按照信用证或合同填写，有时要求告知货物预计到达日期。

十、出口收汇申报与出口退税

(一) 出口收汇申报

2012年8月1日起，国家外汇管理局实行新的出口收汇监控办法，取消出口收汇核销单，对于预收货款的交易，在收到货款后30天之内未装运出口，就要向外汇管理局网上申报，如果没有申报，则属于不正常操作，会降低企业等级。

货物出运之后，30天内要向外汇局网上(外管局专网)申报，如估计90天内不能回款，则要向外管局申报；如果未申报，则需要到外管局现场申报。

(二) 出口退税

出口退税是一个国家为了鼓励出口，将所征税款(国内税)部分或全部退还给卖方的一种制度。出口退税是提高国际竞争能力，避免国际双重征税的有力措施。我国对出口的已纳税产品，在报关离境后，将其生产环节已缴纳的消费税、增值税退还给出口企业，使企业收回投入的流动资金，加速资金周转，降低出口成本，提高企业经济效益。

1. 出口退税的条件

符合出口退税条件的货物，必须是报关离境的货物；必须是财务上作出口销售处理的货物；必须是属于增值税、消费税征税范围的货物。

2. 出口货物的退税率

出口货物退税率是指出口产品应退税额与计算退税的价格比例，它反映出口产品在国内已纳的税收负担。目前，我国出口货物增值税退税率有13%、11%、9%、5%几档。一般加工程度越高，退税率越高，一方面提高中国拥有较多知识产权的IT等产品的出口退税率；另一方面降低或取消了"两高一资"(高能耗、高污染、资源性)产品的出口退税率，其中有1000余种产品降低了出口退税率，有600多种产品取消了出口退税。具体退税率(见二维码)可登录国家税务总局网站查询。

二维码——
出口退税率
列表查询

3. 出口退税申报

出口企业应在出口当月网上向国家税务总局申报出口装运数据；3个月之内申报数据的，不予退税；3个月之内未申报数据的，按内销处理，征收13%增值税。按规定申报数据之后，企业应在半年之内申请退税，最迟不超过1年。退税凭证包括以下几种：报关单；出口发票；远期收汇备案证明；代理出口证明；增值税专用发票；税务局要求的其他凭证。目前，税务局、银行、海关、外管局已经联网，通过单一窗口办理，采集报关单、发票信息进行申报，最后生成申报数据，确保及时退税。

4. 退税审核审批

单一窗口对企业退税申报资料的合法性、准确性进行审查，核实申报数据之间的逻辑对应关系，符合要求的，予以通过。出口企业可以在申报数据状态中查询审批情况。

十一、业务善后

(一) 业务善后函

当卖方交单后，业务进入善后阶段。如买方没有提出异议，说明卖方已得到付款保证。买方接收货物后，交易顺利完成。但如果买方认为货物或单证不符，就会拒付。收到拒付通知后，卖方要确定拒付原因，与银行配合，共同把无法收汇的风险降至最低，同时联系买方，尽量说服对方接受货物。

在善后阶段，业务人员通常就本笔业务的相关情况与客户进行交流，这就涉及撰写业务善后函。业务善后函的作用是总结经验、吸取教训、增进友谊，有利于今后的业务发展。根据情况的不同，业务善后函可分以下两类。

1. 对方接受单据的善后处理

卖方可感谢对方所做努力，对增进双方的了解表示欣慰；也可展望未来，希望继续扩大合作，收到更多订单或借此推荐新产品等。例如：

We are glad to know that the issuing bank has honored our draft against L/C No.AB211234. We hope this deal will be the basis of the further development of our business relationships. We can ensure that you will find the goods shipped to your entire satisfaction. We are looking forward to your repeat orders.

我们很高兴得知开证行已经承兑了我们第AB211234号信用证项下的汇票,我们希望这笔交易将成为我们业务关系进一步发展的基础。我们可以保证你会发现所交付货物一定令贵司完全满意。我们期待您的重复订单。

2. 遭到拒付的善后处理

在业务中,遭到买方拒付是经常遇到的事情。遭到拒付后,卖方应与买方联系,弄清拒付的背景情况,"对症下药"。

对于开证行的拒付,应具体分析,采取相应对策。例如,出现单据不符点时,卖方要配合银行改单,挽回损失。再如,买方为了验货、降价或拖延付款而拒付时,卖方一要据理力争,二要关注货物和买方动向。如果拒付是由于货物品质不好或卖方原因,可适当让步;如果拒付确属买方损害了卖方的利益,除了与银行联系反驳事宜以外,还要向船公司了解买方是否已借单提货。如果已经借单提货,收款的可能性就增大(信用证项下)了,因为提单被拿去提货,开证行已无法退回全套单据,只能全额付款。对于明显超出时限的拒付可以不予理会,许多不符点都是买方或开证行拖延付款时间而已。所以遇到拒付时,不要先否定自己,更不要因为害怕收不到款而草率同意降价要求。

业务中遭到拒付时,卖方处于极为不利的地位。这时,去函语气应诚恳、委婉,并且具有说服力,以赢得买方的谅解,比如回顾双方以往的愉快合作。重要的是,卖方应当强调单证不符点不影响货物的品质,不会对买方的利益造成损害。例如:

We feel deeply sorry for the mistake in our negotiation documents, which is made as a result of our clerk's carelessness. We really hope this incident will not affect negatively our friendly cooperation. We can guarantee that the quality of the goods is exactly in line with the stipulations of the relative contract. Since our goods have been shipped on time, would you be kind to effect the payment through your bank? You may rest assured that such a mistake will never occur again.

我们对议付单据中的错误深感抱歉,这是由于我们职员的粗心大意造成的。我们真诚希望这一事件不会对我们的友好合作产生负面影响。我们可以保证货物的质量完全符合相关合同的规定。由于我们的货物已按时装运,能否请您通过银行付款?你尽管可以放心,这样的错误再也不会发生了。

(二) 出口商理赔函

出口合同履过程中,货物有时因为品质、数量、包装等问题,而遭受买方索赔也时有发生,卖方应认真及时处理,撰写理赔函(见示例11.7)。

在处理违约索赔过程中，首先，审查对方索赔是不是无理要求，做好品质、包装、储存、备货、运输等环节的调研，例如查对货物品质和内容及装船时是否有同样缺陷，通知制造商查询品质记录。之后，分析损失原因，例如，分析是制造过程还是运输作业的不良，或是卖方疏忽所致。最后，分清责任，确定赔付金额与办法。同时，查看对方提交的索赔函件是否超过索赔期限，超过期限的一律不予赔偿；查阅对方出证机构的合法性及商检报告是否有效，证明文件是否齐全。

示例11.7　出口商理赔函

ABC TRADING CORPORATION

115 Hangzhou Road，Chaoyang District，Changchun China

Date：Aug. 8,2021

Dear sirs,

Re: Your Claim No.248

　　With reference to your claim No.248 for 26 cartons of working boots broken. We wish to express our much regret over the unfortunate incident.

　　After a check-up by our staff in New York，it was found that the 26 cartons of working boots broken because the bands didn't hold firm. We apologize for the inconvenience you have sustained and assure you that we shall be careful never to make such a mistake again.

　　In the 26 broken cartons of working boots there are about 15 cartons available for use. So in view of our friendly business relations，we are prepared to compensate for the loss of the broken of 11 cartons of working boots and the packing charges and other additional fees occurred herewith. Enclosed is a check for USD 3000.00 which will cover the whole loss of yours.

　　We trust that the arrangement we have made will satisfy you and look forward to receiving your further orders.

　　Yours faithfully,
　　Huang Helong

先生：
　　关于第248号索赔
　　兹谈及贵方有关26箱工作靴破损的第248号索赔函，我方对这一不幸事件深表歉意。
　　经我方驻纽约人员核查，发现这26箱工作靴破损是由于打包带不牢固所致。很抱歉让贵方蒙受了如此不便，我方保证我们将细心工作，永远不再犯这样的差错。
　　在26箱破损工作靴中，有约15箱可供使用，鉴于我们之间友好的业务关系，我方准备赔偿贵方11箱工作靴的损失及由此而产生的包装费用和其他附加费用。随函寄去面值3000.00美元的汇票一张，以赔偿贵方的全部损失。
　　相信贵方能够对此处理满意，并盼望收到更多的订单。

黄鹤龙谨上

第二节 进口合同的履行

进口交易多数按FOB价格和信用证方式成交,合同履行程序如下:申领许可证(需要的话)、开立与修改信用证、安排运输与办理保险、审单和付款、报检与报关、提货,以及进口索赔等。

一、申领进口许可证

目前,我国仅对小部分商品实行进口许可证管理,企业在商品进口前填报"进口许可证申请表",并持进口配额证明等批件申领许可证。许可证一式四联,用于报关、银行对外付款及发证机构归档备案等。许可证当年有效,跨年使用时延至第2年3月31日,逾期海关不予放行。

目前,进口许可证均可通过商务部许可证局网上申领,程序如下:登录网站,填写提交申请,发证机关审核签署意见,企业登录网站查阅审核意见,通过后将获得一个许可证号,企业持申请表到发证机关领取证书。

二、开证与修改信用证

(一) 信用证的开立

1. 开证程序

(1) 买方申请开证。买方填写开证申请书(application for letter of credit)(见示例11.8)。开证申请书是开证的条件和依据,它包括两部分内容:一是信用证的内容,包括信用证号码、种类、当事人名址、信用证金额和货币、装运期、有效期及到期地点、可否分批和转运、货物描述、单据要求、特殊条款与要求等(申请书正面);二是申请人对银行的声明与承诺,包括同意按照国际惯例办理、接受银行的审查、银行付款后可以主动借记其账户等内容(申请书背面)。

示例11.8 开证申请书

正面：

IRREVOCABLE DOCUMENTARY CREDIT APPLICATION
不可撤销跟单信用证申请书

TO: DATE:

Please issue your Irrevocable Documentary Credit ☐ with brief advice by teletransmission ☐ by airmail ☐ full teletransmission as per followings:

Applicant (Full name and address)	DC No. and Advising Bank (Bank use only)
	Expiry date: **Place for Presentation:**
Beneficiary (Full name and address)	**Amount in figures and words (please use ISO currency code)** **Price term:** ☐ CIF ☐ CFR ☐ FOB ☐ CIP ☐ CPT ☐ FCA
Partial Shipments ☐ allowed ☐ not allowed Transshipment ☐ allowed ☐ not allowed	Credit available with Nominated Bank:_____ ☐ by SIGHT PAYMENT ☐ by DEFERRED PAYMENT at:
Shipment from: For transportation to: Not later than:	☐ by ACCEPTANCE ☐ by NEGOTIATION Against the Documents detailed herein ☐ and Beneficiary's draft(s) at_____ for___% of invoice value
Documents to be presented within__days after the date of shipment but within the validity of the Credit	drawn on the Issuing Bank

Documents required (marked with "×")
☐ Signed Commercial Invoice in__original(s) and____copy(ies) indicating L/C No. and Contract No..
☐ Full set of clean on board ocean Bill of Lading ☐ plus____non-negotiable copy(ies) made out to order and blank endorsed，marked freight ☐ prepaid ☐ to collect，☐ showing freight amount，notifying_____.
☐ Air Waybill in___original(s) ☐ and____copy(ies) showing freight ☐ prepaid ☐ to collect, ☐ indicating freight amount ☐ indicating the actual date of dispatch and consigned to ☐ Applicant ☐ _____.
☐ Railway Bill ☐ Cargo Receipt ☐ Memorandum showing freight ☐ prepaid ☐ to collect ☐ indicating freight amount，and consigned to ☐ Applicant ☐ _____.
☐ Full set of Insurance Policy/Certificate ☐ plus___copy(ies) for___% of CIF or CIP value of the shipped goods，endorsed in blank，showing claims payable in China in currency of the Credit，covering ☐ I.C.C (A), ☐ I.W.C.(Cargo), ☐ I.S.C.(Cargo); ☐ I.C.C (Air), ☐ I.W.C (Air Cargo), ☐ I.S.C. (Air Cargo); ☐ Ocean Marine Transportation All Risks, ☐ War Risks; ☐ Overland Transportation All Risks; ☐ _____.
☐ Packing Listing/Weight Memo in__original(s) and__copy(ies) issued by__, ☐ indicating quantity/gross and net weights of each package and packing conditions.
☐ Certificate of Quantity in__original (s) and__copy(ies) issued by__, ☐ indicating the actual surveyed quantity of shipped goods as well as the packing conditions.
☐ Certificate of Quality in__original(s) and__copy(ies) issued by__.
☐ Certificate of Origin in__original(s) and__copy(ies) issued by__.
☐ Beneficiary's certified copy of Fax/Telex dispatched to Applicant within__days after shipment advising ☐ name of vessel☐ flight No.，☐ wagon No.，quantity，weight，value and date of shipment.
☐ Beneficiary's certificate attesting that the extra copies of documents have been dispatched to Applicant by courier service ☐ within__days after shipment according to the Contract terms，☐ and the relevant courier receipt is required for presentation with other documents.

(续表)

☐ Other documents(if any):	
Description of Goods (and / or Services):	
Additional Instructions (marked with "×") ☐ Beneficiary's Certificate confirming their acceptance and/or non-acceptance of all the amendments made under this Credit quoting the relevant amendment No.. If this Credit has not been amended, such Certificate is not required. ☐ All banking charges outside Issuing Bank are for Beneficiary's account. ☐ All documents to be forwarded in one cover by ☐ courier service ☐ registered airmail. ☐ Both quantity and amount____% more or less are allowed. ☐ Transport documents showing a third party other than Beneficiary as shipper are not acceptable. ☐ Short form B/L is not acceptable. ☐ Documents issued earlier than L/C issuing date are not acceptable. ☐ Issuing Bank's telegraphic transfer charges for payment to be born by Beneficiary. ☐ Other terms, if any:	We hereby undertake and agree that our Commitment Letter overleaf shall apply to this Credit which will be subject to the Uniform Customs and Practice for Documentary Credits, 2007 Revision, ICC Publication No. 600. 我公司承诺并同意本申请书背面我公司的《开证申请人承诺书》适用于申请开立的信用证，该信用证受国际商会第600号出版物《跟单信用证统一惯例》(2007年修订本)约束。 _____ Authorized Signature and Company Stamp of Applicant
	Bank use only
	印鉴核符　　　　　　　备注： 签名：_____

背面：

致：　　　　　　　　银行

　　我公司已依法办妥一切必要的进口手续，兹谨请贵行直接或通过贵行上级依照本申请书所列条款开立第_____号国际货物买卖合同项下跟单信用证，并承诺如下：

　　1. 同意贵行依照国际商会第600号出版物《跟单信用证统一惯例》办理该信用证项下的一切事宜，并同意承担由此产生的一切责任。

　　2. 及时提供贵行要求提供的真实、有效的文件和资料，接受贵行的审查监督。

　　3. 在贵行规定的期限内支付该信用证项下的各种款项，包括货款及贵行和有关银行的各项手续费、利息以及国外受益人拒绝承担的有关银行费用等。

　　4. 在贵行到单通知书规定的期限内，书面通知贵行办理对外付款/承兑/确认迟期付款/拒付手续。否则，贵行有权自行确定对外付款/承兑/确认迟期付款/拒付，并由我公司承担全部责任。

　　5. 我公司如因单证有不符之处而拟拒绝付款/承兑/确认迟期付款时，将在贵行到单通知书规定期限内向贵行提出拒付请求，并附拒付理由书一式两份，一次列明所有不符点，对单据存在的不符点，贵行有独立的终结认定权和处理权。经贵行根据国际惯例审核认为不属可据以拒付的不符点的，贵行有权主动对外付款/承兑/确认迟期付款，我公司对此放弃抗辩权。

　　6. 该信用证如需修改，由我公司向贵行提出书面申请，贵行可根据具体情况确定能否办理修改。我公司确认所有修改当受益人接受时生效。

　　7. 经贵行承兑的远期汇票或确认的迟期付款，我公司无权以任何理由要求贵行止付。

(续表)

8. 按上述承诺，贵行对外付款时，有权主动借记我公司在贵行的账户款项。若发生任何形式的垫付，我公司将无条件承担由此而产生的债务、利息和费用等，并按贵行要求及时清偿。

9. 在收到贵行开出信用证、修改书的副本之后，及时核对，如有不符之处，将在收到副本后两个工作日内书面通知贵行。否则，视为正确无误。

10. 该信用证如因邮寄、电讯传递发生遗失、延误、错漏，贵行概不负责。

11. 本申请书一律用英文填写。如用中文填写而引发的歧义，贵行概不负责。

12. 因信用证申请书字迹不清或词义含混而引起的一切后果均由我公司负责。

13. 如发生争议需要诉讼的，同意由贵行住所地法院管辖。

14. 我公司已对开证申请书及承诺书各印就条款进行审慎研阅，对各条款含义与贵行理解一致。

申请人 (盖章)
法定代表人或授权代理人
年　月　日

同意受理

银行(盖章)

负责人或授权代理人　　年　月　日

申请书填写得准确，可以避免改证。提交申请书时，还要提供合同正本(代理进口协议)、国内销售合同、进口许可证件、购汇申请等资料。之后，提交信用保证金担保或交付开证押金、开证手续费。

(2) 审核开证申请。开证行根据合同并就申请人的资信、经营、外汇使用等进行审核，以确定是否接受。

(3) 对外开证。开证行接受开证申请之后，便可按照"开证申请书"的要求缮制信用证，通过SWIFT传输给通知行，再递交受益人。

2. 申请开证的注意事项

(1) 在合同规定的时间内、开证条件具备后开证。开证过早，虚占进口用汇额度，增加开证费用；开证太迟，卖方可能要延期交货，从而买方要承担违约责任。因此，签订进口合同后，应按开证条件(诸如卖方领到出口许可证，或支付履约保证金，或提供银行保函等)办理开证手续，没有满足条件的，买方不能开证。

(2) 申请要与合同一致。如果不符合同条款，则会增添改证麻烦。

(3) 咨询专家确保无误。填写开证申请时，可请资深专家、金融财务人员以及银行职员帮助审核，避免日后改证，影响合同履行。

(4) 如果信用证增加金额，还要落实相应的保证金。交单期限不要规定太长。对于两地距离较近的贸易，开证时应规定较短的交单期，防止货到港而单据未到银行，买方不能报关，港务部门分流货物，产生疏港费用(集装箱货物)，给买方增添麻烦。

(二) 修改信用证

修改信用证有两种情况：一是买方要求改证；二是卖方要求改证。各有缘由，处理时要谨慎、果断。如果银行出错，也应及时提出，引起银行重视。

1. 买方要求改证

如果信用证内容与开证申请不符，或情况变化导致信用证执行困难，买方就会要求改证，以免问题条款被利用而蒙受损失。如果受益人不同意，买方只能按原证执行。

2. 卖方要求改证

如果发生货源不足、生产出现意外、租船订舱未办妥、买方未按时开证及社会动乱等情况，卖方就会要求改证，例如延展装运期和有效期、变更装运港等。改证会增加费用，还影响合同履行，应尽量避免。

如果卖方改证理由不合理，买方应当拒绝，保持合同的严肃性。例如，非一次性改证要求，不符合惯例规定；再如，FOB条件下变更起运港，而该港设施不良，进港困难。

如果卖方改证理由充分，可同意改证且按银行惯例办理。一旦发出改证通知，买方就要据以执行，同时向有关部门办理"合同更正单"手续，以便按照改证执行。

思考： 合同规定出口某产品500吨，于当年1月30日以前开来信用证，2月15日以前装船。履约时，买方于1月28日开来信用证，有效期到2月10日。卖方意识到信用证有效期超前，无法保证按期装运，便电请客户延展信用证有效期至2月20日。买方发来电报同意，但银行未发改证通知书。卖方2月16日交单后被银行拒付，卖方与买方就此事进行交涉。请问银行拒付是否合理？为什么？

三、安排运输与办理保险

(一) 租船订舱

我国进口采用FOB术语居多，因此我方负责租船订舱。

1. 办理租船订舱手续

买方接到卖方装运日期通知后，即可办理租船订舱手续。在我国，进口企业可以委托中国对外贸易运输公司(外运公司)、中国租船公司或其他货运代理机构代办，在规定时间内提交进口订舱联系单(见示例11.9)即可。

示例11.9　进口订舱联系单

第　　号　　　　　　　　　　　　　　　　　　　　　　年　月　日

货　名(填写英文)			
重　量		尺　码	
合 同 号		包　装	
装 卸 港		交 货 期	
交货条款			
发 货 人名称地址			
发货人传真/网址			
订妥船名		预抵港期	
备　　注		委托单位	联系人
			传真
			电话

注：危险品须注明性能。重大件说明每件重量及尺码。买货条款须详细注明。

2. 发出催装通知

订妥舱位后，及时向卖方发出催装通知(见示例11.10)，将船名、船期通知对方，以便其备货装船。

示例11.10　催装通知

```
FROM:_____                          DATE:_____
TO:_____
DEAR SIRS,
        RE: SHIPMENT OF CONTRACT NO._____
            LETTER OF CREDIT NO._____

WE WISH TO ADVISE THAT THE FOLLOWING STIPULATED VESSEL WILL ARRIVE AT
_____ PORT, ON/ABOUT_____
VESSEL'S NAME:_____ VOY. NO. _____
WE'LL APPRECIATE TO SEE THAT THE COVERING GOODS WOULD BE SHIPPED ON THE
ABOVE VESSEL ON THE DATE OF L/C CALLED.

C.C.
```

对于数量较少的货物，可委托卖方在其当地与我方代理洽定舱位；对于重要或数量多的货物，可委托驻外机构或派员前往出口地，敦促对方按时、按质、按量交货。

我方应及时掌握对方备货、订舱装船情况；装运后，卖方也应及时发出通知，以便我方办理保险和接货。

(二) 办理保险

在FOB、FCA、CFR、CPT条件下，货运保险由买方办理，通常采用预约保险和逐笔投保两种方式。

1. 预约保险

预约保险是被保险人与保险公司订立的总合同。凡属合同约定的货物一经起运，在合同有效期内保险公司自动承保。预约保险对于经常进口的企业极为方便，投保人不用每次装运都去办理手续，防止漏保；合同有既定保险费率，易于买卖核算。保险也是银行接受开证的条件，因为如果银行先行付款，买方如未保险，出险后买方无力支付，银行会货款两空。

我国进口主要是预约投保，即买方与保险公司签订预约保险合同(见示例11.11)，对投保险别及费率、适用的保险条款及赔款方法等做出规定。买方收到国外装运通知后，即将船名、提单号、开船日期、货物名称、数量、装运港、目的港、保险金额等通知保险公司即可。投保通知包括预约保险起运通知书(见示例11.12)和卖方的装船通知两种形式。

示例11.11　进口货物运输预约保险合同

合同号　　　　　　　　　　　　年/号
　　　　　　　　　　　　　　　为甲方：
中国人民保险公司　　　　　分公司为乙方：
双方就进口货物的运输预约保险议定下列各条件以资共同遵守：

(1) 保险范围。甲方从国外进口的全部货物，不论运输方式，凡贸易条件规定由买方办理保险的，都属于本合同范围之内。甲方应根据本合同规定，向乙方办理投保手续并支付保险费。

乙方对上述保险范围内的货物，负有自动承保的责任，在发生本合同规定范围内的损失时均按本合同的规定负责赔偿。

(2) 保险金额。保险金额以进口货物的到岸价格(CIF)即货价加运费加保险费为准(运费可用实际运费，亦可由双方协定一个平均运费率计算)。

(3) 保险险别和费率。各种货物需要投保的险别由甲方选定并在投保单中填明。乙方根据不同的险别规定不同的费率。现暂定如下：

货物种类	运输方式	保险险别	保险费率

(4) 各种险别的责任范围，按照所属乙方制定的"海洋货物运输保险条款""海洋货物运输战争条款""航空运输综合险条款"和其他有关条款的规定为准。

(续表)

(5) 投保手续。甲方一经掌握货物发运情况，即应向乙方寄送起运通知书，办理投保。通知书一式五份，由保险公司签认后，退回一份。如果不办理投保，货物发生损失，乙方不予理赔。

(6) 保险费。乙方按甲方寄送的起运通知书照前列相应的费率逐笔计收保费，甲方应及时付费。

(7) 索赔手续和期限。本合同所保货物发生保险范围以内的损失时，乙方应按制定的"关于海运进口保险货物残损检验和赔款给付办法"迅速处理。甲方应尽力采取防止货物扩大受损的措施，对已遭受损失的货物必须积极抢救，尽量减少货物的损失。向乙方办理索赔的有效期限，以保险货物卸离海轮之日起满一年终止。如有特殊需要可向乙方提出延长索赔期。

(8) 合同期限。本合同自　　　年　　月　　日开始生效。

甲方　　　　　　　　　　　　　　　乙方

示例11.12　中国人民保险公司国际运输预约保险起运通知书

被保险人		编号　字第　　号	
保险货物项目(唛头)	包装及数量	价格条件	货价(原币)
合同号	发票号码	提单号码	
运输方式	运输工具名称	运费	
开航日期　　年　月　日	运输路线　自　　　至		
投保险别	费率	保险金额	保险费
中国人民保险公司　　　年　月　日	被保险人签章　　　年　月　日	备　注	

2. 逐笔投保

逐笔投保是每次发货都要向保险公司办理投保手续。买方接到装运通知后，填写投保单并缴付保险费，向保险公司投保，保险单随即生效。

保险公司的保险责任从货物装运开始生效，到卸货港收货人仓库为止，如未入库，则保险责任以卸船后60天为限，如果此期内未转运，可申请最多60天的延期。需要注意的是，散装货及木材、粮食、化肥等货物，保险责任均至卸货港的场地或仓库，不实行国内转运期间保险责任的扩展；新鲜果蔬、活牲畜等货物卸船后，保险责任即告终止。

四、审单和付款

单据是核对货物与合同是否相符的凭证，是买方的付款依据。信用证项下，由开证行和买方共同审单。下面以信用证方式为例说明。

(一) 开证行审单

信用证项下，开证行承担首先付款的责任。收到单据后，开证行依据信用证条款审核单据。具体包括单据种类、份数是否与寄单面函相符；汇票和发票金额是否一致，金额是否超过信用证金额；货物描述是否与证相符；出单日期和内容是否与证相符；提单及保险单背书是否有效。如审单无误，交买方复审。若有不符，开证行直接拒付或征求买方定夺。

(二) 买方审单付款

开证行审单无误后，送买方复审。买方以发票为核心，将其他单据与之对照审核，在规定期限内(3天)对单据提出意见，审核无误后付款或承兑。如果未作答复，开证行有权对相符交单付款，或对不符点交单进行拒付，同时说明单据处理意见。

如果买方发现未审出的不符点，则应通知开证行复验；如果不符点严重并准备拒付，应向开证行说明拒付理由并确认。不论审单结论如何，审单时间都要掌握在接单后5个工作日内。

(三) 对单证不符点的处理

对于正常的合格单据，银行或买方自然付款，但是出现不符点单据，银行就可以根据《跟单信用证统一惯例》(UCP600)规定，考虑不符点的性质并做出适当处理。

(1) 拒付全部货款。若发现严重不符点，如金额超证、单据份数或种类不对、单据之间相同项目不一致、重要项目与证不符等，买方可以拒付全部货款，开证行在5天内发出通知，说明不符点及单据去向。

(2) 部分付款、部分拒付。若不符点不严重，买方不宜拒付全款，说明部分拒付理由。卖方改正后，买方应支付余款。

(3) 检验后付款。若属于非实质性的不符点，买方可要求检验后付款。检验结果合格，买方接受单据并付货款；如果货物不符，买方可以拒付或扣款。

(4) 凭担保付款。若轻微的不符点，买方可以接受卖方提交的保函，以便付款。

(5) 改单后付款。若是操作失误的不符点，卖方改单时间有余，买方可在收到合格单据后付款。

五、报检与报关

我国实行"先报检，再报关，后检验"的口岸管理模式。进口报检前先将正本提单换成提货单(见示例11.13)，凭此单办理报关提货手续。一旦正本提单在寄送途中遗失，收货人可以凭副本提单和银行出具的保证书(提货担保函)提取货物。

示例11.13　提货单

中国船务代理公司 CHINA MARINE SHIPPING AGENCY 提货单 DILIVERY ORDER				
收货人 通知人			下列货物已办妥手续，运费结清，请准许交付收货人。	
船名：	航次：	起运港：	唛头：	
提单号	交付条款	目的港		
卸货地点	进场日期	箱进口状态		
抵港日期		到付海运费		
一程船		提单号		
集装箱/铅封号	货物名称	件数与包装	重量(kgs)	体积(M³)
海关章				

(一) 进口报检

我国商检法规定，法检进口货物必须检验，否则不准销售和使用。

1. 进口报检的时限

进口报检是进口企业向报关地商检机构办理检验手续的法定行为。收货人登录中国国际贸易单一窗口，单击"货物申报—进口整合申报—入境检验检疫申请"，填写报检数据信息(见示例11.14)，上传合同、国外发票、装箱单、提货单扫描等扫描文件(代理报检的，提交报检授权委托书)和到货通知单到单一窗口，系统审核放行后20日内收货人再申请检验货物。进口动物应在入境前15天报检；植物、种子、种苗及其他繁殖材料应在入境前7天报检；如需索赔，应在索赔有效期前20天内报检。因此，进口企业应当根据货物的种类具体安排好报检时间。入境报检单的缮制内容扫描二维码可见。

二维码——
报检单数据
信息

2. 进口检验的地点

报检受理后，系统给出电子底账号码，海关据此验放货物，再经商检机构检验合格，系统便会显示检验检疫合格。

法检货物在目的地海关商检机构检验；大宗散装货在船舱内或卸货中抽样检验；易腐烂变质货物、可做原料的固体废物及已发生残损或短缺的货物，应在卸货口岸检验；同批到货分拨各地使用的，也尽可能在口岸检验；口岸检验确有困难的，订货部门可汇总各地检验结果报所在地商检机构。特殊情况下，收货人可指定其他地点检验，例如，需要安装调试的商品，可在收、用货地点检验；集装箱运输的货物，可在拆箱地点检验。

示例11.14 入境货物报检单

入境货物报检单

报检单位(加盖公章)：　　　　　　　　　　　　*编号：

报检单位登记号：　　　联系人：　　　电话：　　　报检日期：　年　月　日

收货人	(中文)	企业性质(画"√")		□合资　□合作　□外资	
	(外文)				
发货人	(中文)				
	(外文)				
货物名称(中/外文)	H.S.编码	原产国(地区)	数/重量	货物总值	包装种类及数量
运输工具名称号码				合同号	
贸易方式		贸易国别(地区)		提单/运单号	
到货日期		起运国家(地区)		许可证/审批号	
卸货日期		运口岸		入境口岸	
索赔有效期至		经停口岸		目的地	
集装箱规格、数量及号码					
合同订立的特殊条款以及其他要求			货物存放地点		
			用途		
随附单据(画"√"或补填)		标记及号码	*外商投资财产(画"√")	□是　□否	
□合同	□到货通知		*检验检疫费		
□发票	□装箱单		总金额(人民币元)		
□提/运单	□质保书		计费人		
□兽医卫生证书	□理货清单		收费人		
□动物检疫证书	□磅码单				
□卫生证书	□验收报告				
□原产地证	□				
□许可/审批文件	□				
	□				
报检人郑重声明： 1. 本人被授权报检。 2. 上列填写内容正确属实。 　　　　　　签字：_____			领取证单		
			日期		
			签名		

注：有"*"号栏由出入境检验检疫机关填写。

3. 对不合格货物的处理

检验结果合格的，货物签发证书；不合格的，做如下处理。

(1) 经检验，涉及人身财产安全、健康和环保项目不合格的法检货物，责令销毁或退货，同时通知当事人，出具《退货处理通知单》，并告知海关办理退货。

(2) 经检验涉及人身财产安全、健康、环保项目不合格的货物，允许当事人在商检监督下对货物做技术处理，如更换设备零部件等，处理后重检，合格后再行销售。

(3) 对申请出证的货物，应及时出具不合格检验证书。

(4) 对法检以外的货物进行抽检，不合格的，技术处理后复验，合格后再行销售。

4. 对特殊进口货物的规定

(1) 对于重要的法检货物和成套设备，进口方可以前往出口地监造、检验及监装，但最终检验索赔权仍要保留到货到目的港(地)以后。

(2) 法检的可作原料的固体废物应取得海关商检机构的注册登记，并实行装运前检验制度，合格后发放《装运前检验证书》，货到口岸后，商检机构凭《装运前检验证书》受理报检。装运前检验要在检验条款中订明检验范围、内容、项目、方法、时间、地点、费用支付及人员组成等。

(3) 对于法检范围的旧机电产品，进口方要向海关商检机构办理备案手续。需装运前检验的，要出具《进口旧机电产品装运前检验备案书》；否则要出具《进口旧机电产品免装运前检验证明书》。到货检验结果与装前检验结果不一致的，以到货检验结果为准。

(4) 对于机动车辆运抵入境口岸后，进口方应持合同、发票、提单、装箱单及有关技术资料报检后申请检验。检验合格后，商检机构出具《入境货物检验检疫证明》，并一车一单签发《进口机动车辆随车检验单》，收货人凭以申领行车牌证。

5. 禁止入境的货物

我国法律规定以下物品禁止入境：动植物病原体、害虫及其他有害生物；动植物疫情流行的国家或地区的有关动植物产品和其他检疫物；动物尸体；土壤；旧衣服、旧麻袋、生活垃圾。

(二) 进口报关

所谓进口报关是指收货人向海关交验单据，办理货物申报和通关的行为。

1. 进口货物申报

进口报关由报关企业或有进口经营权的企业报关员办理，登录中国国际贸易单一窗口，单击"货物申报—进口整合申报"，填写相应的报关数据，保存后可以打印进口货物报关单，上传进口许可证、发票、装箱单等扫描证件，海关对报关数据进行审核。

2. 估价征税

海关以到岸价格(CIF价格)作为完税价格，计征关税或减免关税。海关开出银行缴款书，15日内缴税，逾期缴纳万分之一的滞纳金。

3. 查验货物

缴纳税款后，海关验货，对货物的物理性能或化学成分及数量、规格等与报关单证进行验核。一般在海关仓库查验货物，但特殊情况下由海关派员到监管区外进行查验(收取相应规费)。报关员应随同验货关员同验货物，负责搬移、开箱以及验毕封装。对于散装、大宗或危险物品，可在船边查验；对于船边提货的货物，海关应先验货放行，后补交关税。由于海关关员责任造成被验货物损坏的，海关应予以赔偿。

4. 结关放行

海关确认货物已缴关税及规费、相关单证已核销，即在报关单及提货单上签章放行(现在可以通过电子签章)，收货人即可到海关仓库或指定场所提货，至此通关手续完成。

5. 进口货物担保

进口货物担保是因进口税款未缴或证件不齐而申请先予放行时，向海关保证在一定期限内履行通关义务的法律行为。担保分为缴纳保证金和提交保证函两种。保证函由收货人或其代理人抑或银行出具。

6. 进口报关注意事项

(1) 报关地点。一般情况下，报关地点为进境地海关，特殊情况也可在海关指运地，这种异地报关的货物，称为转关货物。

(2) 报关资格。没有注册或无外贸经营权的企业，无资格报关。

(3) 报关期限。根据《海关法》规定，报关期限为自运输工具申报进境之日起14日之内，超期征收滞报金。按日计收，起征点10元。滞报金=完税价格×0.05%×滞报天数。超过3个月由海关变卖处理。

六、提货

在进口申报、查验、缴税、放行后，提货人凭盖有海关"放行章"的提货凭证或放行通知书，到约定的码头仓库或提货地点提货。

业务中有一种电放提货的做法，即指船公司或其代理签发的注有"surrendered"或"telex release"的提单副本、复印件或传真件。电放过程如下：由托运人向船公司申请并提交保函，船公司电告目的港代理，收货人凭盖有收货人公章的电放提单清关提货(无须正本)。一般路程较近、单据晚于货到时采用电放提货。

七、进口索赔

(一) 确定责任，发出索赔通知

货物抵达目的地后，收货人发现货物残损短缺时，应立即请公证机构现场检验并出证明；运回仓库后发现的，应立刻书面通知承运人和保险公司，聘请公证人验货，确定事故责任方，发出索赔通知，说明索赔依据(如合同的哪一条款，哪项运输责任条款或哪款保险险别等)，并叙述货损情况，必要时给对方传真索赔资料。

如果未能确定责任归属，可先向承运人索赔，承运人拒赔时要有书面理由，然后可凭承运人的书面解释向保险公司索赔。无论向谁索赔，都要在规定期限内通报对方，便于对方了解前因后果，促进问题解决。

(二) 向责任方索赔

向责任方索赔有以下几种情况。

属于保险范围内的损失，由进口地保险公司出具《进口货物残短检验报告》，只要收货人向任何一方(发货人、承运人、港务局、铁路或其他第三者等)办妥追偿确认手续，保险公司即予赔款。索赔期为卸货后2年。

属于发货人货物品质、规格责任事故的，保险公司不负责任，而由收货人根据商检证书，直接向发货人索赔。索赔期为收货后4年。

属于承运人范围内的损失，收货人可向其索赔。索赔期为卸货后1年。

有些损失不能向船公司和保险公司索赔，如肉食腐坏、布匹发霉、包装过于单薄、纸屑过湿等，这类损失由发货人负责。这时，买方应将实际情况告知对方，共同指定公证行实施检验，共同商议，以解决问题。

(三) 索赔函的缮制

买方应严格按照合同规定办理索赔，如按约定的出证机构、出证时间出证，索赔期限内提赔，备齐规定的索赔单证。索赔函要引据合同条文或证明文件，前后一致，不要含糊其词，以免误解。

1. 向船公司交涉

货物发生短卸，买方向船方索赔，向船公司索赔的通知函见示例11.15。船方要先向各港探询短卸货物下落，然后决定赔偿。如果船公司赔付一部分，另外的差额可要求保险公司赔付。

示例11.15 向船方索赔函件

DEF INTERNATIONAL TRADING CO.
G. street，H box 1234.California U.S.A. TEL: (001 212 782 ××××)FAX: (001 212 789 ××××)

Date: July 2, 2021
Dear sirs,

Notice of Damage
Ex.M/S "President Wilson"

Please be advised that shortage has found in connection with the following goods, for which we reserve the right to file a claim with you when the details are as certained.

Ship name: M/S"President Wilson", B/L No.Y-S-3

Arrived at: New York, U.S.A	Voy. No.: 13-H
On: July 2, 2021	Invocie No.: A401
Shipped from: Dalian	I/P No.: RB01987
On: May 31, 2021	

Marks & Nos.	Description of goods	No. of P'kgs	Quantity
DEF INT TDING CO. 21JCMA1234 NEW YORK C/NO.1-4200	working boots	4200 CTNS	50 400 pairs

You are kindly requested to acknowledge this notice and to inform us in writing of your candid opinion on this matter as soon as possible.

Yours truly,
DEF INTERNATIONAL TRADING CO.
Mr. Villard Henry

兹通知贵方，我方在处理以下货物中发现存在短量，一旦确定具体损失，我方将保留提出索赔的权利。

运输工具名称："威尔逊总统"号	提单号：Y-S-3
卸货港：美国 纽约港	航次：13-H
运抵时间：2021年7月2日	商业发票号：A401
装运港：大连港	保险单号：RB01987
装运日：2021年5月31日	

唛头	货物描述	包装	数量
DEF INT TDING CO 21JCMA1234 NEW YORK C/NO.1-4200	工作靴	4200箱	50 400双

请贵方对此问题引起注意，尽快阐明观点并及时通知我方。

DEF国际贸易公司

哈尼·卫拉德先生

在向船方索赔过程中，需要提交的文件包括提单、发票、检验证书、承运或理货部门的事故证明及其他文件。

2. 向卖方交涉

对于短装、漏装、品质不符、包装不良而致的损失，买方应向卖方索赔。卖方索赔通知函见示例11.16。交涉之前，买方先把合同条款和信用证核对一下。

示例11.16　向卖方索赔函件

DEF INTERNATIONAL TRADING CO.
G. street，H box 1234.California U.S.A. TEL：(001 212 782 ××××) FAX：(001 212 789 ××××)

Date: July 2, 2021
Our ref. No. 248

Dear sirs,

　　We received your consignment of working boots made in China this morning. However，on examining the contents we found that 26 cartons are broken and dozens of the working boots inside them are seriously damaged.

　　We have had the carton and contents examined by the insurance surveyor but，as you will see from the enclosed copy of this report，it maintains that the damage was due to insecure packing and not to unduly rough handling of the carton. So we have to lodge a claim against you for the loss of USD 6224.40 we have sustained.

　　We are looking forward to having your early reply to this matter.

Yours faithfully,
DEF INTERNATIONAL TRADING CO.
Mr. Villard Henry

敬启者：

　　我方已于今晨收到贵方中国产工作靴。但是，在验收的过程中，我方发现有26箱破损，里边的一些鞋靴遭到严重的损坏。

　　我们已请保险公司的保险员对纸箱和箱内货物进行了检查。从所附的检验报告的副本中，你可以看到，该破损是由于包装不牢固，而不是由于搬运不当造成的。因此，我方对所遭受的6224.40美元的损失，向贵方提出索赔。

　　期待贵方对此事早日做出答复。

　　谨上

DEF 国际贸易公司
哈尼·卫拉德先生

在向买方索赔过程中，需要提交的文件包括提单、发票、装箱单、检验证书、索赔账单或索赔函件、理货报告等文件。

3. 向保险公司交涉

进口货物发生保险公司责任范围内的损失，一经鉴定后，被保险人应附索赔单证，向保险公司索赔。如已向其他责任人提出索赔，而该责任人拒赔(正当理由)，则应将往来函电连同索赔文件一并交保险公司。如果船方无正当理由拒赔，应继续交涉，并将文件送保险公司。如果货主向第三者索赔有结果时，应通知保险公司销案。向保险公司索赔通知函见示例11.17。

示例11.17　向保险公司索赔函件

Attn: The People's Insurance Company of China, New York office
Date: July 2, 2021
Dear Sirs,
　　We hereby file a claim with you as mentioned below，and your prompt settlement will be greatly appreciated.
Loss and/or damage: 26 cartons of working boots broken
Ship's name: "President Wilson"
Insurance policy No.: RB01987
B/L No.: Y-S-3
Arrived at: New York, U.S.A
　　　　On: July 2, 2021
Shipped from: Dalian China
　　　　On: May 31, 2021

Mark & Nos.:
　　DEF INT TDING CO.
　　21JCMA1234
　　NEW YORK
　　C/NO.1-4200

Descriptions: working boots
Quantity: 4200CTNS /50 400pairs
Insurance amount: USD1 053 360.00　　　　Claim amount: USD6520.80

Yours truly,
DEF INTERNATIONAL TRADING CO.
Mr. Villard Henry

致：中国人民保险公司 纽约办事处
　　2021年7月2日
先生：
　　我方将对以下货损提出索赔，望贵公司及时处理，不胜感激。

(续表)

货损：26纸箱工作靴损坏
运输工具名称："威尔逊总统"号
保险单号：RB01987
提单号：Y-S-3
卸货港：美国 纽约港
运抵时间：2021年7月2日
装运港：大连港
装运日：2021年5月31日
唛头：DEF INT TDING CO.
　　　21JCMA1234
　　　NEW YORK
　　　C/NO.1-4200
货物描述：工作靴
数量：4200纸箱/50 400双
保险金额：1 053 360.00美元
索赔金额：6520.80美元

DEF国际贸易公司

哈尼·卫拉德先生

关键词汇

装货单　收货单　原产地证明书　海关发票　收妥结汇　出口退税　完税价格　监管手续费　开证申请书　预约保险　规费

【本章小结】

本章主要阐述了进出口合同的履行程序(出口和进口)。出口程序包括落实信用证、准备货物、出口报检、租船订舱、货物集港、出口报关与投保、装运及通知、制单结汇等。进口程序包括申领许可证、开立与修改信用证、安排运输与办理保险、审单和付款、报检与报关，提货，以及进口索赔等。

(1) 备货是卖方根据合同规定，按时、按质、按量备货并做好报检领证工作。

(2) 审证、改证是卖方履行合同的重要步骤。审证要从政策、银行资信和付款责任等方面进行审查，再从货物品质、规格、数量、包装、单据、特殊条款等方面进行审查。发现问题，一次性提出改正，否则会增加手续费用。另外，对修改内容只能全部接受或拒绝，部分接受无效。

(3) 租船装运涉及几个部门的配合衔接，否则会影响按时装运。

(4) 制单结汇是出口交易的最后一环，要求工作人员认真、仔细，具有高度的责任感。

(5) 出口收汇申报与出口退税是保证企业预期效益的关键，要求企业与海关、外汇局、税务局、银行等部门衔接，共同把这项工作做好。

(6) 业务善后要掌握三点：一是收货后，与客户共同回顾交易中难忘的事件，以便增进了解，促进业务发展；二是货款未收回，去电商讨解决办法，请求对方谅解，保证今后严格履约；三是不论哪方违约，都应实事求是处理问题。

(7) 进口合同履行在内容和环节上不能有任何疏漏，虽然双方执行的是同一份合同，但却在各自履行自己的义务，因此进口合同履行有其特殊的内容和行为，认识到这一点才能将进口要求落到实处。

【课后作业】

一、翻译下列词语

mate's receipt_____ shipping advice_____ bill of exchange_____

commercial invoice_____ customs invoice_____

canada customs invoice_____ consular invoice_____

manufacturer's invoice_____ proforma invoice_____

packing list_____ weight list_____ measurement list_____

neutral packing list_____ bill of lading_____ gross weight_____

measurement_____ freight and charges_____

insurance policy_____ certificate of origin_____

China Council for the Promotion of International Trade，CCPIT_____

Generalized System of Preferences Certificate of Origin, FORM A_____

beneficiary's certificate_____ amendment to the L/C_____

purchase contract_____ application for letter of credit_____

二、选择题

1. 根据我国进出口检验检疫机构的规定，出境货物最迟应在报关或装运前(　　)天办理检验检疫。

A. 7天　　　　　B. 14天　　　　　C. 21天　　　　　D. 30天

2. 信用证规定到期日为2021年5月31日，而未规定最迟装运期，则可理解为(　　)。

A. 最迟装运期为2021年5月10日　　　B. 最迟装运期为2021年5月16日

C. 最迟装运期为2021年5月31日　　　D. 该信用证无效

3. 进口货物报关期限是( )。
   A. 运输工具申报进境之日起15天内   B. 运输工具申报进境之日起14天内
   C. 运输工具申报进境之日起10天内   D. 运输工具申报进境之日起7天内

4. 按照《跟单信用证统一惯例》(UCP600)，银行的审单工作必须在收到单据次日起( )日完成。
   A. 3日   B. 5日   C. 7日   D. 11日

5. 以CIF出口时，如合同和信用证无特别规定，保险单"INSURED"一栏应填( )。
   A. 买方名称   B. 开证申请人名称
   C. 卖方名称   D. 开证行名称

6. 信用证汇票条款注明DRAWN ON US，则汇票的付款人是( )。
   A. 开证行   B. 开证申请人   C. 通知行   D. 议付行

7. 我国进口开证，按照惯例开证行在接到国外寄来的全套单据后应进行审核，下列哪一条不属于审核项目( )。
   A. 单据与信用证之间是否相符
   B. 单据与单据之间是否相符
   C. 单据与货物之间是否相符
   D. 单据与《跟单信用证统一惯例》(UCP600)是否相符

8. 信用证规定最晚装运期为6月30日，到期日为7月10日，出口人备货出运，提单日期为6月10日，根据《跟单信用证统一惯例》(UCP600)，受益人最后的交单期限为( )。
   A. 6月25日   B. 6月30日   C. 7月2日   D. 7月10日

三、填空题

1. 改证应当由_____向客户提出，否则，会增加许多手续和费用。根据《跟单信用证统一惯例》(UCP600)的规定，对同一修改通知书内容只能_____，不能_____。

2. 货物备妥后向商检部门报检，对于法检商品，检验合格后，商检部门通过_____体现检验合格，海关凭以放行。

3. 出口单位委托货运代理向船公司办理出口货物运输事宜时，须向其提供_____，委托其代为订舱。托运时还要提供_____、_____、出口货物报关单等，必要时还须提供_____、_____等。货代接受委托后，缮制_____，向船公司办理订舱手续。船公司接受订舱后，则在托运单的几联上编制_____号码、填上_____、_____并签署，并将其中的配舱回单、_____退还托运人，以便其凭以办理报关手续。

4. 出口报关必须在货物_____后进行，一般在装货的_____以前向海关申报(单一窗口)。海关接受申报后，审核单据、办理征税、及_____等步骤，在_____加盖放行章(也可电子签章)后，才可以装船出运。货物装船后，由_____签署_____，交理货员并转交托运人，凭它换取_____。装船后，应立即向收货人发_____。

5. 在海运提单的运费一栏中，如采用FOB条件成交，应注明_____；如采用CIF条件成交，应注明_____。

6. 我国出口结汇的办法有_____、_____、_____。其中只有_____才是符合国际贸易惯例的方法。

四、判断题

1. 凡国外进口商要求我官方机构签发一般原产地证的，申请单位既可向国家出入境检验检疫局也可向贸促会申请出证。( )

2. 海关发票是出口国海关为了统计出口数量和金额，要求出口人填写的一种专门格式的发票。( )

3. 根据《跟单信用证统一惯例》(UCP600)规定，信用证修改书有多项内容时，受益人可以接受一部分，拒绝另一部分。( )

4. 我方某出口公司按CIF条件出售货物一批，合同规定凭信用证付款，买方在约定的时间内未开来信用证。由于合同规定的装运期已到，为体现重合同、守信用，我方仍按期发货，以免影响对外信誉。( )

5. 银行对信用证未规定的单据将不予审核。( )

五、思考题

1. 你认为卖方审证的重点在哪里？

2. 在近洋运输中，信用证通常要求卖方发货后，将一份正本提单径寄买方，这一条款是买方的业务要求还是有其他原因？这样做对卖方有什么风险？

3. 阐述一下租船订舱的业务程序？在这一环节中需要哪些单证？

4. 信用证规定5月25日为最迟的装运期，有效期为6月6日，卖方于5月25日取得单据，请问：

(1) 6月6日交单时恰逢该银行被抢劫，银行中断营业，交单日期可否顺延到银行开业的下一个营业日？

(2) 因银行非工作日交单顺延，信用证中的装运期可否相应顺延？

(3) 信用证的装期被修改，从5月25日延长12天到6月6日，而有效期没有修改，此时信用证的交单期是否视为被延长了？可否延长12天交单？

5. 信用证规定交单议付有效期为5月10日，最后装运期为4月30日，并规定提交单据的特定期限为提单签发日后10天。后来信用证修改装运期至5月10日，交单议付有效期延展至5月20日。卖方实际于5月16日提交5月5日签发的提单向银行办理议付，是否可以？

6. 某公司收到一份国外来证，该证有效日期为8月31日。本证规定金额不得超过USD10 000(共100吨，每公吨USD100)。问：本批货物最多能装多少公吨？最少能装多少公吨？

7. 对单证"不符点"的处理要领有哪些？

8. 简述进口报关的程序和要领。

9. 我国目前有几种报检方式？

10. 正本提单丢失后应如何办理提货手续？

六、操作题

1. 审核下列信用证，填制审证记录(见表11.3)，指出存在的问题，提出改证意见。

Our ref.: IM-00007678

08/02/21

Test: For USDLRS 93600.00 DTD 08/02/21

Beneficiary: Haoyue I/E Co. B12 Hongqi street

      Changchun,

      China

Gentlemen:

Please notify beneficiary this irrevocable letter of credit available by acceptance of drafts drawn on Republic National Bank of Miami at 60 days shipping date for any sum or sums not exceeding in total the aggregate of USDLRS93 600.00.

For the account of exito shoes,inc.

    2116 N.W 21street

    Miami, FL 33142

Covering shipment of:

Art. No.: JB702，JB703. 4800 pairs of working boots，leather upper, U.S. prices，as per contract No. 21JB1234.CFR Miami FL.

To be shipped from Changchun, China to Miami, FL.

Partial shipments not permitted. Transshipments not permitted.

Insurance to be effected by the buyer.

Drafts when presented must be accompanied by:

Orig. 01 dup. 03 commercial invoice.
Orig. 01 dup. 02 packing list.
Orig. 01 dup. 02 certificate of origin.

Full set of clean on board ocean bill of lading marked "freight prepaid" made out to order, notify applicant, dated not later than 09/30/21.

The negotiating bank should send all documents in one cover to our international division 10 N.W.42ND. avenue, Miami, FL33126.

A handling fee of USDLRS50.00 will be assessed for each set of documents, in which discrepancies are noted.

Draft and documents must be presented for negotiation on or before 10/30/21 in China.

All banking charges and expenses outside the issuing bank are for beneficiary's account.

Discount interest is for beneficiary's account.

Drafts and documents must be presented to our bank within 10 days of issuance of shipping documents but always within the validity of the credit.

Each draft must bear upon its face the clause "drawn under advice number im-00007678 dated 08/02/21 of Republic National Bank of Miami."

We hereby agree with the drawers and bonafide holders of bills drawn and negotiated in compliance with the terms of this letter of credit that the said bills will be duly honored if presented on or before 10/30/21.

The amount of any draft if negotiated under this credit must be endorsed on the back hereof by the negotiating bank stating also date of negotiation.

This is the operative instrument with no confirmation to follow.

Except so far as otherwise expressly stated herein, this letter of credit is subject to the uniform customs and practice for documentary credits (2007 revision) international chamber of commerce brochure No.600.

To the advising bank:

Please advise beneficiary without adding your confirmation through Bank of China, Jilin branch.

For payment: please send draft for acceptance at maturity, we will cover you in accordance with your instructions.

Republic National Bank of Miami.

152281 RNB UT
33058 HSBCS CN

表11.3　任务——填制审证记录

信用证号		合同号		
证通知号 收证日		开证日/地点		
开证银行		证名称		
		通知行		
开证申请人		受益人		
汇票付款人		出票条款		
汇票期限		到期地点		议付行限制
价格条件		目的港		
装运港		运输方式		
装运期 有效期 交单天数		运费支付方式		
可否分批		可否转运		
提单托运人		提单抬头		
提单通知方		保险条款		
数量溢短装		原证金额		
金额溢短装				
数量	总品名 件数	总数量 单价		金额
信用证中所要求的单据名称和份数					

正本提单	副本提单	发票	保险单	装箱单	重量单	尺码单	商检产地证	贸会产地证	FA产地证	卖方产地证	海关发票	邮局收据(单)	邮局收据(样)	电抄	受益人声明	船方证明	其他所需单据名称及份数		
																	名称	银行	客户
银行																			
客户																			

(续表)

单据需寄往　　　　　　需邮局收据否(　)　　　　　需邮样证明否(　)
需开证人出具的函电否(　)
需电抄否(　)
发票一般条款：
公共附注(除汇票外所有单据中须注明)
产地证收货人　　　　　　　　　产地证特殊条款
受益人声明内容
发票特殊条款
装箱单特殊条款
提单特殊条款
信用证特殊条款
改证情况
索汇方式
备注

2. 根据上述改证结果，结合下列资料(见表11.4)，填制订舱委托书(见表11.5)。

表11.4　商品资料

商品名称：working boots								商品编码：6405.9000	
货号	数量	单价 CFR Miami	包装细数	件数	包装种类	毛重	净重	尺码	
JB702	2400prs	USD19.00	12	200	CTNS	26.3kgs	24kgs	31cm×41cm×51cm	
JB703	2400prs	USD20.00	12	200	CTNS	26.3kgs	24kgs	31cm×41cm×51cm	

尺码：6~11

装箱配比：　1　3　3　2　2　1
　　　　　　6　7　8　9　10　11

公司联系人：赵立　　　　　　　合同日期：15-June-21

电话：5966×××　　　　　　　合同号码：21JB1234

传真：5994×××　　　　　　　唛　头：E.S.I.

公司开户行：中国银行吉林分行　　21JB1234

银行账号：123789906××××　　MIAMI

　　　　　　　　　　　　　　　　C/N.1-400

海运费：一个20英尺货柜3500美元

发票号码：HB21345　　　　　　发票日期：15-Sep.-21

委托编号：DL210876　　　　　　核销单号码：064774872

表11.5 任务——填制订舱委托书

订舱委托书		委托编号		商业发票号	
		开户行		银行账号	
托运人		合同号			
		信用证号			
		国外银行			
收货人		贸易性质		支付方式	
		贸易国别		消费国别	
通知人		装运港		目的港	
		可否转运		可否分批	
运费支付方式		装运期限		转运港	
				价格条款	

唛头	品名规格及货号	包装种类	包装件数	每件细数	计价数量	单位	单位体积	毛重	净重	单价	总值
											FOB价

特别要求		总体积			
	保险单	险别			
		保额			
		赔款地点			
备注	货柜种类： 货柜数量： 所需单价：	提单份数		正本　　　　副本	
		海关编号			
		委托日期			
		制单员		电话/传真/电子邮件	

3. 上述信用证项下货物已经装运，根据所给资料缮制全套单据，要求内容准确、完整。

船　　　名：DONG FENG　　　　　装船日期：18-Sep.-21

装箱单号码：HB21345　　　　　　提单号码：C0S214567

航　　　次：5615W　　　　　　　原产地证号码：MCH218765

提单日期：18-Sep.-21　　　　　　原产地证日期：15-Sep.-21

转船地点：Hong Kong

4. 2021年8月，上海立新外贸公司向伦敦ABC贸易有限公司出口皮革包一批，合同总值32 000美元。9月7日，上海立新外贸公司收到英国米兰银行(MIDLAND BANK)9月5日开出的、以其为受益人的第8808号不可撤销信用证，其中汇票条款要求，受益人开具以米兰银行为付款人、金额为100%发票金额，即期付款的汇票。2021年9月25日，该批货物装运完毕，缮制了DT012868号商业发票一式六份，9月27日立新公司向中国银行上海分行交单议付。请根据上述资料缮制汇票一份(见表11.6)。

表11.6　任务——填制汇票

```
No.
Exchange for
At_____ after sight of this  First of Exchange (Second of the same tenor and date
unpaid) pay to the order of _____.
    The sum of


    Drawn under

To:
                                                                                    盖章
```

七、案例讨论

1. 我国某公司以CIF价格向日本出口一批货物，合同的签订日期为6月2日。6月28日由日本东京银行开来了不可撤销即期信用证，金额为10 000美元，证中规定，装船期为7月份，偿付行为美国花旗银行。中国银行收证后于7月2日通知出口公司。7月10日，我方获悉国外进口商因资金问题濒临破产倒闭。在此情况下，我方应如何处理？

2. 某省公司通过香港中间商与美国纽约某公司凭牌名成交出口一批商品，合同由纽约公司负责人签字。后来，香港中间商要求我方分寄两份样品给中间商及纽约公司各一份。纽约公司接到样品后开来信用证，并在证中注明如下条款："买方纽约公司认可样品的电报作为议付单据之一。"我方经办人未提出异议，但货物装运出口后，仅凭香港中间商样品认可电抄送银行议付，遭到开证行的拒付。对此我们应当吸取哪些教训？

3. 某外贸公司以FOB中国口岸价与香港某公司成交钢材一批，港商即转手以CFR釜山价卖给韩国商人。港商开来信用证是FOB上海，现要求直运釜山并在提单上表明"freight prepaid"(运费预付)，试分析港商为什么这样做？我们应如何处理？

4. 某年10月，A粮油进出口公司从国外进口了3000箱冻鸡，委托某船公司"东方"轮运输。东方轮在迪拜港装上冻鸡后，经过35天航行到达上海港。A公司在港口检查货物时，发现全部冻鸡解冻变质。经鉴定，该批货物已不适宜人类食用，A公司损失66 000美元。经查，货损原因是冷却器冻塞，冷气打不进冷藏舱。买方应向谁提出索赔？该方应负什么责任？为什么？

5. 我方某公司从美国某汽车厂商进口该厂生产的汽车3000辆，交货期是2021年12月底，该厂无存货。8月份，工厂准备生产，因资金一时困难，未购进钢材和发动机，8月份工厂工人开始要求增加工资，随后罢工达两个月。按该厂生产能力，在余下的时间里显然不能生产3000辆汽车。美方不能按时交货应付什么责任？中方应如何处理合同？

6. 买方已开信用证(可转让、可分批装货)，到期时卖方要求改证而买方答应10天内修改(卖方限定7天内修改)，最后卖方也同意，但卖方由此提出先运出80%，其余20%要求加价，从买方立场看应如何处理？合同成立，价格可随市场行情升降吗？如果80%仍有利可图，20%的余量可以取消吗？为防止卖方变相涨价，买方在信用证或契约中如何做出限制？

7. 买方凭提单提货时，货尚未运来，使买方蒙受经济损失。如果该货已投保一切险，买方能否以一切险中包括的一般附加险——偷窃、提货不着险为由，向保险公司索赔？船公司有何责任？

8. 某外贸公司出口打字机1000台。来证规定不许分批装运，但是货物集港准备装船时才发现有45台包装及品质有一定的问题。临时更换已经来不及，为了保证质量，卖方认为，根据《跟单信用证统一惯例》规定，即使不准分批，在数量上也允许有5%的伸缩。少装这45台，也未超过5%。于是实际装船955台，当去银行议付时，遭到银行的拒绝。请问银行拒付是否合理？为什么？

第十二章 进出口业务模拟实训
(全程业务操作案例)

学习目标

通过给出的背景资料，运用前述各章的学习成果，动手实练操作，掌握一笔业务的全部运作流程和具体实施办法，理实结合，融汇贯通，最高程度地接近进出口业务实际。

第一节 交易前的模拟操作

一、工贸双方建立业务关系

(一) 出口商向供货商询价索样

吉轻工业品进出口公司主要经营鞋类、箱包、玩具、木制品、纸张、文具、玻璃器皿等轻工产品，产品远销欧洲、美洲、东南亚、中东等地区。

公司业务员梁浩然拟向国际市场推销皮鞋，遂于20××年1月3日向供货商数据库中的通达皮鞋厂发出传真(见示例12.1)，询问商品信息。按照所给信息补充往来函电。

示例12.1　往来函电1

吉轻工业品进出口公司

JIQING INDUSTRIAL PRODUCTS IMPORT & EXPORT CORPORATION，A12 YUE YANG STREET, NANGUAN DISTRICT, CHANGCHUN, CHINA.
TEL：0431-8820××××　　　　　TELEX.83049 CCLI CN
E-MAI:JILIGHT@ TEN.NET.CN　　　TELEFAX: 0431-8891××××

致：通达皮鞋厂　李厂长

（吉轻 印章）

　　此致
敬礼

梁浩然
20××年1月3日

(二) 供货商报价寄样

接到卖方梁浩然的询价函之后，通达皮鞋厂李原麓厂长于20××年1月4日回复(见示例12.2)。请把往来函电补充完整。

示例12.2　往来函电2

通达皮鞋厂

白山市跃进大街8号
电话：0439-298××××
传真：0439-298××××

梁浩然先生：

1. 安全靴
货号JL618 /JL608TS
腰高：6英寸
皮革：2.0毫米厚牛粒面革
出厂价：128元/双(含税)
包装：纸箱，每箱12双装，纸箱尺寸：50厘米×35厘米×78厘米=0.1365立方米
每箱毛净重：27kgs/21.6kgs
2. 骑兵靴
货号JL806/JL803TS
腰高：八英寸
皮革：2.0毫米厚牛粒面革
出厂价：149元/双(含税)
包装：纸箱，每箱12双装，纸箱尺寸：50厘米×38厘米×78厘米=0.1482立方米
每箱毛净重：29kgs/23.6kgs

上述鞋靴样品各一双3日内交到贵司。鞋靴的增值税率：13%，出口退税率：13%；生产周期：月产10 000双，最低起定数量：1000双；交货期：收到订单后2个月在工厂交货；支付方式：预付90%货款，交货后5日内支付余下货款。

如有什么问题，请随时来电，我们将全力配合。
　　此致
敬礼

李原麓
20××年1月4日

二、出口商与进口商建立业务联系

业务员梁浩然在以往的国际鞋类博览会上与一些外国使节有过接触，曾从巴林国驻华商务参赞处获知一巴林鞋类客商——布卡姆先生的信息，据说该客户是一位较有实力的进口商。梁浩然对市场进行了一番调查：亚洲几个生产皮鞋的厂商面临困境，而同时巴林经济正在复苏，市场潜力较大，只要鞋靴品质好、价格适中，是可以挤入该市场的。

20××年1月9日梁浩然向布卡姆先生发了一份电子邮件(见示例12.3)，表示欲与其建立业务关系的愿望。请把往来函电内容补充完整。

示例12.3　往来函电3

日　期	20××-01-09 20:32:01
发件人	JILIGHT@ TEN.NET.CN
收件人	BLSH@HOTES.BN
主　题	Inquiry
添加附件	

To: Hassan Ebrahim Bukamal & Sons W.L.L.
Attn: Mr. Jehad Bukamal
Dear Sirs,

（轻工）

Yours truly,
Export Department
Liang Haoran (Mr.)

发送　　　取消

三、进口方的情况及反应

布卡姆先生准备采购一批军靴,在进行了相应的国际市场调研后认为,亚洲国家生产的鞋靴质量良好,价格比较低廉,遂决定向亚洲国家寻求购买,并确定了相应条件(见表12.1)。

表12.1 安全靴和骑兵靴的相关条件

品名	安全靴和骑兵靴
规格	39—45号
皮料	2.0毫米厚黑色牛粒面革
腰高	6英寸、8英寸
包装	每双鞋用一个白色天地盖小盒包装,12双装一纸箱(五层瓦楞纸板)
价格	巴林拟售价:10.95巴林第纳尔/双(含税)
数量	3个20英尺货柜
交货期	20××年6月

恰在此时布卡姆先生收到了梁浩然的电子邮件。于是他对寄来的商品目录及照片(见图12.1)作了一番研究,结合军靴需求状况,选择了货号JL608TS和JL803TS两款式样,于20××年1月16日通过电子邮件向梁浩然询盘(见示例12.4)。请把往来函电补充完整。

图12.1 鞋靴样品

示例12.4　往来函电4

日　　期	20××-01-16 12:02:01
发件人	BLSH@HOTES.BN
收件人	JILIGHT@ TEN.NET.CN
主　　题	Reply to an inquiry
添加附件	

To: Jiqing Industrial Products Import & Export Corporation
Attn: Mr. Liang Haoran
Our Ref. No.: JQ0301

Dear Sirs,

Yours sincerely,
Jehad Bukamal
Hassan Ebrahim Bukamal & Sons W.L.L.

发送　　取消

第二节　价格核算与发盘、还盘的模拟操作

一、卖方进货资料

接到布卡姆先生1月16日回电之后，梁浩然经过市场调查了解到：韩国、印度尼西亚、中国台湾等地鞋类产品与该类产品有着激烈的竞争，中东一带市场需求不是很稳定，价格忽高忽低。鉴于此，卖方应当有计划、有针对性地对外报价。通达皮鞋厂提供的进货资料如表12.2所示。

表12.2 安全靴和骑兵靴进货资料

品名：安全靴/骑兵靴
货号：JL608TS/JL803TS
出厂价(含税)：每双128元/149元
包装：每箱12双装
安全靴箱体积：50厘米×35厘米×78厘米=0.136 5立方米；每箱毛净重27千克/21.6千克
骑兵靴箱体积：50厘米×38厘米×78厘米=0.148 2立方米；每箱毛净重29千克/23.6千克
增值税率：13%
出口退税率：13%
生产周期：每月10 000双
交货期：收到订单后2个月装运
起定量：1000双
支付方式和交货地点：生产前预付90%，交货后支付余款；工厂交货

二、核算成本、费用和利润

梁浩然根据客户要求，结合通达皮鞋厂提供的信息，迅速核算成本及相关费用。

(一) 核算成本

(1) 安全靴(6英寸)的实际成本：
退税金额=进货成本(含税)÷(1+增值税率)×出口退税率
　　　　=128÷(1+13%)×13%
　　　　=14.72(元/双)
实际成本=进货成本(含税)-退税金额=128-14.72=113.28(元/双)
(2) 骑兵靴(8英寸)的实际成本：
退税金额=149÷(1+13%)×13%≈17.14(元/双)
实际成本=149-17.14=131.86(元/双)

(二) 核算费用

1. 确定报价的基础数量

(1) 根据客户要求，核算安全靴一个20英尺货柜整箱所装数量。
安全靴的积载系数=体积÷重量=0.1365÷0.027≈5.06
20英尺货柜最少可装25立方米，积载系数大于1的属于轻货，故按体积计算。
整箱可装数量=货柜体积÷包装箱体积=25÷0.1365≈184箱，计184×12=2208双(最少能装)
(2) 由于客户对骑兵靴没有具体数量要求，只提拼箱装货，故按照厂家最低起订量1000双计算，为凑成整箱，最少可接1008双(84箱)的订单。

2. 核算国内费用

根据货物特点及所订数量，结合公司及市场的具体情况，初步估算费用开支(费用相加法)。安全靴和骑兵靴国内费用情况如表12.3所示。

表12.3　安全靴和骑兵靴国内费用情况

安全靴 (整箱)	骑兵靴 (拼箱)
包装费：2.5元/双×2208=5520元	包装费：2.5元/双×1008=2520元
运杂费：1500元	运杂费：1100元
出口手续费：400元	出口手续费：400元
银行利息费用：4310.02元(3个月)(年利率6.1%)	银行利息费用：2290.43元(3个月)(年利率6.1%)
业务费用：2000元	业务费用：1800元
合计13 730.02元	合计8110.43元

3. 核算海运费

根据客户询价，从表12.4和表12.5中查出安全靴和骑兵靴的运费等级，进而核算运费。

表12.4　常运商品等级

货名	Commodity	W/M
干、蓄电池	Batteries, Dry & Storage	8
矿泉水	Mineral Water	7
啤酒	Beer	7
餐具	Table Ware	10
香皂	Soap,Toilet	11
药品	Medicines & Drugs	12
纸	Paper	5
文具	Stationery	9
玩具	Toys	8
陶瓷器	Porcelain Ware	8
汽车及零件	Motor Cars & Trucks, Parts & Accessories	9
电冰箱	Refrigerator	10
自行车及零件	Bicycles & Parts	9
体育用品	Sport Goods	10
木筷子	Wooden Chopsticks	5
皮箱	Suitcases, Leather	12
未列名鞋	Footwear, N.O.E.	9
手套	Gloves	9
糖果	Confectionery	9
蜡烛	Candle	6
毛毯	Blankets, Woollen	12

表12.5　波斯湾、卡拉奇航线集装箱费率

单位：USD

基本港：Bahrain(巴林)、Dammam(达曼)、Dubai(迪拜)、Karachi(卡拉奇)、Sultan Qaboos(卡布斯)、Sharjah(加沙)					
等级	卡拉奇			波斯湾	
	LCL(W/M)	FCL (20'/40')		LCL(W/M)	FCL(20'/40')
		上海	其他港口		上海	其他港口
1~7	60.00		1700/2000	60.00	1300/2200	1400/2400
8~13	62.00		1250/2010	62.00	1300/2300	1500/2450
14~20	66.00		1300/2500	64.00	1400/2400	1550/2600
1~20 (FAK)		1400/2500				
冷冻货			2650/5280		2600/5200	2890/5750
一般化工品	64.00	1450/2520	1250/2010	63.00	1350/2300	1500/2450
危险品			1860/2630		2400/4500	1800/3600
下列港口加收集装箱支线附加费：大连、新港、青岛 加收情况为USD50/20'/USD90/40'/USD3.00/FT(LCL)						

查得，安全靴(整箱)属于9级运费，大连—巴林港的20英尺货柜的包箱费率为1500美元，支线附加费50美元。运费合计1550美元/20'，每双鞋的运费：1550÷2208≈0.702美元。

查得，骑兵靴(拼箱)属于9级运费，大连—巴林港的基本运费为62美元/立方米；支线附加费3美元/立方米，故每立方米运费为62+3=65美元。

每箱运费=箱体积×每立方米运费=0.1482×65=9.633美元；

每双鞋的运费=9.633÷12≈0.8028美元。

4. 核算保险费

根据表12.6查出安全靴和骑兵靴的保险费率，进而计算保险费。

表12.6　出口货运保险普通货物费率表(海运)

目的地	平安险	水渍险	一切险
中国港、澳、台，日本，韩国	0.08%	0.12%	0.25%
约旦、黎巴嫩、巴林、阿拉伯联合酋长国、菲律宾			1.00%
尼泊尔、也门	0.15%	0.20%	1.50%
泰国、新加坡等其他国家			0.60%
战争险费率：0.3			

查得，大连—巴林的一切险费率为1%，战争险费率为0.3%，共计1.3%；

保险费=报价×(1+保险加成率)×保险费率=报价×(1+10%)×1.3%。

5. 核算佣金

客户虽未要求含佣价，但可算出备用。设佣金率为报价的5%，则佣金=5%×出口含佣价。

6. 核算出口税（不征出口税，故略）

(三) 核算利润

根据客户经销情况，梁浩然决定按照报价的10%核算利润，则利润=10%×报价。

三、综合运算

梁浩然整理安全靴与骑兵靴费用支出预算，然后进行具体运算(见表12.7)。

表12.7　安全靴与骑兵靴费用支出预算情况

安全靴JL608TS(整箱装2208双)	骑兵靴JL803TS(拼箱装1008双)
国内费用=13 730.02元，6.22元/双	国内费用=8110.43元，8.05元/双
海运费：1550美元/20'	海运费：9.633×84=809.172(美元)
折成人民币：(1美元=6.85元)	折成人民币：(1美元=6.85元)
1550×6.85÷2208≈4.81(元/双)	809.172×6.85÷1008≈5.50(元/双)
保险费：报价×(1+10%)×1.3%	
佣金：报价×5%	
利润：报价×10%	

(一) 各种价格的运算

1. FOB报价运算

(1) JL608TS的FOB报价。

$$FOB报价=实际成本+国内费用+利润$$
$$=113.28+6.22+FOB报价×10\%$$
$$=119.50+FOB报价×10\%$$

等式两边移项：FOB报价-FOB报价×10%=119.50

$$FOB报价=\frac{119.50}{0.90}≈132.78(元/双)$$

折成美元：FOB报价=132.78÷6.85≈19.38(美元/双)

对外可报：每双20.00美元

(2) JL803TS的FOB报价。

$$FOB报价 = 实际成本 + 国内费用 + 利润$$
$$= 131.86 + 8.05 + FOB报价 \times 10\%$$
$$= 139.91 + FOB报价 \times 10\%$$

等式两边移项：FOB报价 − FOB报价 × 10% = 139.91

$$FOB报价 = \frac{139.91}{0.90} \approx 155.46(元/双)$$

折成美元：FOB报价 = 155.46 ÷ 6.85 ≈ 22.70(美元/双)

对外可报：每双23.40美元

2. CFR 报价运算

(1) JL608TS的CFR报价。

$$CFR报价 = 实际成本 + 国内费用 + 运费 + 利润$$
$$= 113.28 + 6.22 + 4.81 + CFR报价 \times 10\%$$
$$= 124.31 + CFR报价 \times 10\%$$

CFR报价 = 124.31 ÷ (1 − 10%) ≈ 138.12(元/双)

折成美元：CFR报价 = 138.12 ÷ 6.85 ≈ 20.16(美元/双)

对外可报：每双20.50美元

(2) JL803TS的CFR报价。

$$CFR报价 = 实际成本 + 国内费用 + 运费 + 利润$$
$$= 131.86 + 8.05 + 5.50 + CFR报价 \times 10\%$$
$$= 145.41 + CFR报价 \times 10\%$$

CFR报价 = 145.41 ÷ (1 − 10%) ≈ 161.57(元/双)

折成美元：161.57 ÷ 6.85 ≈ 23.59(美元/双)

对外可报：每双23.95美元

3. CIF 报价运算

(1) JL608TS的CIF报价。

CIF报价 = 实际成本 + 国内费用 + 运费 + 保险费 + 利润
  = 113.28 + 6.22 + 4.81 + CIF报价 × [(1+10%) × 1.3%] + CIF报价 × 10%
  = 124.31 + CIF报价 × [(1+10%) × 1.3% + 10%]

CIF报价 = 124.31 ÷ (1 − 110% × 1.3% − 10%)
  ≈ 140.35(元/双)

折成美元：CIF报价 = 140.35 ÷ 6.85 ≈ 20.49(美元/双)

对外可报：每双21.00美元

(2) JL803TS的CIF报价。

CIF报价=实际成本+国内费用+运费+保险费+利润

= 131.86+8.05+5.50+CIF报价×[(1+10%)×1.3%]+CIF报价×10%

=145.41+CIF报价×[(1+10%)×1.3%+10%]

CIF报价=145.41÷(1-110%×1.3%-10%)

=164.18元/双

折成美元：CIF报价=164.18÷6.85≈23.97(美元/双)

对外可报：每双24.59美元

(二) 分别报价

FOB 大连：

JL608TS USD20.00 美元/双

JL803TS USD23.40 美元/双

CFR 巴林：

JL608TS USD20.50 美元/双

JL803TS USD23.95 美元/双

CIF 巴林：

JL608TS USD21.00 美元/双

JL803TS USD24.59 美元/双

四、对外发盘

梁浩然让工厂按标准制作安全靴和骑兵靴样品各一双，寄给客户和自己留鞋样各一只，在留样靴上分别标注货号(JL608TS/JL803TS)、寄送日期(JAN. 17, 20××)、客户名称(H. E. B.& S W. L. L.)等，以便日后与客户联系时提及。

根据事前市场调研获知，布卡姆先生是巴林国在麦纳麦的最大鞋类进口商，他直接将货物卖给批发商，手下的批发商拥有该城市50%的店铺，同时他还与附近国家做一些转口生意，有很大的销售潜力。鉴于此，根据客户要求及核算结果，梁浩然于20××年1月18日向巴林客户发盘(见示例12.5)。请把往来函电补充完整。

示例12.5　往来函电5

日　　期：	20××-01-18 08:15:01
发件人：	JILIGHT@ TEN.NET.CN
收件人：	BLSH@HOTES.BN
主　　题：	Offer
添加附件	

To: Hassan Ebrahim Bukamal & Sons W.L.L.
Attn:Mr. Jehad Bukamal
Dear sirs,

　　We are in receipt of your inquiry dated Jan. 16, 2021 and hear you are interested in our safety boots and ranger boots. As requested，we have sent you the samples of boots which are free of charge.We hope it will reach you in due course and will help you in making your selection.

　　In order to start a concrete transaction between us we take pleasure in making you a special offer as follows:

　　Safety boots Art. No. JL608TS size: 39-45

　　Ranger boots Art No.JL803TS   size: 39-45

Yours truly,
Liang Haoran

发送　　　　取消

五、进口核算

　　收到梁浩然的报价后，布卡姆觉得骑兵靴价格过高，暂不考虑，但对USD21.00/pair的安全靴报价有一定的意向。为了准确估算进口成本，将卖方报价与巴林内销价格做以对比，布卡姆先后向码头、海关、商检、货运、银行等部门了解了相关的税费情况，取得如下资料(见表12.8)。

表12.8　巴林进口税费情况

卸货驳船费：150巴林第纳尔
码头建设费：140巴林第纳尔
查柜停车费：200巴林第纳尔
码头仓租费：200巴林第纳尔
报检公证费：110巴林第纳尔
报关提货费：120巴林第纳尔
货运代理费：120巴林第纳尔
巴林国内运输费及仓租费：230巴林第纳尔
进口费用合计：150+140+200+200+110+120+120+230=1270巴林第纳尔
2个月贷款利息(成交价的7%)：$21.00 \times 0.3775 \times 7\% \div 12 \times 2 \times 2208 \approx 204.21$(巴林第纳尔)
银行费用(成交价的0.125%)：$21.00 \times 0.3775 \times 0.125\% \times 2208 \approx 21.88$(巴林第纳尔)
增值税率：13%
进口关税率：5%
汇率：1巴林第纳尔=2.6488美元，即1美元=0.3775巴林第纳尔
预期利润：成交价的10%

核算如下：

> 按照卖方USD21.00/Pair CIF Bahrain的报价计算，则：
> 完税价格=到岸价×外汇牌价=$21.00 \times 0.3775 = 7.9275 \approx 8.00$(巴林第纳尔/双)
> 关税=完税价格×进口关税率=$8 \times 5\% = 0.40$(巴林第纳尔/双)
> 增值税=(完税价格+关税)×增值税率=$(8+0.40) \times 13\% = 1.09$(巴林第纳尔/双)
> (此为进项税额，海关代征，销售时可以抵扣)
> 进口税=关税+增值税=0.40+1.09=1.49(巴林第纳尔/双)
> 每双进口费用=$1270 \div 2208 \approx 0.58$(巴林第纳尔/双)
> 贷款利息=$204.21 \div 2208 \approx 0.09$(巴林第纳尔/双)
> 银行费用=$21.88 \div 2208 \approx 0.01$(巴林第纳尔/双)
> 进口成本=进口完税价+进口税+进口费用及利息
> 　　　　=8+1.49+0.58+0.09+0.01
> 　　　　=10.17(巴林第纳尔/双)
> 预期利润=成交价的10%=$21.00 \times 0.3775 \times 10\% \approx 0.79$(巴林第纳尔)
> 进口国内销售价格(含税)=进口成本+利润=10.17+0.79=10.96(巴林第纳尔)
> 该价格比巴林内拟销售价高出0.01巴林第纳尔。

布卡姆针对梁浩然的报价，分别向国外客户询报CIFC5%巴林价格，然后作决定。

六、买方还盘

20××年1月20日布卡姆向梁浩然发出电子邮件(见示例12.6)，要求其报出CIFC5%巴林价格。请把往来函电补充完整。

示例12.6　往来函电6

日　　期：	20××-01-20 17:50:21
发件人：	BLSH@HOTES.BN
收件人：	JILIGHT@ TEN.NET.CN
主　　题：	Reply to an offer
添加附件	

To: Jiqing Industrial Products Import & Export Corporation
Attn: Mr.Liang Haoran

Our Ref. No.JQ0302
Dear Sirs，

Yours sincerely,
Jehad Bukamal

发送　取消

第三节　深度磋商情境下的模拟操作

一、卖方对市场分析

就布卡姆先生所要求的含佣报价来看，梁浩然觉得他是想借换一种报价方式测定自己的销售心态。只要还价时我方稍微有些松弛，布卡姆就会乘胜追击，压制价格。从中东市场鞋类产品供求状况来看，当地鞋类供应情况相对可以，偶尔会显现出一些紧张状态，主要是韩国、中国台湾、印度尼西亚及马来西亚等国家或地区皮革供应货源不够充足，因而导致中东鞋类市场销售价有所趋升。鉴于上述分析，梁浩然决定价格不做任何下调，在原有报价基础上另行加入5个百分点的佣金。含佣报价核算如表12.9所示。

表12.9 含佣报价核算

ART. NO.JL608TS　　　　CIF C5% 巴林报价
CIF含佣价 = $\dfrac{净价}{1-佣金率}$ = $\dfrac{21.00}{1-5\%}$ ≈ 22.11(美元/双)
对外可报：每双22.65美元

二、卖方还盘

根据布卡姆先生的要求，梁浩然于20××年1月21日将核算出来的含佣价对外报出（见示例12.7），静候音讯。

示例12.7 往来函电7

日　　期	20××-01-21 08:01:34
发件人	JILIGHT@ TEN.NET.CN
收件人	BLSH@HOTES.BN
主　　题	Price with commission
添加附件	

To: Hassan Ebrahim Bukamal & Sons W.L.L.
Attn:Mr. Jehad Bukamal
Dear sirs,

（吉轻）

Looking forward to your early reply.
Yours sincerely,
Liang Haoran

发送　　　　取消

三、买方二次比价还盘

(一) 比价分析

在与梁浩然进行磋商的同时，布卡姆先生又相继收到了韩国和印度尼西亚卖方的报价。

(1) 20××年1月23日，韩国卖方报价(见示例12.8)。

示例12.8　往来函电8

To: Hassan Ebrahim Bukamal & Sons W.L.L.
Attn: Mr. Jehad Bukamal
Date: Jan. 23，20××

Dear sirs,
　　Thank you for your reply of Jan. 19, 20××. Please acknowledge receipt of our sample. We hereby quote you our price as follows：
　　Safety boots art. No.XQ0301 CIFC5% Bahrain USD26.25/pair，15 pairs packed in a carton.
　　Shipment before the end of Dec. 20××.
　　Payment by sight L/C.
　　We can serve you after shipment at any time.
　　Looking forward to your early reply.

Yours faithfully,
Han Cangjin

尊敬的先生们：
　　感谢您20××年1月19日的回复。请确认收到我方样品，我方报价如下：
　　安全靴货号XQ0301 CIFC5%巴林26.25美元/双，每箱15双。
　　20××年12月底前装运。
　　即期信用证付款。
　　我们可以在装运后随时为您提供服务。
　　期待您的早日答复。

　　谨呈

韩仓进

(2) 20××年1月24日印度尼西亚卖方报价(见示例12.9)。

示例12.9　往来函电9

TO: Hassan Ebrahim Bukamal & Sons W.L.L.
Attn: Mr. Jehad Bukamal
Date: Jan. 24，20××

【印度尼西亚】

Dear sirs,

　　Thank you for your fax of Jan. 20, 20××. We would like to know whether you have received our samples. We now offer you safety boots as follows:

　　Art. NO.IN03987 CIFC5%Bahrain USD22.40/pair，12 pairs packed in a carton.

　　Shipment is effected by the end of Aug. 20××.

　　Payment by sight L/C.

　　We are looking forward to your soonest reply.

Yours truly,
Huang Liyang

尊敬的先生们：

　　谢谢您20××年1月20日的传真。我们想知道您是否收到了我们的样品。现向您提供安全靴报价如下：

　　货号：IN03987 CIFC5%巴林22.40美元/双，12双装一纸箱。

　　20××年8月底前装船。

　　即期信用证付款。

　　我们期待贵方尽快答复。

敬上

黄立阳

　　基于对卖方的前期了解，根据核算结果及对各方样品的检测分析，布卡姆先生得出如下结论：

　　韩国卖方同类产品品质尚可；如果长期要货，交货期难以保证；价格偏高，与国际市场价格有一定的差距；包装不合规格；售后服务较好；资信一般；地理位置不错；出售动机是想获得高额利润。

　　印度尼西亚卖方同类产品可以长期供应，但做工品质不能保证；售后服务不可靠；资信情况尚可；地理位置不错；出售动机是想低价竞销。

　　中国卖方同类产品品质优良；价格比较合理；能够保证正常供应；售后服务良好；资信尤佳；地理位置欠佳；出售动机是想公平竞争，获取合理利润。

(二) 递价

综合上述比价情况，布卡姆先生觉得中国公司在其产品品质基础之上的含佣报价是较理想的，且有成交希望。因此，他于20××年1月28日向梁浩然递价(见示例12.10)。

示例12.10　往来函电10

日　期	20××-01-28 09:07:45
发件人	BLSH@HOTES.BN
收件人	JILIGHT@ TEN.NET.CN
主　题	Our bid
添加附件	

To: Jiqing Industrial Products Import & Export Corporation
Attn: Mr. Liang Haoran

Our Ref. No.JQ0303
Dear Sirs,

　　We acknowledge with thanks receipt of your E-mail and samples. We immediately contacted our customers and they showed a great interest because there is a growing demand for safety boots.

　　However, the prices you quoted, are found too much on the high side, information here indicates that the prices for safety boots from other sources in your country are sold lower than yours. We really appreciate the good workmanship and excellent designs of your products, but your price is out of line with the prevailing market level, such being the case, it is impossible for us to persuade our customers to accept your price.

　　If you could reduce your price to USD19.00/pair CIFC5% BAHRAIN for Art. No.JL608TS. We might come to terms.

　　As the market is keen competition, we expect your immediate reply.

　　For the samples, we had noted no size number was stated on the sample we received, so please advise the part of the boot you state the size number. Expecting your early positive reply to proceed with our first deal.

　　Yours sincerely,
　　Jehad Bukamal

亲爱的先生们：

　　非常感谢您的电子邮件和样品。收到后我们立即与客户联系，他们对安全靴表现出极大的兴趣，因为对安全靴的需求日益增长。

　　然而，你方报价偏高，从这里获得的信息表明，贵国其他地区的安全靴价格比贵方低。我们真的很欣赏贵司产品的优良工艺和设计，但贵方价格与当前市场水平不符，既然如此，我们无法说服客户接受你们的价格。

(续表)

如果贵方能将JL608TS号货物的价格降到每双19.00美元CIFC5%巴林,我们可能会达成交易。

由于市场竞争激烈,我们期待你方立即答复。

对于样品,我们注意到在收到的样品上没有注明尺码。所以请告知靴子标明尺码的位置。希望你方早日给予肯定答复,以便我们达成第一笔交易。

谨上

杰哈德·布卡迈勒

发送 取消

四、卖方二次还盘

(一) 还价核算资料

收到布卡姆先生的递盘(USD19.00/pair)后,梁浩然又做了一次还价核算,如下:

货号: JL608TS (安全靴)
还价数量: 2208双
出口报价总额: 22.65×2208 = 50 011.20(美元)(CIFC5% BAHRAIN)
进口还价总额: 19.00×2208 = 41 952.00(美元)(CIFC5% BAHRAIN)
进货总额: 128×2208 = 282 624(元)(含13%的增值税)
实际成本: 113.28元×2208 = 250 122.24(元)
国内费用: 13 730.02元
海运费: 1550美元
保险费率: 1.3%
汇率: 1美元=6.85元人民币

(二) 利润核算与结果分析

如果接受布卡姆先生的还价,可否获利?计算如下:

根据还价核算公式,得出:
利润总额=销售收入-实际成本-国内费用-出口运费-出口保险费-客户佣金
　　　　=41 952×6.85-250 122.24-13 730.02-1 550×6.85-41 952×6.85×
　　　　　110%×1.3%-41 952×6.85×5%
　　　　=287 371.20-263 852.26-10 617.50-4109.41-14 368.56
　　　　=-5576.53(元)

梁浩然对市场进行了多方考察，市场调查显示：皮革原料价格有上涨趋势，有些地方供不应求；另据有关信息表明，近来中国台湾、印度尼西亚、韩国等(地区)的生产情况也对我们构成一定的威胁。

考虑到布卡姆先生在当地市场有着比较广泛的销售渠道，具有较强的推销实力，可将其列为良好的业务发展对象；但作为新客户，应以较高价格商谈，据以试探对方的购买诚意。

(三) 还价核算

梁浩然决定一方面要求客户增加订购数量(设定为2个20英尺货柜)；另一方面保留5%的利润对外报价，争取和对方谈成此笔交易。

对比数量增加前后的成本(见表12.10)，测算保留5%利润的报价水平。

表12.10 数量增加前后的核算资料对比

还价数量	1×20'(2208双)	2×20'(4416双)
包装费	2.5元/双×2208=5520元	2.5元/双×4416=11 040元
运杂费	1500元	2250元
出口手续费	400元	600元
银行利息和费用	4310.02元(6.1%)	8620.04元
业务费用	2000元	3000元
费用合计	13 730.02元(均6.22元/双)	25 510.04元(均5.78元/双)
海运费：1550×2×6.85÷4416≈4.81元/双		
保险费：报价×(1+10%)×1.3%		

根据公式计算，得出：
CIFC5%报价=实际成本+国内费用+海运费+保险费+佣金+利润
　　　　　=113.28+5.78+4.81+报价×110%×1.3%+报价×5%+报价×5%
　　　　　=123.87+报价×(110%×1.3%+5%+5%)
　　　　　=123.87+报价×0.1143

等式两边移项：

报价-报价×0.1143=123.87

报价=$\frac{123.87}{0.8857}$≈139.86(元)

折成美元=139.86÷6.85≈20.42(美元)

故，对外可报20.60美元。

(四) 向买方还盘

根据核算结果,梁浩然于20××年1月31日向布卡姆先生还盘CIFC5%巴林(见示例12.11)。请把往来函电内容补充完整。

示例12.11　往来函电11

日　期	20××-01-31 13:35:12
发件人	JILIGHT@ TEN.NET.CN
收件人	BLSH@HOTES.BN
主　题	Counter offer
添加附件	

To: Hassan Ebrahim Bukamal & Sons W.L.L.
Attn: Mr. Jehad Bukamal
Dear sirs,

（轻工）

Yours truly,
Liang Haoran

发送　　　取消

五、买方进一步还盘

(一) 进口还价核算

20××年2月1日布卡姆先生收到梁浩然要求增加数量(2个货柜/4416双)的还盘(USD20.60/pair)后，对其价格进行了认真测算。

1. 还价资料 (见表 12.11)

表12.11 安全靴的还价资料对比

出口价：USD22.65/pair CIFC5% BAHRAIN	出口价：USD20.60/pair CIFC5% BAHRAIN
数量：1×20'货柜 2208双	数量：2×20'货柜 4 416双
完税价格：22.65×0.3775≈8.55(巴林第纳尔)≈9.00(巴林第纳尔)	完税价格：20.60×0.3775≈7.78巴林第纳尔≈8.00(巴林第纳尔)
关税：完税价的5%=0.45(巴林第纳尔/双)	关税：完税价的5%=0.40(巴林第纳尔/双)
增值税：(完税价+关税)×13%=1.23(巴林第纳尔/双)	增值税：(完税价+关税)×13%=1.092(巴林第纳尔/双)
进口费用：1 270巴林第纳尔	进口费用：1270×2=2540(巴林第纳尔)
银行费用：成交价的0.125% 8.55×0.125%×2 208≈23.60(巴林第纳尔)	银行费用：成交价的0.125% 7.78×0.125%×4 416≈42.95(巴林第纳尔)
贷款利息：成交价的7%(2个月)=220.25(巴林第纳尔)	贷款利息：成交价的7%(2个月)=400.83(巴林第纳尔)
平均费用与利息：1270+23.60+220.25/2208≈0.69(巴林第纳尔/双)	平均费用与利息：2540+42.95+400.83/4416≈0.68(巴林第纳尔/双)
利润：22.65×0.3775×10%≈0.86(巴林第纳尔)	利润：20.60×0.3775×10%≈0.78(巴林第纳尔)

2. 还价核算

进口2个货柜安全靴可以接受的价格计算如下：

```
进口成本=完税价+关税+增值税+进口费用及利息
       =8+0.4+1.09+0.68
       =10.17(巴林第纳尔/双)
国内销售价格(含税)=进口成本+利润
                =10.17+0.78
                =10.95(巴林第纳尔)
该价格与巴林国内售价相等。
```

(二) 向卖方还盘

根据核算结果及当地该货物的销售情况，布卡姆先生决定增加采购数量，一次订货3个20英尺货柜，并与对方商讨支付方式，进而向卖方施加压力，讨价还价。鉴于此，他于20××年2月4日向梁浩然再度还盘(见示例12.12)。请把往来函电内容补充完整。

示例12.12　往来函电12

日　　期	20××-02-04 11:02:54
发件人	BLSH@HOTES.BN
收件人	JILIGHT@ TEN.NET.CN
主　　题	Counter offer for adding 3×20'
添加附件	

To: Jiqing Industrial Products Import & Export Corporation
Attn: Mr. Liang Haoran

Our Ref. No.JQ0304
Dear sirs,

Yours sincerely,
Jehad Bukamal
Hassan Ebrahim Bukamal & Sons W.L.L.

发送　　　　取消

六、卖方三次还盘

(一) 出口还价核算

梁浩然收到布卡姆先生的还盘后,立刻讨论研究方案。讨论后,他觉得新客户使用远期信用证不太适宜,但鉴于客户初次订单的数量较大(3个货柜)且客户购买意愿较强,加之人民币升值给我们出口带来了极大的困难,为了尽快打入该市场,稳定客户源,决定保留3%利润率,再度进行核算。

1. 增加数量前后的核算数字对比(见表12.12)

表12.12　增加数量前后的核算对比

还价数量	1×20'(2208双)	2×20'(4416双)	3×20'(6624双)
包装费	2.5元/双 5520元	2.5元/双 11 040元	2.5元/双 16 560元
运杂费/元	1500	2250	3375元
出口手续费/元	400	600	900
银行利息/元	4310.02	8620.04	12 930.06
业务费用/元	2000	3000	4500
合计/元	13 730.02	25 510.04	38 265.06
平均费用/元/双	6.22	5.78	5.78
平均海运费/元/双	1550÷2208×6.85≈4.81	1550×2÷4416×6.85≈4.81	1550×3÷6624×6.85≈4.81

2. 还价核算

保留3%利润应报价格,计算如下:

CIFC5%报价=实际成本+国内费用+海运费+保险费+佣金+利润
　　　　　=113.28+5.78+4.81+报价×110%×1.3%+报价×5%+报价×3%
　　　　　=123.87+报价×(110%×1.3%+5%+3%)
　　　　　=123.87+报价×0.0943

等式两边移项:

报价-报价×0.0943=123.87

报价=$\frac{123.87}{0.9057}$≈136.77(元)

折成美元:136.77÷6.85≈19.97(美元)

(二) 向买方还盘

根据以上核算结果,梁浩然于20××年2月9日还盘CIFC5%巴林USD20.00/双(见示例12.13)。请把往来函电内容补充完整。

示例12.13　函电往来13

日　　期	20××-02-09 10:18:20
发件人	JILIGHT@ TEN.NET.CN
收件人	BLSH@HOTES.BN
主　　题	Counter offer
添加附件	

To: Hassan Ebrahim Bukamal & Sons W.L.L.
Attn: Mr. Jehad Bukamal

Dear sirs,

吉轻

Yours faithfully,
Liang Haoran

发送　　　取消

梁浩然又与工厂联系，打制确认样品一双，并于2021年2月11日特快专递寄出。

第四节　接受与签订合同的模拟操作

一、进口综合测算

20××年2月14日布卡姆先生收到梁浩然的报价(USD20.00/pair)之后，仔细斟酌，进一步核算。

(一) 数据对比测算

数据对比测算如表12.13所示。

表12.13　数据对比测算

数量	1×20' (2208双)	2×20'(4416双)	3×20'(6624双)
出口报价	USD22.65/pair CIFC5% BAHRAIN	USD20.60/pair CIFC5% BAHRAIN	USD20.00/pair CIFC5% BAHRAIN
汇率	1美元=0.3775巴林第纳尔		
每双完税价	完税价：22.65×0.3775≈8.55(巴林第纳尔)≈9(巴林第纳尔)	完税价：20.60×0.3775≈7.78(巴林第纳尔)≈8(巴林第纳尔)	完税价：20.00×0.3775≈7.55(巴林第纳尔)≈8(巴林第纳尔)
每双进口税费	关税：0.45巴林第纳尔 增值税：1.23巴林第纳尔 进口费用：1270÷2208≈0.58(巴林第纳尔) 银行费用：8.55×0.125%≈0.01(巴林第纳尔) 贷款利息：8.55×7%/12×2≈0.1(巴林第纳尔) 平均费用与利息：0.58+0.01+0.1=0.69(巴林第纳尔)	关税：0.40巴林第纳尔 增值税：1.09巴林第纳尔 进口费用：1270×2÷4416≈0.58(巴林第纳尔) 银行费用：7.78×0.125%≈0.01(巴林第纳尔) 贷款利息：7.78×7%/12×2≈0.09(巴林第纳尔) 平均费用与利息：0.58+0.01+0.09=0.68(巴林第纳尔)	关税：0.40巴林第纳尔 增值税：1.09巴林第纳尔 进口费用：1270×3÷6624≈0.58(巴林第纳尔) 银行费用：7.55×0.125%≈0.01(巴林第纳尔) 贷款利息：7.5×7%÷12×2≈0.09(巴林第纳尔) 平均费用与利息：0.58+0.01+0.09=0.68(巴林第纳尔)
每双利润	22.65×0.3775×10%≈0.855(巴林第纳尔)	20.60×0.3775×10%≈0.78(巴林第纳尔)	20.00×0.3775×10%≈0.76(巴林第纳尔)

(二) 综合测算

按照梁浩然先生的报价，是否接受，布卡姆先生测算如下：

```
进口成本=完税价+关税+增值税+进口费用及利息
       =8+0.40+1.09+0.68
       =10.17(巴林第纳尔)
进口销售价格=进口成本+利润
           =10.17+0.76
           =10.93(巴林第纳尔)
卖方报价在买方可接受的范围之内(低于国内售价10.95巴林第纳尔)。
```

二、做卖方的信用调查

根据测算情况，布卡姆先生决定向中国银行长春分行咨询卖方的资信情况。

(一) 信用调查函

20××年2月14日布卡姆先生向梁浩然的往来银行——中国银行长春分行发出了信

用调查询函(见示例12.14)。

示例12.14　信用调查询函

To: Bank of China, Changchun Branch
Date: Feb. 14, 20××
Our Ref. No.JI0301
Dear Sir or Madam:

　　Jiqing Industrial Products Import & Export Corporation is desirous of entering into long business relations with us and have given us your esteemed address as reference. We should greatly appreciate your courtesy in giving us information regarding the extent of its business, financial condition and reliability in meeting its obligations. Any information you kindly give us will be treated as strictly confidential and without responsibility on your bank.

　　Yours sincerely,
　　Hassan Ebrahim Bukamal & Sons W.L.L.
　　Jehad Bukamal

致：中国银行长春分行
日期：20××年2月14日
我们的参考号：JI0301
亲爱的先生或女士：

　　吉轻工业产品进出口公司希望与我们建立长期的业务关系，并已将贵公司的地址提供给我们作为参考。如果您能提供有关其业务范围、财务状况和履行义务的可靠性等信息，我们将不胜感激。

　　谨呈

　　　　　　　　　　　　　　　　　　　　　　　　　　　　　　　杰哈德·布卡迈勒

(二) 中国银行复函

20××年2月16日，中国银行长春分行予以答复(见示例12.15)。

示例12.15　信用调查回函

To: Hassan Ebrahim Bukamal & Sons W.L.L.
Attn: MR. Jehad Bukamal
Date: Feb. 16, 20××
Dear sirs,

　　We are pleased to send you, in confidence, the credit information you requested concerning messrs-Jiqing Industrial Products Import & Export Corporation in your fax of Feb. 14, 20××.

　　The above firm enjoys the fullest respect and unquestionable confidence in the business world. They are prompt punctual in all their transactions. We recommend them as worthy of your full confidence and consideration.

　　However, this is without obligation on my part. We hope this information may be of use to you.

　　Yours faithfully,
　　Bank of China, Changchun Branch

(续表)

致：杰哈德·布卡姆先生 日期：20××年2月16日 亲爱的先生们： 　　我们很高兴收到您20××年2月14日的传真，将您所要求的关于吉轻工业产品进出口公司的信用信息秘密发送给您。上述公司在商界享有盛誉。他们在所有的交易中都很准时。我们推荐他们值得您充分信任和考虑。 　　不管怎么说这不是我们的义务，但我们还是希望这个信息对您有用。 　　敬上 　　　　　　　　　　　　　　　　　　　　　　　　　　　　　中国银行长春分行

三、接受卖方还盘

20××年2月17日，布卡姆先生收到梁浩然寄来的确认样品，经过检测，样品品质合格。20××年2月19日，布卡姆先生接受卖方梁浩然的还盘，发出了订单(见示例12.16)。请把往来函电内容补充完整。

示例12.16　往来函电14

日　期	20××-02-19 22:16:01
发件人	BLSH@HOTES.BN
收件人	JILIGHT@ TEN.NET.CN
主　题	Acceptance
添加附件	

To: Jiqing Industrial Products Import & Export Corporation
Attn: Mr. Liang Haoran

Our Ref. No.JQ0305
Dear sirs，
　　Thank you for your E-mail of Feb. 9, 20××. We have decided to accept your price.

　　Yours sincerely,
　　Jehad Bukamal

发送　　　　取消

四、出口方缮制合同并附成交函

(一) 成交核算

梁浩然收到布卡姆先生的确认函后,对该笔交易进行了最后的核算(见表12.14)。

表12.14　出口货物成交核算单

公司名址 吉轻工业品进出口公司 长春市岳阳街甲12号			客户名址 Hassan Ebrahim Bukamal & Sons W.L.L. P.O.BOX 5682 MANAMA, BAHRAIN		
商品名称	货号规格	成交数量	计量单位	出厂价格	出口价格
安全靴	JL608TS	6624	双	128元	20.00美元
合　计		6624	双	847 872元	132 480.00美元
包装件数	包装细数	毛重	净重	长×宽×高	尺码
552箱	12双	27	21.6	50cm×35cm×78cm	0.1365m^3
合　计		14 904KGS	11923.2KGS		75.348m^3
价格术语	装运港	目的港	国别	交货日期	付款方式
CIFC5% 巴林	大连	巴林	巴林	2021.5.25	信用证
货柜数量	20'包厢费率	40'包厢费率	佣金率	退税率	定额费用率
3	1550美元×3=4650美元		5%	13%	4.51%
利润率	3.6%		保险费率		1.3%
币别	人民币		币别	人民币	美元
购货成本	847 872.00		出口运费	31 852.50	4650
退税金额	97 542.79		出口保险费	12 977.08	1 894.46
实际成本	750 329.21		佣金额	45 374.40	6 624.00
国内费用	38 265.06		销售净收入	817 284.05	119 311.54
出口 总成本	788 594.27		换汇成本	6.6095元/美元	
汇率	1∶6.85		出口盈利额		28 689.78
备　注:					

(二) 缮制合同,发函会签

经最后核算和条款审核后,梁浩然缮制、签发出口合同一式三份(见示例12.17),于20××年2月21日寄送买方,并附上一封成交函(见示例12.18),告知其合同已经寄出,希望会签。请把示例12.18补充完整。

示例12.17 售货合同书

售货确认书 SALES CONFIRMATION	合同编号 Contract No. XXDO70ASB0701 签约时间地点 Date and Place: Feb. 21，20×× Changchun, China

卖方：
THE SELLERS: JIQING INDUSTRIAL PRODUCTS IMPORT & EXPORT
　　　　　　　CORPORATION，A12 YUE YANG STREET, NANGUAN DISTRICT,
　　　　　　　CHANGCHUN, CHINA.
　　　　　　　传真：086-0431-8891××××
　　　　　　　电子邮箱：JILIGHT@ TEN.NET.CN

买方：
THE BUYERS: Hassan Ebrahim Bukamal & Sons W.L.L.
　　　　　　　P.O.BOX 5682
　　　　　　　MANAMA, BAHRAIN
　　　　　　　传真：973-9876××××
　　　　　　　电子邮箱：BLSH@HOTES.BN

经买卖双方确认根据下列条款签订本合同：

The undersigned Sellers and Buyers have confirmed this contract is accordance with the terms and conditions stipulated below:

1.货物品名、规格及包装 Name of Commodity, Specification & Packing	数量 Quantity	单价 Unit price	总值 Total Amount
Safety Boots Art. No.JL608TS SIZE RUN: Quality to be about equal to the confirmation sample Packing: packed in cartons of 12 pairs each only. (in white box) solid packing.			

(允许卖方在装货时溢装或短装__%，价格按照本合同所列的单价计算)
(The Sellers are allowed to load the quantity with__% more or less.The price shall be calculated according to the unit price stipulated in this contract.)

(续表)

2. 唛头：□由卖方指定。□由买方指定，须在信用证开出前10天提出并经卖方同意。否则由卖方指定。

Shipping mark：□To be designated by the sellers. □ The buyers desire to designate their own shipping mark, the buyers shall advise the sellers 10 days before opening L/C and the sellers' consent must be obtained. Otherwise, the shipping mark will be designated by the sellers.

3. 保险：□由卖方按发票总值的110%投保一切险、战争险，如买方欲增加其他险别或超过上述额度保险时，须事先征得卖方同意，其增保费用由买方负担。□由买方投保。

Insurance：□ To be covered by the sellers for 110 % of the total invoice value against all risks and war risks. Should the buyers desire to cover for other risks besides the aforementioned or for an amount exceeding the aforementioned limit, the sellers' approval must be obtained first, and all additional premium charges incurred therewith shall be for the buyers' account. □ Insurance to be covered by the buyer.

4. 装运口岸：

5. 目的口岸：

6. 装船期限：

付款条件：由买方申请银行开立保兑、不可撤销、无追索权、可转让、可分割、以卖方为受益人的即期信用证，汇票金额□按全额发票□发票金额的95%开立，由中国境内的议付行凭卖方货运单据议付。该信用证必须在20××年3月1日前开到卖方，信用证有效期在装船后15天在中国到期。信用证内容必须严格符合本合同的规定，否则修改信用证的费用由买方负担。同时，卖方也不负因修改信用证而延误装期的责任。

Terms of Payment：The buyers shall establish a confirmed，irrevocable, without recourse, transferable and divisible Letter of Credit in favor of the sellers which drafts drawn at sight for □ full invoice amount/□ 95% of invoice value. Against presentation of the shipping documents to the negotiating bank in China. The Letter of Credit must reach the sellers before 1 March 20×× and remain valid for negotiation in China till the 15th day after the aforesaid time of shipment. The content of the covering Letter of Credit shall be in strict accordance with the stipulations of the Sales Confirmation. In case of any variation thereof necessitating amendment to the L/C, the buyers shall bear the expenses incurred in such amendment and the sellers shall not be held responsible for possible delay of shipment resulting from this necessity of amending the L/C.

8. 装运单据：卖方应向议付银行提供下列单据：

Shipping documents：The sellers shall present the following documents to the negotiating bank for payment：

(1) 全套清洁已装船空白抬头空白背书提单，注明运费已付。

Full set clean on board of shipped Bills of Lading made out to order and blank endorsed, marked "Freight Prepaid" and notify applicant.

(2) 商业发票4份。

Commercial invoice in 4 copies.

(3) 装箱单或重量单3份。

The packing list or weight list in 3 copies.

(4) 可转让的保险单或保险凭证正本2份及副本2份。

Two original and 2 duplicate copies of the transferable insurance policy or insurance certificate.

(5) 中国出入境检验检疫局签发的品质、数量/重量检验证书正本一份，副本2份。

One original and 2 duplicate copies of the inspection certificate of quality, quantity/weight issued by China Entry and Exit Inspection and Quarantine Bureeau.

(续表)

(6) 中国国际贸易促进委员会签发的原产地证明书正本一份，副本2份。
One original and 2 duplicate copies of the Certificate of origin issued by China Council for the Promotion of International Trade.

9. 商品检验：中国出入境检验检疫局或制造厂商签发的品质、数量/重量检验证书，作为品质、数量/重量的交货依据。
Inspection：The inspection certificate of quality, quantity/weight issued by China Entry and Exit Inspection and Quarantine Bureau or the manufacturers shall be taken as the basis of delivery.

10. 不可抗力：由于人力不可抗拒事故，使卖方不能在合同规定期限内交货或者不能交货，卖方不负担责任，但应立即电告买方，如果买方提出要求，卖方应以电讯方式向买方提供证明上述事故存在的证件。
Force Majeure：The sellers shall not be held responsible if they, owing to Force Majeure cause or causes, fail to make delivery within the time stipulated in the Contract or cannot deliver the goods. However, in such a case,the sellers shall inform the buyers immediately by cable and if it is requested by the buyers, shall also deliver to the buyers by telecommunication a certificate attesting the existence of such a cause or causes.

11. 异议索赔：如果卖方不能在合同规定期限内把整批或一部分的货物装上船，除非人力不可抗拒原因或者取得买方同意而修改合同规定外，买方有权在合同装船期满30天后撤销未履行部分的合同。

　　如果货到目的口岸买方对品质有异议时，可以凭卖方同意的公证机构出具的检验报告，在货到目的口岸30天内向卖方提出索赔，卖方将根据实际情况考虑理赔或不理赔，一切损失凡由于自然原因或属于船方或保险公司责任范围内者，卖方概不负赔偿责任。

如果买方不能在合同规定期限内将信用证开到或者开来的信用证不符合合同规定而在接到卖方通知后不能及时办妥修正，卖方可以撤销合同或延期交货，并有权提出索赔要求。

Discrepancy and claim: In case the sellers fail to ship the whole lot or part of the goods within the time stipulated in this Contract, the buyers shall have the right to cancel the part of the Contract which has not been performed 30 days following the expiry of the stipulated time of shipment, unless there exists a Force Majeure cause or the contract stipulation has been modified with the buyers' consent. In case discrepancy on the quality of the goods is found by the buyers after arrival of the goods at the port of destination, the buyers may, within 30 days after arrival of the goods at the port of destination, lodge with the sellers a claim which should be supported by an Inspection Certificate issued by a public surveyer approved by the sellers. The sellers shall, on the merits of the claim, either make good the loss sustained by the buyers or reject their claim, it being agreed that the sellers shall not be held responsible for any loss or losses due to natural causes or causes falling within the responsibility of Shipowners or the Underwriters.

In case the Letter of Credit does not reach the sellers within the time stipulated in the Contract, or if the Letter of Credit opened by the buyers does not correspond to the Contract terms and that the buyers fail to amend thereafter its terms in time, after receipt of notification by the sellers, the sellers shall have the right to cancel the contract or to delay the delivery of the goods and shall have also the right to claim for compensation of losses against the buyers.

12. 仲裁：凡因执行本合同或有关本合同所发生的一切争执，双方应协商解决，如果协商不能得到解决，应提交中国国际经济贸易仲裁委员会，按照申请仲裁时该会现行有效的仲裁规则进行仲裁，仲裁裁决是终局的，对双方都有约束力。

Arbitration：any dispute arising from or in connection with this Contract shall be submitted to China International Economic and Trade Arbitration Commission for arbitration which shall be conducted in accordance with the Commission's arbitration rules in effect at the time of applying for arbitration.The arbitral award is final and binding upon both parties.

13. 责任：签约双方，即上述卖方和买方，应对本合同条款全部负责履行，凡因执行本合同或有关本合同所发生的一切争执应由签约双方根据本合同规定解决，不涉及第三者。

Obligations: Both the signers of this Contract, i. e. the sellers and the buyers as referred to above, shall assume full responsibilities in fulfilling their obligations as per the terms and conditions herein stipulated. Any dispute arising from the execution of, or in connection with this Contract shall be settled in accordance with terms stipulated above between the signers of this Contract only, without involving any third party.

备注：

Remarks:

买方于收到本合同书后请立即签回一份，如有异议，应于收到后5天内提出，否则认为买方已同意接受本合同书所规定的各项条款。

The buyer is requested to sign and return one copy of this Sales Confirmation immediately after receipt of the same. Objection, if any, should be raised by the buyer within five days after the receipt of this Sales Confirmation, in the absence of which it is understood that the buyer has accepted the terms and conditions of the Sales Contract.

卖方：	买方：
The sellers:	The buyers:
Jiqing Industrial Products Import & Export Corporation	Hassan Ebrahim Bukamal
梁浩然	& Sons W.L.L.

示例12.18　成交函

日　期	20××-02-21 10:32:09
发件人	JILIGHT@ TEN.NET.CN
收件人	BLSH@HOTES.BN
主　题	Confirmation
添加附件	Sales Confirmation No. XXDO70ASB0701

To: Hassan Ebrahim Bukamal & Sons W.L.L.

Attn: Mr. Jehad Bukamal

(吉轻)

Dear sirs,

　　Thank you for your order No. XXBT0092 which you sent us Feb. 19, 20××.

Yours truly,

Liang Haoran

发送　取消

第五节 合同履行情境下开证与改证的模拟操作

一、买方提交开证申请

布卡姆先生收到梁浩然寄来的销售确认书，审核无误后，按照要求填写开证申请书，并于20××年2月25日将申请书(见示例12.19)提交开证行开证。

示例12.19 开证申请书

Application for Issuing Letter of Credit

To: BANK OF BAHRAIN AND KUWAIT B.S.C.
P.O.BOX 597, MANAMA, STATE OF BAHRAIN.
Cables: BAHKUBANK, BAHRAIN, Telex: 8919 BN
Telephone: 25338832, Telefax: 27578522/21336955
SWIFT: BBKUBHBM

B.S.C

Date: Feb. 25, 20××

Please issue on our behalf and for our account the following Irrevocable Letter of Credit by (×) telex/( )airmail: L/C No._____

Beneficiary: Jiqing Industrial Products Import & Export Corp.

A12 Yueyang street, Changchun China

Applicant: Hassan Ebrahim Bukamal & Sons W.L.L.

Amount: USD132480.00 U.S.DOLLARS ONE HUNDRED AND THIRTY TWO THOUSAND FOUR HUNDRED AND EIGHTY ONLY.

Advising Bank: Bank of China Shanghai

Date of Expiry: May 25, 20××

Place of Expiry: Shanghai China

Dear Sirs,

We hereby issue our Irrevocable Letter of Credit in your favor for account of the above applicant available by your draft(s) ☒ at sight/ ☐ days sight drawn on ☐ us / ☐ advising bank/ ☒ applicant for 95% of invoice value marked as drawn under this L/C accompanied by following documents marked with ×:

A1 ☒ Signed commercial invoice in 4 copies indicating Sales Confirmation No. XXSJ4005 and our order NO.XXBT0092.

A2 ☒ Full set of 2/3 original clean on board ocean Bills of Lading plus 3N.N.copies，made out to our order and endorsed in blank notifying ☐ sellers'forwarding agent at destination/☐ applicant marked freight ☐ to collect/ ☒ prepaid / ☐ indicating freight amount and showing measurements and weight of consignment in cubic metres and kilograms.

A3 ☐ Airway Bill consigned to ☐ sellers'agent at destination/ ☐ applicant/ ☐ us marked air freight ☐ to collect/ ☐ prepaid.

A4 ☐ Forwarding Agent's cargo receipt_____.

(续表)

A5 ☐ Insurance policy or certificate in 2 copies endorsed in blank covering ☐ All Risks and War Risk/ ☐ Air Transportation All Risks/ ☐ Overland Transportation All Risks, War Risks as per CIC clause (1/1/2009) or ☒ Full set of 2/2 marine insurance policy or certificate, endorsed in blank for 110 percent of invoice value, covering institute cargo clauses(A) and war clauses of institute cargo clauses(1/1/2009).

A6 ☒ Packing list / weight list in 3 copies indicating total number of cartons, gross weight / net weight and measurements of export carton.

A7 ☒ Copy of your fax advising applicant within 24 hours after shipment indicating Sales Confirmation NO., L/C No., name of goods, quantity, invoice value, vessel's name / air flight, packages, loading port and shipping date.

Beneficiary's certificate stating that one set of non-negotiable shipping documents together with the 1/3 original B/L and original certificate of origin will be sent to the applicant by DHL within 48 hours after shipment.

A8 ☒ One original certificate of origin and 2 copies stating that the goods are of Chinese origin.

A9 ☒ One original quality certificate and 2 copies issued by ☐ below mentioned manufacturer/ ☒ public recognized survey or/ ☐ _____.

AA ☐ Copy of applicant's / or it's agent's shipping instruction indicating vessel name, contract No., approximate shipment date.

AB ☐ Your letter certifying that one extra copy of each document called for herein has been disposed of according to relative contract stipulations.

AC ☐ Other documents if any: original certificate from owners, agents or master of the vessel.

B. Evidencing shipment of: 6624 PAIRS OF SAFETY BOOTS AS PER APPLICANT'S ORDER NO.XXBT0092 AND BENEFICIARY'S SALES CONFIRMATION NO. XXDO70ASB0701.

PACKING IN NEUTRAL SEAWORTHY EXPORT CARTONS SUITABLE FOR LONG DISTANCE OCEAN TRANSPORTATION.

TERMS OF DELIVERY: CIFC5% BAHRAIN (INCOTERMS 2010)

Shipping Mark: H.E.BUKAMAL & SONS / XXBT0092/BAHRAIN/C/NO.1-UP

C. Special instructions: (if any marked with ×)

C1 ☐ Your signed receipt instead of draft is acceptable.

C2 ☐ The remaining ___% of invoice value_____.

C3 ☐ Both quantity and amount ___% more or less are allowed.

C4 ☒ All banking charges ☒ outside Bahrain / ☐ in Hongkong are for beneficiaries' account.

C5 ☐ Prepaid freight drawn in excess of L/C amount is acceptable against presentation of original charges voucher issued by Shipping Co./Air Line/or it's agent.

D. Documents should be presented within 5 days from the date of shipment, but in any event within the validity of this L/C.

E. Shipment from Dalian to Bahrain Via Hong Kong not later than May 25, 20××, transshipments are ☒ allowed/☐ not allowed; partial shipments are ☐ allowed / ☒ not allowed; on deck shipment is ☐ allowed / ☐ not allowed; third party transport documents are ☐ allowed / ☒ not allowed.

Sealed & signed by: Jehad Bukamal

二、开证行开出信用证

布卡姆先生在巴林开证行有200万美元的授信额度,其信用等级优秀,开证时支付了信用证金额的15%保证金,便顺利开证。布卡姆先生于20××年2月25日将7501.68巴林第纳尔转到开证行账户。收到开证押金后,开证行按照申请书的要求于20××年2月26日开出信用证。开证行将信用证副本转交布卡姆先生审核复查(一般在2日内通知银行是否修改),没有问题后开证行通过SWIFT方式将信用证传递通知行(中国银行上海分行)。同时布卡姆先生也将该证副本传给卖方梁浩然先生一份,告知证已开出,请尽早按证要求备货装运(见示例12.20)。请把下面往来函电补充完整。

示例12.20　往来函电15

日　期	20××-02-26 13:39:17
发件人	BLSH@HOTES.BN
收件人	JILIGHT@ TEN.NET.CN
主　题	Letter of credit advising
添加附件	

To: Jiqing Industrial Products Import & Export Corporation
Attn: Mr. Liang Haoran

Our Ref. No.JQ0306
Dear Sirs,

Yours faithfully,
Jehad Bukamal

发送　　　　取消

三、收到信用证

梁浩然于20××年3月2日收到由转递行——中国银行长春分行转来的信用证通知书及信用证(见示例12.21和示例12.22)。

示例12.21　信用证通知书

信用证通知书 Notification of Documentary Credit		
		20××-02-26
To: JIQING INDUSTRIAL PRODUCTS IMPORT & EXPORT CORPORATION, A12 YUE YANG，STREET, NANGUAN DISTRICT, CHANGCHUN, CHINA.	WHEN CORRESPONDING PLEASE QUOTE OUR REF. NO.	SG1020
Issuing Bank 开证行： Bank of Bahrain and Kuwait B.S.C. P.O.Box 597, Manama, State of Bahrain	Transmitted to us through 转递行 Bank of China, Changchun Branch	
L/C NO. 5092390	DATED 20××-02-26	Amount USD132480.00
Dear sirs， We have pleasure in advising you that we have received from the a/m bank a(n) 兹通知贵司，我行收自上述银行			
( )pre-advising of	预先通知	( )mail confirmation of	证实书
( )telex issuing	电传开立	( )ineffective	未生效
(×)original	正本	( )duplicate	副本
letter of credit，contents of which are as per attached sheet(s). This advice and the attached sheet(s) must accompany the relative documents when presented for negotiation. 信用证一份，现随附通知。贵司交单时，请将本通知书及信用证一并提示。 (×)Please note that this advice does not constitute our confirmation of the above L/C nor does it convey any engagement or obligation on our part. 本通知书不构成我行对此信用证之保兑及其他任何责任。 ( )Please note that we have added our confirmation to the above L/C, negotiation is restricted to ourselves only. 上述信用证已由我行加具保兑，并限向我行交单。 Remarks: This L/C consists of two sheet(s)，including the covering letter and attachment(s). 本信用证连同面函及附件共2纸。		
If you find any terms and conditions in the L/C which you are unable to comply with and or any error(s), it is suggested that you contact applicant directly for necessary amendment(s) so as to avoid any difficulties which may arise when documents are presented. 如本信用证中有无法办到的条款及/或错误，请经与申请人联系进行必要的修改，以排除交单时可能发生的问题。	yours faithfully, BANK OF CHINA 	

示例12.22 信用证

FM: BANK OF BAHRAIN AND KUWAIT B.S.C.
P.O.Box 597, Manama, State of Bahrain
Cables: BAHKUBANK, BAHRAIN, Telex: 8919 BN
Telephone: 2533××××, Telefax: 2757××××/2133××××
SWIFT: BBKUBHBM
TO: BANK OF CHINA SHANGHAI BRANCH
MT: 700 02
27: SEQUENCE OF TOTAL: 1/1
40A: FORM OF DOC.CREDIT: IRREVOCABLE
20: CREDIT NO.5092390
31C: DATE OF ISSUE: 20XX0226
31D: EXPIRY DATE AND PLACE: 20XX0525 IN CHINA -SHANGHAI
51-: APPLICANT BANK: BANK OF BAHRAIN AND KUWAIT B.S.C.
50: APPLICANT: HASSAN EBRAHIM BUKAMAL & SONS W.L.L;
 P.0.BOX 5682 MANAMA, BAHRAIN
59: BENEFICIARY: JIQING INDUSTRIAL PRODUCTS
IMPORT & EXPORT CORPORATION.,
A12 YUE YANG STREET, NANGUAN DISTRICT,
CHANGCHUN, CHINA.
TEL.(0431 8820××××)
32B: AMOUNT: CURRENTY: USDAMOUNT: 132480.00(U.S.DOLLARS ONE HUNDRED AND THIRTY TWO THOUSAND FOUR HUNDRED AND EIGHTY ONLY.
41-: AVAILABLE WITH/BY: ANY BANK BY NEGOTIATION
42C: DRAFTS AT: SIGHT
42-: DRAWEE: APPLICANT
43P: PARTIAL SHIPMENT: NOT ALLOWED
43T: TRANSSHIPMENT: NOT ALLOWED
44A: LOADING IN CHARGE: CHINA
44B: FOR TRANSPORT TO...: BAHRAIN VIA HONGKONG
44C: LATEST DATE OF SHIPMNET: 20××0525
45ª: SHIPMENT OF GOODS:
 6624 PAIRS OF SAFETY BOOTS ART. NO.JL608TS
 SIZE: 39-45

$$\frac{39\quad 40\quad 41\quad 42\quad 43\quad 44\quad 45}{470\quad 315\quad 1656\quad 1972\quad 1262\quad 634\quad 315} = 6624 \text{PAIRS}$$

USD20.00 /PAIR CIFC5% BAHRAIN. AS PER APPLICANT'S ORDER NO.××BT0092 AND BENEFICIARY'S SALES CONFIRMATION NO. XXDO70ASB0701.
46A: DOCUMENTS REQUIRED:
—SIGNED INVOICE IN QUADRUPLICATE EVIDENCING THE PRICE, THE NET AND THE GROSS WEIGHT IN KILOGRAMS AND THE MEASUREMENT OF THE GOODS AND STATING THE

NAME AND ADDRESS OF PRODUCER OR MANUFACTURER OF THE GOODS. INDICATING BENEFICIARY'S SALES CONFIRMATION NO. AND OUR ORDER NO.

—FULL SET OF 2/3 ORIGINAL CLEAN ON BOARD OCEAN BILL OF LADING MADE OUT TO OUR ORDER AND ENDOORSED IN BLANK NOTIFY APPLICANT, MARKED FREIGHT TO COLLECT AND SHOWING MEASUREMENTS AND WEIGHT OF CONSIGNMENT IN CUBIC METRES AND KILOGRAMS.

—FULL SET OF 2/2 MARINE INSURANCE POLICY OR CERTIFICATE, ENDORSED IN BLANK FOR 10% OF INVOICE VALUE, COVERING INSTITUTE CARGO CLAUSES (A) AND WAR CLAUSES OF INSTITUTE CARGO CLAUSES(1/1/2009).

—PACKING LIST MARKED GROSS WEIGHT AND NET WEIGHT IN TRIPLICATE.

—ONE ORIGINAL CERTIFICATE OF ORIGIN INDICATING THAT THE GOODS ARE OF CHINESE ORIGIN SIGNED BY THE CHINA COUNCIL FOR THE PROMOTION OF INTERNATIONAL TRADE.

—ORIGINAL CERTIFICATE FROM THE OWNERS, AGENTS OR MASTER OF THE VESSEL CARRYING THE GOODS TO BAHRAIN (NOT APPLICABLE IF THE BILL OF LADING EVIDENCES SHIPMENT BY UNITED ARAB SHIPPING CO.) CERTIFYING THAT THE VESSEL CARRYING THE GOODS IS NOT ISRAEL OWNED AND WILL NOT CALL AT AN ISRAELI PORT WHILE CARRYING THE GOODS, AND THE VESSEL IS ELIGIBLE FOR ENTRY TO THE PORTS OF THE ARAB STATES UNDER THE LAWS AND REGULATIONS OF SUCH STATE.

—BENEFICIARY'S CERTIFICATE STATING THAT ONE SET OF NON-NEGOTIABLE SHIPPING DOCUMENTS TOGETHER WITH THE 1/3 ORIGINAL B/L AND ORIGINAL CERTIFICATE OF ORIGIN WILL BE SENT TO THE APPLICANT BY DHL WITHIN 48 HOURS AFTER SIPMENT.

—COPY OF BENEFICIARY'S TELEX/FAX SENT TO APPLICANT WITHIN 24 HOURS AFTER SHIPMENT INDICATING DATE OF DEPARTURE, SHIPPING MARKS, NUMBER OF L/C,B/L,SALES CONFIRMATION AND ORDER AS WELL AS NUMBER OF CARTONS TOGETHER WITH THE TOTAL GROSS WEIGHT AND GOODS VALUE.

—ONE ORIGINAL INSPECTION CERTIFICATE OF QUALITY ISSUED BY ENTRY-EXIT INSPECTION AND QUARANTINE BUREAU OF THE PEOPLE'S REPUBLIC OF CHINA.

47A: ADDITIONAL CONDITIONS

—AVAILABLE BY YOUR DRAFT AT SIGHT DRAWN ON THE ACCREDITORS FOR 95% OF THE INVOICE VALUE.

—DRAFTS DRAWN HEREUNDER ARE TO BE MARKED "DRAWN UNDER BANK OF BAHRAIN AND KUWAIT, BAHRAIN, IRREVOCABLE CREDIT NO.5092390, DATED 26. FEB. 20××".

—PACKING IN NEUTRAL SEAWORTHY EXPORT CARTONS SUITABLE FOR LONG DISTANCE OCEAN TRANSPORTATION.

—DUCUMENTS TO SHOW THAT MARKS INCLUDE: H.BUKAMAL & SONS /XXBT0092/BAHRAIN/C/NO.1-UP.

—THIS CREDIT OPERATIVE TO APPROVAL OF THE IMPORT LICENCE.

(续表)

> 48: PERIOD FOR PRESENTATION: GOODS AND OTHER DETAILS AS PER ATTACHED SHEET WHICH FORMS AN INTEGRAL PART OF THIS L/C. DOCUMENTS MUST BE PRESENTED WITHIN 5 DAYS AFTER THE ISSUANCE OF THE TRANSPORT DOCUMENTS BUT WITHIN THE VALIDITY OF THE CREDIT.
> 71B: CHARGE: ALL BANK CHARGES OUTSIDE BAHRAIN ARE PAYABLE BY THE BENEFICIARY.
> 78: UNLESS OTHERWISE SPECIFIED DOCUMENTS DATED PRIOR TO ISSUANCE OF THIS CREDIT ARE NOT ACCEPTABLE AND CREDIT IS AVAILABLE BY NEGOTIATION WITH THE ADVISING BANK ONLY. ONE ORIGINAL SIGNED INVOICE MUST BE SUBMITTED. ANY ALTERATION IN THE DOCUMENT MUST BE IN ENGLISH OR ARABIC LANGUAGE.
> —ALL DRAWN UNDER THIS CREDIT MUST AT THE TIME OF NEGOTIATIION BE ENDORSED ON THE REVERSE OF THE FORM BY THE NEGOTIATING BANK AND THE PRESENTATION OF ANY DRAFT SHALL BE A WARRANTY BY THE NEGOTIATING BANK THAT SUCH ENDORSEMENT HAS BEEN MADE, WE UNDERTAKE THAT DRAFTS AND DOCUMENTS DRAWN UNDER AND IN STRICT CONFORMITY WITH THE TERMS OF THIS CREDIT WILL BE DULY HONORED ON PRESENTATION.
> 72: BANK TO BANK INFO.:
> —ALL NEGOTIATIONS UNDER THIS CREDIT MUST BE ENDORSED ON THE BACK OF THE CREDIT. SUCH AS DATE OF NEGOTIATIONS, NAME OF NEGOTIATING BANK, NUMBER OF ITS BP, AMOUNT IN WORDS.
> —UNLESS OTHERWISE STATED, PLEASE DISPATCH ALL DOCUMENTS IN ONE MAIL BY REGISTERED AIR MAIL.
> —PLEASE ADVISE BENEFICIARY, WITHOUT ADDING YOUR CONFIRMATION.
> —PLEASE CLAIM REIMBURSEMENT BY AIR MAIL FROM THE BANK NOMINATED ON THE FACE OF THIS CREDIT, CONFIRMING THAT ALL THE TERMS AND CONDITIONS OF THIS CREDIT HAVE BEEN COMPLIED WITH. WHEN CHARGES ARE FOR ACCOUNT OF BENEFICIARY, PLEASE STATE SO IN YOUR CLAIM.
> —UNDER NO CIRCUMSTANCE, MAY OUR ACCOUNT BE DEBITED OR REIMBURSEMENT CLAIMED WHEN DOCUMENTS ARE FORWARDED WITH DISCREPANCIES.IN SUCH CASES REIMBURSEMENT AUTHORIZATION SHALL BE GIVEN BY US ONLY AFTER DOCUMENTS HAVE BEEN PAID BY THE OPENERS.
> 40E: APPLICABLE RULES: EXCEPT AS OTHERWISE STATED HEREIN THIS CREDIT IS SUBJECT TO UNIFORM CUSTOMS AND PRACTICE FOR DOCUMENTARY CREDITS (2007 REVISION) INTERNATIONAL CHAMBER OF COMMERCE PUBLICATION NO. 600.

四、出口商致进口商改证函

看过信用证之后,梁浩然发现有几项条款必须修改,于是他在20××年3月5日向对方致改证函(见示例12.23)。请把改证函补充完整。

示例12.23　改证函

日　期：	20××-03-05 08:59:12
发件人：	JILIGHT@ TEN.NET.CN
收件人：	BLSH@HOTES.BN
主　题：	Make amendments to the L/C
添加附件	

To: Hassan Ebrahim Bukamal & Sons W.L.L.
Attn: Mr. Jehad Bukamal

Dear sirs,

　　Thank you for your L/C No. 5092390 issued by Bank of Bahrain and Kuwait B.S.C.which arrived here Mar. 2, 20××. On going through the L/C, however, we find the following discrepancies do not conform to our Sales Contract No.XXDO70ASB0701, please make amendments to it.

　　Yours truly,
　　Liang Haoran

发送　　　取消

五、买方提出改证申请

　　布卡姆先生收到梁浩然的改证函后，认为可以修改，遂于20××年3月10日向开证行提出改证申请(见示例12.24)。

示例12.24　改证申请书

Bank of Bahrain and Kuwait B.S.C
P.O.Box 597, Manama, State of Bahrain
Cables: BAHKUBANK, BAHRAIN, Telex: 8919 BN
Telephone: 2533××××, Telefax: 2757××××/2133××××

B.S.C

Application for amendment

To: Bank of Bahrain and Kuwait B.S.C　Amendment to our documentary Credit No. 5092390

Date of amendment: Mar. 10, 20××　　　　　　　　　　　　　　No.of Amendment:01

Applicant: HASSAN EBRAHIM BUKAMAL& SONS W.L.L	Advising Bank: Bank of China, Changchun Branch
Beneficiary: Jiqing Industrial Products Import & Export Corporation	Amount: USD132480.00

The above-mentioned credit is amended as follows:

　　1. Expiry date is extended until June 15, 20××. L/C valid in China instead of China-Shanghai.

　　2. Negotiation under this credit through Bank of China, Changchun Branch.

　　3. Documents are to be presented within 15 days after shipment.

　　4. Available by your draft at sight drawn on issuing bank for 95% of the invoice value and accompanied by the following documents:

　　5. Full set of 3/3 original clean on board ocean bill of lading issued to our order, notify applicant, marked freight prepaid.

　　6. Partial shipment and transshipment are allowed.

　　7. Full set of 2/2 marine insurance policy or certificate, endorsed in blank for 110 % of invoice value.

　　8. Delete the clause "Beneficiary's certificate stating that one set of non-negotiable shipping documents together with the 1/3 original B/L and original certificate of origin have been sent to the applicant by DHL within 48 hours after shipment."

　　Insert: Beneficiary's certificate stating that one set of non-negotiable shipping documents have been sent to the applicant by DHL within 48 hours after shipment.

　　9. Delete the clause "This credit is operative subject to the approval of the import licence."

All other terms and conditions remain unchanged.

　　　　　　　　　　　　　　　　　　　　　　　　　　　　　Authorized Signature

　　　　　　　　　　　　　　　　　　　　　　　　　　　　　Jehad Bukamal

This amendment is subject to Uniform Customs and Practice for Documentary credits (2007 revision) international chamber of commerce publication No. 600.

六、开证行改证

　　开证行接到买方改证申请书，审核后于20××年3月15日开出改证通知书(见示例12.25)。

示例12.25　改证通知书

\multicolumn{2}{c}{Notification of Amendment to Documentary Credit}
ISSUING BANK Bank of Bahrain and Kuwait B.S.C.	DATE OF THE AMENDMENT: Mar. 15, 20××
BENEFICIARY: Jiqing Industrial Products Import & Export Corporation. A12 Yue yang street, Nanguan district, Changchun China	APPLICANT: HASSAN EBRAHIM BUKAMAL & SONS W.L.L
L/C NO. 5092390 DATED Feb. 26, 20××	THIS AMENDMENT IS TO BE REGARDED AS PART OF THE ABOVE MENTIONED CREDIT AND MUST BE ATTACHED THERETO.

Dear sirs,
　We hereby make an amendment to Documentary Credit No. 5092390, contents of which are as follows:
　Amendment No.1
　_Expiry date is extended until 15 June 20××. L/C valid in China instead of China-Shanghai.
　_Negotiation under this credit through Bank of China, Changchun Branch.
　_Documents are to be presented within 15 days after shipment.
　_Available by your draft at sight drawn on issuing bank for 95% of the invoice value and accompanied by the following documents:
　_Full set of 3/3 original clean on board ocean bill of lading issued to our order, notify applicant, marked freight prepaid.
　_Partial shipment and transshipment are allowed.
　_Full set of 2/2 marine insurance policy or certificate, endorsed in blank for 110% of invoice value.
　_Delete the clause "Beneficiary's certificate stating that one set of non-negotiable shipping documents together with the 1/3 original B/L and original certificate of origin have been sent to the applicant by DHL within 48 hours after shipment."
　Insert:
　_Beneficiary's certificate stating that one set of non-negotiable shipping documents have been sent to the applicant by DHL within 48 hours after shipment.
　_Delete the clause "This credit is operative subject to the approval of the import licence."
　ALL OTHER TERMS AND CONDITIONS REMAIN UNCHANGED.
　THE ABOVE MENTIONED DOCUMENTARY CREDIT IS SUBJECT TO THE UNIFORM CUSTOMS AND PRACTICE FOR DOCUMENTARY CREDITS (2007 REVISION, INTERNATIONAL CHAMBER OF COMMERCE, PUBLICATION NO. 600)

PLEASE ADVISE THE BENEFICIARY:	ADVISING BANK'S NOTIFICATIONS:
Jiqing Industrial Products Import & Export Corporation.	中国银行上海分行 信用证通知章

　　为了防止工作脱节，布卡姆先生将"合同变更单"送交各有关部门，与原始合同订在一起，以便遵照执行。

第六节 备货与报检报关的模拟操作

一、落实备货资金

梁浩然于20××年3月18日收到开证行转来的信用证修改通知书,对照合同进行审核,没有发现问题,即将其与原证订在一起,按合同开始备货。

梁浩然迅速筹款,向银行提交信用证正本作抵押,提交打包贷款申请书(见示例12.26)及相关贷款资料,从银行贷款76.3万元人民币。

示例12.26 打包贷款申请书

		编号:CCZH03422
中国银行长春分行:		
我公司向贵行申请办理L/C项下融资,并根据贵行《信用证融资业务办法》保证:		
1. 该信用证是根据真实的出口合同开立的。		
2. 我公司保证按信用证规定装期发货并在效期内向贵行交单议付。		
3. 保证该证项下融通资金只用于执行该证时所发生的资金需求。		
如违背上述保证,贵行有权从其他结汇货款中扣除此笔融资金额及利息。		
开证行名称:		
信用证号:	合同号:	
币别:	金额:	
装期:	效期:	
品名:	数量:	
进口国名称:	出口授信:	
出口许可证或配额证:	额度余额(万美元):	
		公司盖章
法人代表:	单证科长:	
财务科长:	业务科长:	20××年3月15日
上述信用证出口货物符合信贷规定,可给予信用证融资。		
信贷员:	审证科长:	
信贷科、处长:	20××年3月25日	

长春中行于20××年3月25日同意放款,开出支票。公司汇出90%货款(763 000元)给通达皮鞋厂,用于备货。

二、下排产单备货

20××年3月20日，梁浩然与通达皮鞋厂签订收购合同(排产单)，组织安排生产。出口商品收购合同如示例12.27所示。

示例12.27　出口商品收购合同

		合同编号：字第03987号			
		签订时间：20××年3月20日			
		签订地点：中国长春			
供方：通达皮鞋厂		需方：吉轻工业品进出口公司			
根据《中华人民共和国合同法》和有关法规的规定，本着平等互利的原则，经双方协商签订本合同以资共同信守					
商品品名、货号、规格	单位	数量	收购单价	收购总额	交货期限
安全靴　　JL608TS 尺码配比：39～45					
合计人民币(大写)		人民币：			
起运地	长春	目的地	大连	收货人	大连仓库 王立文
出口合同号	XXDO70ASB0701	客户名称	H. E. B. & SONS W.L.L.		
一、货物品质要求					
采用厚度为2.0mm、优质牛粒面皮革制作，颜色、内衬等具体做工均以确认样品为准，包钢头部位衬垫需要作加厚处理。使用台湾万威塑胶大底，尺码印在中底上					
二、包装要求及费用负担：五合瓦楞纸箱包装，每箱12双装，单码装，每双用一白色天地盖纸盒包装，箱内防油纸衬垫，纸箱尺寸为：50cm×35cm×78cm。包装费用(内外包装)由吉轻公司负担				唛头及标志 主唛：	
侧唛： Art. No. G.W: N.W: MST: Made in China					

(续表)

三、结算方式和验收方法：90%预付，余款交货后5日内支付；外贸公司惠请商检机构验收
四、交货方式及运费承担：汽车运输，运费由需方负责。
五、本合同一式两份，双方各执一份，经双方签字、盖章后生效。
六、需方安排合同必须保证收货。如国际市场发生变化不能转销时，由双方协商处理，其损失由需方承担。但属战争、自然灾害或对方公司倒闭等不可抗力因素，需方不能执行外销合同时，依据相关规定，本合同予以解除。
七、供方必须按本合同要求，按时、按质(样)、按量提供出口货物，如违约致使客户不要货，由供方自行处理，损失由供方承担，如属需方签订合同条款不明确，其损失由需方负责。
八、供方需在发货后24小时内将发货明细用电报、传真或电子邮件通知需方合同当事人。
九、供需双方必须严格按照本合同规定履行其职责，未经双方书面协定不得更改合同内容。任何一方违约，均按《合同法》和有关法规承担经济责任。
十、所购货物如需保险，由买卖双方协商，按中国人民保险公司有关条款投保。
十一、合同履行中发生纠纷，双方应先协商解决，协商不成时，任何一方可向对方所在地工商行政管理局经济合同仲裁委员会申请仲裁。
十二、其他约定事项：供方保证所提供的增值税发票的真实合法性

供　方	需　方	鉴(公)证意见
单位名称：通达皮鞋厂 单位地址：跃进大街8号 代表人：李原麓 电话：0439-298×××× 开户银行：白山市农业银行 账号：65478903033235×××× 邮政编码：134300	单位名称：吉轻工业品进出口公司 单位地址：岳阳街甲12号 代表人：梁浩然 电话：0431-8820×××× 开户银行：中国银行长春分行 账号：00190106669947900 邮政编码：130021	经办人： 鉴(公)证机关章 　年　月　日 注：除国家另有规定外，鉴(公)证实行自愿原则
		吉林省工商行政管理局监制

三、进行各部门的业务协调

在通达皮鞋厂的整个生产过程中，梁浩然几次下厂检验货物品质，工厂临时出现的问题都得到及时解决。临近生产完毕时，梁浩然于5月10日向商检机构申请报检；为保证货物按质、按量和按时装运出口，同时向船方代理协商租船订舱事宜。

四、开立增值税发票

货物全部生产完毕,卖方办理了货物预检。通达皮鞋厂于20××年5月10日开立出口增值税专用发票(见示例12.28),梁浩然在厂方发货后5日内结清了货物的余款。

示例12.28　增值税专用发票

2200062170　　　　　　　　　　　　　　　　　　　　　　　No. 03234567

抵扣联　　　全国统一发票监制章　吉林　国家税务总局监制

开票日期:20××年05月10日

购货单位	名　　称:吉轻工业品进出口公司				*+8< >63606710* >5*74 加密版本:01		
	纳税人识别号:220102123976417				密码区	3*/<7761//80<9/2793-7　2200062170	
	地址、电话:长春市岳阳街甲12号 8820××××					*<065760/11</37</+*18	
	开户行及账号:市中行0019010660917900					+> >6+/9-26-5*5/82> >/9　03234567	
货物或应税劳务名称	规格型号	单位	数量	单价	金额	税率	税额
合　　计							
价税合计(大写)					(小写)¥		
销货单位	名　　称:通达皮鞋厂				备注	通达皮鞋 220109854387546 发票专用章	
	纳税人识别号:220109854387546						
	地质、电话:白山市跃进大街8号 0439-298××××						
	开户行及账号:市农行654789030332358921						
收款人:　　　　复核:　　　　开票人:　　　　销货单位:(章)								

五、出口报检

梁浩然于20××年5月10日登录单一窗口,进入货物申报,单击出境检验检疫申请栏,打开该页面,填报相关数据,审核无误后点击打印,输出标准格式的报检单(见示例12.29),扫描包装性能结果单(见示例12.30)到单一窗口,向海关出入境检验检机构申请实施检验。

示例12.29　出境货物报检单

中华人民共和国出入境检验检疫
出境货物报检单

报检单位(加盖公章)：吉轻工业品进出口公司				*编　号	
报检单位登记号：78988　　联系人：梁浩然　　电话：8820×××× 　　报检日期：20××年5月10日					

发货人	(中文)	吉轻工业品进出口公司			
	(外文)	JIQING INDUSTRIAL PRODUCTS I/E CORP.			
收货人	(中文)				
	(外文)	H. E. BUKAMAL & SONS			

货物名称(中/外文)	H.S.编码	产地	数/重量	货物总值	包装种类及数量
安全靴 safety boots	64034000				

运输工具名称号码	轮船	贸易方式	一般贸易	货物存放地点	白山
合同号		信用证号		用途	
发货日期		输往国家(地区)		许可证/审批号	
起运地		到达口岸		生产单位注册号	
集装箱规格、数量及号码			3×20英尺　6624双		

合同、信用证订立的检验检疫条款或特殊要求 以确认样品作为检验依据	标记及号码	随附单据(画"√"或补填)
		☑合同　　　☑包装性能结果单 ☑信用证　　□许可/审批文件 ☑发票　　　□ □换证凭单　□ □装箱单 □厂检单

需要证单名称(画"√"或补填)				*检验检疫费	
☑品质证书	__正__副	□植物检疫证书	__正__副	总金额(人民币元)	
□重量证书	__正__副	□熏蒸/消毒证书	__正__副		
□数量证书	__正__副	□出境货物换证凭单	__正__副		
□兽医卫生证书	__正__副	□		计费人	
□健康证书	__正__副	□			
□卫生证书	__正__副			收费人	
□动物卫生证书	__正__副				

报检人郑重声明： 　1. 本人被授权报检。 　2. 上列填写内容正确属实，货物无伪造或冒用他人的厂名、标志、认证标志，并承担货物质量责任。 　　　　　　　　　　　　　　　　签名：梁浩然	领　取　证　单
	日期 签名

注：有"*"号栏由出入境检验检疫机关填写。

示例12.30　出境货物运输包装性能检验结果

中华人民共和国出入境检验检疫
出境货物运输包装性能检验结果

编号：0398765						
申请人	白山市纸箱厂					
包装容器名称及规格	五层瓦楞纸箱		包装容器标记及批号	0038787654321324		
包装容器数量	570个		生产日期	自20××年3月20日 至20××年4月3日		
拟装货物名称	安全靴		状态	良好	比重	
检验依据	纸箱厂标准		拟装货物类别 （画"×"）	危险货物（　） 一般货物（×）		
			联合国编号			
			运输方式	海洋运输		
检验结果	符合标准 签字：杨力　　　　日期：20××年3月28日					
包装使用人	通达皮鞋厂					
本单有效期	截至于20××年12月31日					
分批使用核销栏	日期	使用数量	结余数量	核销人	日期	使用数量	结余数量	核销人
	4.13	570	0	王立剑				

20××年5月14日，梁浩然陪同海关出入境检验检疫机构的工作人员前往通达皮鞋厂，对照确认样品进行抽样检查。安全靴的内在品质、外包装箱质量和印刷标志均符合样品品质要求，包装无问题。20××年5月16日，检验检疫机构发出出境货物通关指令（见单据12.1）。

单据12.1　货物检验证书

中华人民共和国出入境检验检疫
ENTRY-EXIT INSPECTION AND QUARANTINE
OF THE PEOPLE'S REPUBLIC OF CHINA
Inspection certificate of quality

编号 NO.:034567

发货人
Consignor: JIQING INDUSTRIAL PRODUCTS I & E CORP., A12 YUE YANG STREET,NANGUAN DISTRICT, CHANGCHUN,CHINA.TEL.(0431 88206901)

收货人
Consignee: HASSAN EBRAHIM BUKAMAL& SONS W.L.L; P.O.BOX 5682 MANAMA,BAHRAIN.

(续表)

品名 Description of Goods	safety boots
报检数量/重量 Quantity/Weight Declared	14904kgs
包装种类及数量 Number and Type of Packages	552Cartons
运输工具 Means of Conveyance	BY VESSEL
产地 Place of Origin	JILIN BAISHAN
到达口岸 Port of Destination	BAHRAIN

标记及号码
Mark & No.
H.E.BUKAMAL & SONS
××BT0092
BAHRAIN
C/NO.1-552

检验结果：
RESULTS OF INSPECTION:
QUALITY: FULL GRAIN
MIDDLE THICKNESS: MIN.2.0MM, MAX.2.3MM
PH: 4.7
MIDDLE THICKNESS: 1.6MM
TEARING RESISTANCE: 5 KGF/MM
TENSILE STRENGTH: 1.8KGF/MM^2
DENSITY: 1.11
ASSEMBLAGE YARN: NYLON
HEIGHT OF HEEL: 3.1CM
HEIGHT OF SHAFT: 22.5～23CM
THE QUALITY IS SAME AS THE CONFIRMATION SAMPLE
主任检验员：Chief Inspector

20××-05-16

六、出口报关

20××年5月20日，梁浩然接到厂家通知，货物已送往大连港仓库待运。吉轻工业品进出口公司登录单一窗口，进入货物申报，打开出口报关整合申报栏，提取打印报关单(示例12.31)，提交大连海关报关。

示例12.31 中华人民共和国海关出口货物报关单

预录入编号：107414370　　海关编号：　　　　　申报现场：　　　　　页码/页数：1/1

境内发货人	出境关别	出口日期	申报日期	备案号
吉轻工业品进出口公司2200123976417	大连海关(0900)	20××-05-23	20××-05-20	
境外收货人(AEO认证编号)	运输方式	运输工具名称及航次号	提运单号	
HASSAN EBRAHIM BUKAMAL & SONS W.L.L. P.O.BOX5682 MANAMA, BAHRAIN	水路运输(2)	YUN FENG 9455	C0503456	
生产销售单位	监管方式(0110)	征免性质(101)	许可证号	
吉轻工业品进出口公司2200123976417	一般贸易	一般征税		
合同协议号	贸易国(地区)	运抵国(地区)	指运港	离境口岸
XXD070ASGB0701	巴林(BH)	巴林(BH)	巴林(BH)	大连(2100600)
包装种类	件数	毛重(千克)	净重(千克)	成交方式(1)	运费	保费	杂费
纸箱(120)	552	14 904.00	11 923.20	CIF	USD4650.00	USD1894.46	

随附单证及编号

标记唛码及备注
H. E. BUKAMAL & SONS
××BT0092
BAHRAIN
C/NO.: 1-552

商业发票　装箱单

项号	商品编号	商品名称及规格型号	数量及单位	单价/总价/币制	原产国(地区)	最终目的国(地区)	境内货源地	征免
01	64034000	安全靴 JL608TS39-45	6624双 552箱	20.00 132 480.00美元	中国(CHN)	巴林(102)	吉林白山(1)	照章征税

特殊关系确认：否　价格影响确认：否　支付特许权使用费确认：否　自报自缴：否　兹声明对以上内容承担如实申报、依法纳税之法律责任

报关人员：王立　报关人员证号：　电话：0431-8820××××

申报单位：吉轻工业品进出口公司　　申报单位(签章)　海关批注及签章

第七节 租船订舱与投保的模拟操作

一、提交订舱单证

20××年5月16日,梁浩然办理报检的同时又向中国外轮代理公司大连分公司(货代)提交了出口货物订舱委托书(见示例12.32)、商业发票(见单据12.2)、装箱单(见单据12.3)等订舱单证。

示例12.32 出口货物订舱委托书

中国外轮代理公司大连分公司
CHINA OCEAN SHIPPING AGENCY DALIAN BRANCH

出口许可证号					委托编号:DL03375
合同号:XXDO70ASB0701	信用证号:5092390	海关商品编码:64034000	银行账号:001901066091××××		提单号:
船名: 航次:			卸货港(注明国别):BAHRAIN		
发货单位名称:JIQING INDUSTRIAL PRODUCTS I/E CORP. A12 YUEYANG STREET CHANGCHUN, CHINA 电话及联系人:0431-8820××××梁浩然					
收货人:					
通知人名称、地址:					
标记及号码 Marks & Nos.	件数 Quantity	货物描述 Description of Goods	毛重/千克 G. W. (KGS)	净重/千克 N. W. (KGS)	尺码 Mesu(M^3)
H. E. BUKAMAL & SONS ××BT0092 BAHBAIN C/NO.1-552			@27	@21.6	@0.1365
			14 904	11 923.20	75.348
货物发运地/储运地:BAISHAN	预计到达口岸日期: 20××年5月20日		产地:JILIN BAISHAN 吉林白山	单价:	总值:

(续表)

可否分批：ALLOWED		可否转运：ALLOWED	贸易国别：		消费国别：	
装运期限：20××年5月25日之前		运费：到付( )/预付(×)				
最后结汇期限：20××年6月15日		正本 3 份 副本 2 份	转运港：		收汇方式：	
开证行：Bank of Bahrain and Kuwait B. S. C. P. O. Box 597, Manama, State of Bahrain			贸易方式 (×) ( ) ( ) 贸易 来补 退运		贸易术语 (×) ( ) ( ) CIF CFR FOB	
金额、币制： USD132 480.000		装船电报地址、电挂、传真号、电子邮件： JILIGHT@ TEN.NET.CN	每件尺码/米 长 宽 高		每件重量/千克 27	

随附单证	报关单	装箱单重量单	发票	海关发票	商检证书	品质证书	普惠制产地证	卫生证	保险单	装船电报稿	装船通知	提货单	寄单证明	汇票	码单	航行证明	出口许可证	海关放行日期
份数	4	3	4															

特殊条款		保险	险 别：all risks war risk
			保 额：
			赔款地点：BAHRAIN
备注： 1. 公司海关编码：2201918079 2. 公司税务登记号：220102123976417		FOB 成交价(供报关用)	
		单价：	
		总价：	

委托单位盖章　　　　审核　　　　制单员　　　　制单日期：20××年5月16日

单据12.2　商业发票

EXPORTER/SELLER/BENEFICIARY JIQING INDUSTRIAL PRODUCTS I/E CORP. A12 YUEYANG STREET NANGUAN DISTRICT CHANGCHUN, CHINA		发票 吉轻工业品进出口公司 中国 长春 岳阳街 甲12 号 商业发票 COMMERCIAL INVOICE		
TO: MESSRS HASSAN EBRAHIM BUKAMAL & SONS W.L.L; P.O.BOX 5682 MANAMA, BAHRAIN.				
SHIPMENT FROM		INVOICE NO.	DATE	
TO		DOCUMENTARY CREDIT NO. 5092390		
BY		CONTRACT NO./SALES CONFIRMATION NO. XXDO70ASB0701		
VESSEL/FLIGHT/VEHICLE NO.	B/L NO.	TERMS OF DELIVERY AND PAYMENT		
SHIPPING MARKS	DESCRIPTION(NOS. & KIND OF PKGS)	QUANTITY	UNIT PRICE	AMOUNT
H.E.BUKAMAL & SONS XXBT0092 BAHRAIN C/NO.1-552	SAFETY BOOTS ART. NO.JL608TS Name and address of producer: TONGDA LEATHER SHOES FACTORY, 8, YUEJIN STREET，BAISHAN, CHINA As per applicant's order No.XXBT0092 and beneficiary's Sales Confirmation No .XXDO70ASB0701. Total gross weight and net weight: 14904KGS/11923.20KGS Measurement of the goods: 75.348M^3 Total number of package 552 CARTONS			
JIQING INDUSTRIAL PRODUCTS I/E CORP. A12YUEYANG STREET，NANGUAN DISTRICT CHANGCHUN, CHINA 盖章 STAMP OR SIGNATURE				

单据12.3　装箱单

EXPORTER/SELLER/BENEFICIARY: JIQING INDUSTRIAL PRODUCTS I/E CORP. A12, YUEYANG STREET NANGUAN DISTRICT CHANGCHUN, CHINA			吉轻工业品进出口公司 中国 长春 岳阳街甲12 号 **装箱单** **PACKING LIST**		
TO: MESSRS HASSAN EBRAHIM BUKAMAL & SONS W.L.L. P.O.BOX 5682 MANAMA, BAHRAIN					
SHIPMENT FROM DALIAN			INVOICE NO. SB03038		DATE 15-MAY-20××
TO BAHRAIN			DOCUMENTARY CREDIT NO.		
BY VESSEL			CONTRACT NO./SALES CONFIRMATION NO.		
VESSEL/FLIGHT/VEHICLE NO.		B/L NO.			
SHIPPING MARKS H.E.BUKAMAL & SONS XXBT0092 BAHRAIN C/NO.1-552	DESCRIPTION (NOS. & KIND OF PKGS) SAFETY BOOTS 552 CARTONS	QUANTITY	MEASUREMENT 75.348M^3	G.W. (KGS) 14 094	N.W. (KGS) 11 923.20
		JIQING INDUSTRIAL PRODUCTS I/E CORP. A12YUEYANG STREET, NANGUAN DISTRICT CHANGCHUN, CHINA 盖　章 ───────────── STAMP OR SIGNATURE			

二、通知货物进港待运

订舱后，梁浩然于20××年5月18日收到中国外轮代理公司大连分公司签发的配舱回单(见示例12.33)，从中获知提单号码为COS03456(D/R编号)，配货船名为"YUN FENG"号，第9455航次。查阅船期表得知，开航日期为5月23日。梁浩然遂于20××年5月18日下午5点通知工厂将货物发至港口仓库待运。

示例12.33　配舱回单

Shipper (发货人) JIQING INDUSTRIAL PRODUCTS I/E CORP. A12YUEYANG STREET NAN GUAN DISTRICT CHANGCHUN, CHINA			D/R No.(编号) COS03456		
Consignee(收货人) To Bank of Bahrain and Kuwait B.S.C'S ORDER			集装箱货物托运单		
Notify party (通知人) Hassan Ebrahim Bukamal & Sons W.L.L; P.o.Box 5682 Manama Bahrain			配舱回单		
Pre-carriage (前程运输)			place of receipt (收货地点)		
Ocean vessel (船名) YUN FENG	Voy. No.(航次) 9455		Port of loading (装货港) DALIAN		Date(日期)
Port of discharge (卸货港) HONG KONG		Place of delivery (交货地点)		Final destination for the merehant's reference(目的地) BAHRAIN	
Container No. (集装箱号)	Seal No., Marks & Nos. (封志号、标志与号码)	No of containers or p'kgs (箱数或件数)	Kind of packages; description of goods (包装种类与货物描述)	Gross weight 毛重(千克)	Meaurement 尺码 (立方米)
Total number of containers or packages(in words) 集装箱数或件数合计(大写)			SAY FIVE HUNDRED FIFTY TWO CARTONS ONLY		
Freight & charges(运费与附加费)	Revenue tons (运费吨)	Rate (运费率)	Per (每)	Prepaid (运费预付)	Collect (到付)
Ex.rate (兑换率)	Prepaid at (预付地点)	Payable at (到付地点)		Place of issue (签发地点) DALIAN	
Total prepaid (预付总额)		No. of original B(s)/L(正本提单份数) THREE (3)			
Service type on receiving ☒-CY, ☐-CFS, ☐-DOOR		Service type on delivery ☒-CY, ☐-CFS, ☐-DOOR		Reefer temperature required (冷藏温度)	℉　　℃
Type of goods (种类)	☒ Ordinary(普通)　☐ Reefer(冷藏) ☐ Dangerous(危险品)　☐ auto(裸装车辆) ☐ Liquid(液体)　☐ Live animal(活动物) ☐ Bulk(散装)		危险品	Class: Property: Imdg code page: Un No.	
可否转船： 装期： 金额： 制单日期：17-MAY-20××		可否分批： 有效期：		备注：(remarks) 中国外轮代理公司大连分公司 CHINA OCEAN SHIPPING AGENCY，DALIAN BRANCH 盖 章	

第八节 制单、理单、结汇模拟操作

一、装运货物

根据信用证及其修改书的要求，20××年5月23日吉轻公司将该批安全靴在大连港装上了开往巴林港的第9455航次的"YUN FENG"号货轮。货物装船后返回一份收货单(大副收据)，凭该单据吉轻公司交纳运费后向船公司换取了正本提单。

二、发送装运通知

货物装船后，梁浩然随即向布卡姆先生发出装运通知(见示例12.34)如下。请将示例12.34补充完整。

示例12.34　装运通知

日　期	20××-05-23 17:05:08
发件人	JILIGHT@ TEN.NET.CN
收件人	BLSH@HOTES.BN
主　题	Shipping advice
添加附件	

To: Hassan Ebrahim Bukamal & Sons W.L.L.
Attn: Mr. Jehad Bukamal

Shipping Advice
RE: S/C No.XXDO70ASB0701
Order No.XXBT0092
L/C No.5092390

Dear sirs,
　　We hereby inform you the shipping details as follows:
　　Description:
　　Quantity:
　　Gross weight:
　　Total amount:
　　Shipping mark:

From Dalian to Bahrain with transshipment at Hong Kong.

(续表)

Vessel: by "YUN FENG"
Voy. No.: 9455
ETD: May 23, 20××
ETA: June 18, 20××
We herewith certify this message to be true and correct.
Please get ready for delivery and kindly let us know after receipt of the goods.
Yours faithfully,
Lang Haoran
发送   取消

20××年5月24日,梁浩然将货款余额84 872元通过银行电汇付给通达皮鞋厂。至此,货款全部支付完毕。

三、缮制结汇单据

20××年5月26日,梁浩然收到船公司正本提单。根据信用证所载要求,他收集准备了如下单据:商业发票(见单据12.4)、装箱单(见单据12.5)、海运提单(见单据12.6)、保险单(见单据12.7)、原产地证明书申请书(见示例12.35)、一般原产地证明书(见单据12.8)、受益人证明(见单据12.9)、装船通知副本(见单据12.10)、船公司证明(见单据12.11)、汇票(见单据12.12)。请把相关信息补充完整。

单据12.4　商业发票

EXPORTER/SELLER/BENEFICIARY JIQING INDUSTRIAL PRODUCTS I/E CORP. A12 YUEYANG STREET NANGUAN DISTRICT CAHNGCHUN, CHINA		发票
		吉轻工业品进出口公司 中国 长春 岳阳街 甲12 号
TO: MESSRS HASSAN EBRAHIM BUKAMAL & SONS W.L.L; P.O.BOX 5682 MANAMA, BAHRAIN.		商业发票 COMMERCIAL INVOICE
SHIPMENT FROM DALIAN PORT,CHINA	INVOICE NO. SB03038	DATE 15-MAY-20××
TO BAHRAIN	DOCUMENTARY CREDIT NO. 5092390	
BY VESSEL	CONTRACT NO./SALES CONFIRMATION NO. XXDO70ASB0701	
VESSEL/FLIGHT/VEHICLE NO. YUN FENG 9455	B/L NO. COSO3456	TERMS OF DELIVERY AND PAYMENT CIF C5%BAHRAIN BY L/C
SHIPPING MARKS	DESCRIPTION(NOS. & KIND OF PKGS)	QUANTITY	UNIT PRICE	AMOUNT

JIQING INDUSTRIAL PRODUCTS I/E CORP. A12YUEYANG STREET, NANGUAN DISTRICT CHANGCHUN, CHINA 盖章 ——————————— STAMP OR SIGNATURE

单据12.5　装箱单

EXPORTER/SELLER/BENEFICIARY: JIQING INDUSTRIAL PRODUCTS I/E CORP. A12, YUEYANG STREET NANGUAN DISTRICT CHANGCHUN, CHINA			吉轻工业品进出口公司 中国 长春 岳阳街甲12号		
TO: MESSRS HASSAN EBRAHIM BUKAMAL & SONS W.L.L. P.O.BOX 5682 MANAMA, BAHRAIN			装箱单 PACKING LIST		
SHIPMENT FROM DALIAN			INVOICE NO. SB03038	DATE 15-MAY-20××	
TO BAHRAIN			DOCUMENTARY NO. 5092390		
BY VESSEL					
VESSEL/FLIGHT/VEHICLE NO. YUN FENG 9455	B/L NO. COSO3456		CONTRACT NO./SALES CONFRIMATION NO. XXDO70ASB0701		
SHIPPING MARKS	Number and kind of package; Description of goods	Quantity	Package	G.W.	N.W.	MST.
				14 094	11 923.20	75.348m^3
	JIQING INDUSTRIAL PRODUCTS I/E CORP. A12 YUEYANG STREET, NANGUAN DISTRICT CHANGCHUN, CHINA 盖章 ——————————— STAMP OR SIGNATURE					

单据12.6 海运提单

Shipper JIQING INDUSTRIAL PRODUCTS I/E CORP. A12, YUEYANG STREET NANGUAN DISTRICT CHANGCHUN, CHINA	B/L NO. COSO3456	
Consignee TO Bank of Bahrain and Kuwait B.S.C'S ORDER	中国远洋运输总公司 CHINA OCEAN SHIPPING CO.	
Notify Party HASSAN EBRAHIM BUKAMAL & SONS W.L.L. P.O.BOX 5682 MANAMA, BAHRAIN	DIRECT TRANSPORT BILL OF LADING ORIGINAL	
Pre-carriage by	Place of Receipt	
Ocean Vessel Voy. No. YUN FENG 9455	Port of Loading DALIAN	Freight Payable at Numbers. of Original B(s)/L Dalian THREE(3)
Port of Discharge HONGKONG	Final Destination BAHRAIN	
Marks & Nos. H.E.BUKAMAL & SONS XXBT0092 BAHBAIN C/NO.1-552	Number and Kind of Packages; Description of Goods	Gross Weight (Kgs) 14 904	Measurement 75.348m^3
Total Packages (in words): FIVE HUNDRED FIFTY TWO CARTONS ONLY.		
LOADING ON BOARD THE VESSEL	Place and date of issue DALIAN 23-MAY-20××	
	Signed for the Carrier: 中国外轮代理公司大连分公司 CHINA OCEAN SHIPPING AGENCY, DALIAN BRANCH (盖章) FOR THE CARRIER NAMED ABOVE	

单据12.7 保险单

中国人民保险公司
THE PEOPLE'S INSUREANCE COMPANY OF CHINA
总公司设于北京 一九四九年创立
HEAD OFFICE: BEIJING ESTABLISHED 1949
保 险 单
INSURANCE POLICY
No.002207

中国人民保险公司(以下简称本公司)根据被保险人的要求由被保险人向本公司缴付约定的保险费,按照本保险单承保险别和背面所载条款与下列特款承保下述货物运输保险,特签发本保险单。

THIS POLICY OF INSURANCE WITNESSES THAT THE PEOPLE'S INSURANCE COMPANY OF CHINA (HEREINAFTER CALLED "THE COMPANY"), AT THE REQUEST OF THE INSURED AND IN CONSIDERATION OF THE AGREED PREMIUM BEING PAID TO THE COMPANY BY THE INSURED, UNDERTAKES TO INSURE THE UNDERMENTIONED GOODS IN TRANSPORTATION SUBJECT TO THE CONDITIONS OF THIS POLICY AS PER THE CLAUSES PRINTED OVERLEAF AND OTHER SPECIAL CLAUSES ATTACHED HEREON.

发票号/Invoice No.: SB03038 保险单号/Policy No.:ZGRMBXGS03654

被保险人/Insured:
JIQING INDUSTRIAL PRODUCTS I/E CORP.
A12 STREET NAN GUAN DISTRICT
CHANGCHUN CHINA

自/Form: DALIAN

至/To: BAHRAIN WITH TRANSHIPMENT AT HONGKONG

装载输工具/Per conveyance S.S: YUN FENG 9455

起运日期/Slg. on or abt: 保费/Premium as Arranged:
                           费率/Rate as Arranged:

赔款地点及币别/Claim Payable at: IN BAHRAIN IN USD

签单地点/Issuing Place: CHANGCHUN   签单日期/Issuing Date: MAY 24, 20××

标记/Marks & Nos.:	保险货物项目/Descriptions of Goods:	数量及包装/Quantity:	保险金额/Amount Insured:

总保险金额/ Total Amount Insured:

承保险别/Conditions:

所保货物，如遇风险，本公司凭本保险单及其有关证件给付赔款。
所保货物，如发生保险单项下负责赔偿的损失事故，应立即通知本公司下述代理人查勘。
CHAIMS, IF ANY, PAYABLE ON SURRENDER OF THIS POLICY TOGETHER WITH OTHER RELEVANT DOCUMENTS.IN THE EVENT OF ACCIDENT WHEREBY LOSS OR DAMAGE MAY RESULT IN A CLAIM.
UNDER THIS POLICY IMMEDIATE NOTICE APPLYING FOR SURVEY MUST BE GIVEN TO THE COMPANY'S AGENT AS MENTIONED HEREUNDER:

BAHRAIN OFFICE.
P.O.BOX 9898
MANAMA, BAHRAIN.

中国人民保险公司吉林省分公司
THE PEOPLE'S INSURANCE CO. OF CHINA JILIN RANCH
8, XIAN ROAD, CHANGCHUN, CHINA
TLX: 83005 PICJB CN CABLE:42001 CHANGCHUN

盖章
MANAGER

示例12.35　一般原产地证明书申请书

一般原产地证明书/加工装配证明书
申　请　书

申请单位注册号：03989887　　　　　　　　　　证书号：

申请人郑重声明：
　　本人被正式授权代表本企业办理和签署本申请书。
　　本申请书及一般原产地证明书/加工装配证明书所列内容正确无误，如发现弄虚作假，冒充证书所列货物，擅改证书，本人愿按《中华人民共和国出口货物原产地规则》的有关规定，接受处罚并承担法律责任，现将有关情况申报如下：

企业名称	吉轻工业品进出口公司		发票号	SB03038	
商品名称			H.S.编码(八位数)		
商品FOB总值(以美元计)	106 843.13美元		最终目的地国/地区	巴林	
拟出运日期	20××年5月23日		转口国(地区)	香港	
贸易方式和企业性质(请在适用处画"×")					
一般贸易		三来一补		其他贸易方式	
国营企业 ×	三资企业	国营企业	三资企业	国营企业	三资企业
包装数量或毛重或其他数量		552箱　6624双			
证书种类(画"×")		一般原产地证明书　(×)		加工装配证明书	

　　现提交中国出口货物商业发票副本一份，一般原产地证明书/加工装配证明书一正三副，以及其他附件 2 份，请予审核签证。

申请单位盖章　　　　　　　　　　申领人(签名)*杨帅*
　　　　　　　　　　　　　　　　　电话：8820××××

　　　　　　　　　　　　　　　　　日期：20××年5 月22 日

单据12.8　一般原产地证书

ORIGINAL

1. Exporter JIQING INDUSTRIAL PRODUCTS I/E CORP. A12 STREET NANGUAN DISTRICT CHANGCHUN CHINA.	Certificate No. 3513933 CERTIFICATE OF ORIGIN OF THE PEOPLE'S REPUBLIC OF CHINA
2. Consignee HASSAN EBRAHIM BUKAMAL & SONS W.L.L. P.O.BOX 5682 MANAMA, BAHRAIN	
3. Means of transport and route FROM DALIAN TO BAHRAIN BY SEA WITH TRANSHIPMENT AT HONGKONG	5. For certifying authority use only
4. Country / region of destination BAHRAIN	

(续表)

6. Marks and numbers	7. Number and kind of packages; description of goods	8. H.S.Code	9. Quantity	10. Numberand date of invoices

****

11. Declaration by the exporter The undersigned hereby declares that the above details and statements are correct, that all the goods were produced in China and that they comply with the Rules of Origin of the People's Republic of China. CHANGCHUN MAY 22, 20×× 杨帅 ------- Place and date, signature and stamp of authorized signatory	12. Certification It is hereby certified that the declaration by the exporter is correct. CHANGCHUN MAY 22, 20×× 徐峰 ------- Place and date, signature and stamp of certifying authority

单据12.9 受益人证明

EXPORTER/SELLER/BENEFICIARY JIQING INDUSTRIAL PRODUCTS I/E CORP. A12 STREET NANGUAN DISTRICT CHANGCHUN CHINA.	受益人证明 BENEFICIARY'S CERTIFICATE
TO: MESSRS HASSAN EBRAHIM BUKAMAL & SONS W.L.L P.O.BOX 5682 MANAMA, BAHRAIN	
SHIPMENT FROM DALIAN	INVOICE NO. SB03038 INVOICE DATE: 23-MAY-20××
TO BAHRAIN	DOCUMENTARY CREDIT NO. 5092390
BY STEAMER	CONTRACT NO./SALES CONFIRMATION NO. XXDO70ASB0701
VESSEL/FLIGHT/VEHICLE NO. YUN FENG 9455	B/L NO.SOCO3456

(续表)

DEAR SIRS,
WE HEREBY STATE THAT ONE SET OF NON-NEGOTIABLE SHIPPING DOCUMENTS HAS BEEN SENT TO THE APPLICANT BY DHL WITHIN 48 HOURS AFTET SHIPMENT.

JIQING INDUSTRIAL PRODUCTS I/E CORP.
A12 YUEYANG STREET, NAN GUAN DISTRICT
CHANGCHUN CHINA

盖章

单据12.10 装船通知副本

Issuer JIQING INDUSTRIAL PRODUCTS I/E CORP. A12 STREET NANGUAN DISTRICT CHANGCHUN CHINA.		装船通知 SHIPPING ADVICE	
To: Messrs HASSAN EBRAHIM BUKAMAL & SONS W.L.L. P.O.BOX 5682 MANAMA, BAHRAIN		Date: MAY 23, 20××	
Invoice No.: SB03038		L/C No.: 5092390	
Re: S/C No.XXDO70ASB0701			
Order No.: XXBT0092			
Voy. No.: 9455 Name of vessel: "YUN FENG" ETD: May 23, 20×× ETA: June 18, 20××		Transshipment: B/L No.: Port of loading: Destination :	
Marks and numbers	Number and kind of packages; Description of goods		
H.E.BUKAMAL & SONS XXBT0092 BAHRAIN C/NO.1-552	We hereby inform you the shipping details as follows: Description: Quantity: Value: Gross weight:		
We hereby certify that the above content is true and correct. JIQING INDUSTRIAL PRODUCTS I/E CORP. 盖章			

单据12.11　船公司证明

CERTIFICATE BY SHIPPING COMPANY

To whom it may concern:

Re: Invoice No.SB03038
L/C No.5092390

This is to certify that the vessel carrying the goods is not Israel owned and will not call at an Israeli port while carrying the goods, and the vessel is eligible for entry to the ports of the Arab states under the laws and regulations of such states.

CHINA OCEAN SHIPPING AGENCY, DALIAN BRANCH
盖章

单据12.12　汇票

CHANGCHUN　25 MAY 2021

No. SB03038

Exchange for USD125856.00

At......Sight of this First of Exchange (Second of the same tenor and date unpaid) pay to the Order of BANK OF CHINA CHANGCHUN BRANCH.

....

the sum of

Drawn under
　　　BANK OF BAHRAIN AND KUWAIT, BAHRAIN, IRREVOCABLE CREDIT NO. 5092390, DATED 26-02-20××

To:

JIQING INDUSTRIAL PRODUCTS I/E CORP.
A12, YUEYANG STREET
NANGUAN DISTRICT CHANGCHUN, CHINA
盖章

四、审核结汇单据

20××年5月31日结汇单据缮制完毕后，出口商梁浩然首先按照信用证规定的单据种类、份数、日期、内容要求进行纵向审核，然后在单据之间进行横向审核。梁浩然发现几处错误：一个是保险单的日期晚于提单日期，需要更换或修改保单；二是发票份数不够；三是装箱单上的毛重与提单上的毛重不一致。针对这种情况，梁浩然立即通知制单部门进行审查，并联系保险公司修改单据。

五、交单议付

吉轻公司将全套结汇单据汇集修改缮制完毕后，20××年6月2日填制交单记录(见表12.15)，连同全套单据提交中国银行长春分行议付。

表12.15 交单记录

吉轻工业品进出口公司

发票号：SB03038					议付日期：20××-06-02				银行编号：				
开证行(或)国外代收行 BSC.							信用证号：5092390						
							合同号：XXDO70ASB0701						
发票金额：USD48000							支付方式：信用证						
品名：安全靴							件数：552箱						
							数量：6 624双						
单据名称	汇票	发票	正本提单	副本提单	保险单	重量单	装箱单	尺码单	FORM产地证	贸产地证	商产地证	厂产地证	海关发票	邮局收据	商检证	船方证明	起运电	证明函
银行																		
客户																		
不符事项及其他							公司内部事项记录						
							发票份数不够						
							更改保单日期						
							装箱单毛重有错						
							上述不符点已修改完毕						
							装期：20××年5月25日						
							效期：20××年6月15日						
							起运港：大连						
							目的港：巴林						
							提单日期：20××年5月23日						
本证修改次数：1 次							送交银行日期：20××年6月2日						
索汇路线：向开证行索汇							交单天数：15天						

银行审单复核：　　　　银行审单：　　　　公司复核：　　　　公司制单：

六、议付行发现不符点

吉轻公司发货前向议付行——长春中行打包贷款了76.3万元,所以议付行收到单据后对照信用证审核结汇单据。如果无误,即可直接寄交开证行索汇;如有问题,则要求卖方提出处理意见。

长春中行审单时发现提单一处英文字母打错,遂于6月3日将全套单据返回吉轻公司,请其核查后将处理意见尽快告知长春中行。

按照信用证规定,交单时间为提单日期后15天,货物于5月23日装船,照此计算最晚不超过6月7日向银行交单议付。考虑到,此时修改提单已经来不及了(从长春到大连往返),所以,梁浩然决定出具保函(见示例12.36),担保结汇,并嘱议付行后递保函给开证行,6月4日二次将全套单据提交银行议付。

示例12.36 保函

吉轻工业品进出口公司
JIQING INDUSTRIAL PRODUCTS IMPORT & EXPORT CORPORATION,
A12 YUEYANG STREET, NANGUAN DISTRICT, CHANGCHUN, CHINA.
TEL.(0431-8820××××)   Telex.83049 CCLI CN
E-MAIL: JILIGHT@ TEN.NET.CN   Telefax: 0431-8891××××

保 函

长春中行:
　　关于5092390号信用证项下552件安全靴的提单中字母有错问题,我方对此笔业务项下单据担保结汇,特出具此保函。一旦开证行拒付,后果由我司承担。

　　　此致
敬礼

吉轻工业品进出口公司
盖章
20××年6月4日

七、开证行提出不符点

20××年6月9日，巴林开证行收到长春中行特快专递寄来的议付单据，经过认真审核，发现提单唛头上有一处字母打印有错，与信用证不符。于是提交买方确认是否拒付，并将进口信用证付款通知书(示例12.37)转交买方巴林公司，限其在规定时间内答复。

示例12.37　进口信用证付款/承兑通知书
(回单)

申请人：Hassan Ebrahim Bukamal & Sons W.L.L							信用证号：5092390						
							汇票金额：125 856.00						
							汇票期限：即期						
							汇票到期日：20××-06-09						
寄单行：BANK OF CHINA CHANGCHUN BRANCH													
参考号：OCB8976543　　　　　日期：20××-06-09													
受益人：													
单据	汇票	发票	提单	空运单	货物收据	保险单	装箱单	重量单	产地证	品质证书	装船通知	受益人证明	船方证明
	2	4	3			2	3		1	1	1	1	1
货物：safety boots													
不符点： Something wrong with English word in the shipping mark on B/L.													
上述单据已到，现将影印单据提交贵司： (　)请审核并备妥票款于　　　年　　月　　日前来我行赎单。如不在上述期限来我行付款/承兑/确认迟期付款，即作为你司同意授权我行在你司存款账户内支出票款对寄单行付款/承兑/确认迟期付款。 (×)对于上述不符点，你司如不同意接受，请于20××年6月12日前书面通知我行，如不在上述期限来我行办理拒付，又不将单据退回我行，即作为你司接受不符点并授权我行在你司存款账户内支出票款对寄单行付款/承兑/确认迟期付款。 　　　　　　　　　　　　　　　　　　　　　　　　　　20××年6月9日													

布卡姆先生对全套单据进行了认真细致的审查，鉴于卖方是新客户，对其大货质量没有十分把握，于是先提出拒付，再做下一步打算，遂于当日向开证行提交了拒付意见。

20××年6月10日，梁浩然收到议付行转来的开证行拒付通知书(见示例12.38)。

示例12.38　拒付通知书

Notification of Dishonor

To: JIQING INDUSTRIAL PRODUCTS IMPORT & EXPORT CORPORATION, A12 YUEYANG STREET, NANGUAN DISTRICT, CHANGCHUN, CHINA.	WHEN CORRESPONDING PLEASE QUOTE OUR REF. NO. SG1020
Issuing Bank Bank of Bahrain and Kuwait B.S.C.	Transmitted to us through
L/C NO.　　　　　　　　DATED 5092390　　　　　　　　20××-02-26	Amount USD132 480.00

Dear sirs,

　　We have pleasure in advising you that we have received from the A/M bank a(n) Notification of Dishonor reads:

　　WE FIND THE DOCUMENTS UNDER CAPTIONED L/C CONTAINING FOLLOWING DISCREPANCIES：THE WORD BAHRAIN IN B/L IS WRONG WITH BAHBAIN.PLEASE CONTACT THE BUYER AND WE HOLD YOUR DOCUMENTS AT YOUR DISPOSAL.

　　Yours faithfully,
　　Bank of Bahrain and Kuwait B.S.C.
　　Koekdjefje

DD: 10-June.-20××

BANK OF CHINA，CHANGCHUN BRANCH

八、买卖双方处理不符点单据

　　收到巴林开证行拒付通知后，议付行——长春中行同吉轻公司一起分析事态的发展趋势，同时力劝吉轻公司赶快与巴林客户取得联系，婉转说明不符点单据给对方带来的不便，表明货物品质尽管放心，不符点单据不会给对方带来实质性损害，请其尽快支付货款。于是梁浩然就不符点单据于20××年6月10日给布卡姆先生发去电子邮件(见示例12.39)。请把往来函电补充完整。

示例12.39　不符点处理往来函电

日　　期	20××-06-10 09:20:07
发件人	JILIGHT@ TEN.NET.CN
收件人	BLSH@HOTES.BN
主　　题	For documents discrepancies
添加附件	

To: Hassan Ebrahim Bukamal & Sons W.L.L.
Attn: Mr. Jehad Bukamal

Dear sirs,

　　Yous truly,
　　Liang Haoran

发送　　　取消

　　布卡姆先生收到梁浩然6月10日的电子邮件后，第二天向吉轻公司提出验货合格后付款的意见(见示例12.40)。请把往来函电补充完整。

示例12.40　处理不符点函电

日　　期	20××-06-11 08:09:30
发件人	BLSH@HOTES.BN
收件人	JILIGHT@ TEN.NET.C N
主　　题	For documents discrepancies
添加附件	

To: Jiqing Industrial Products Import & Export Corporation
Attn: Mr. Liang Haoran
Our Ref. No.JQ0307
Dear sirs,
　　We have received your e-mail of June 10, 20××.

　　Yours sincerely,
　　Jehad Bukamal

发送　　　取消

收到布卡姆先生的来电后，梁浩然分析了一下市场情况，价格尚有升高走势，决定与巴林客户商讨签订一个协议：信用证项下552箱安全靴的品质检查由瑞士通用公证行(SGS)办理，货物在目的港仓库检验合格(费用卖方承担)后，买方立即支付货款。布卡姆先生向巴林银行提出申请，6月15日之前由银行开立一份保函，担保如果检验合格，买方届时未能履约，由巴林银行代为付款；如果检验不合格由卖方自行发落，并对买方因此而遭受的损失予以补偿。梁浩然遂于当日去电告知买方(见示例12.41)。请把函电内容补充完整。

示例12.41　处理货物商检往来函电

日　　期：	20××-06-11 14:10:21
发件人：	JILIGHT@ TEN.NET.CN
收件人：	BLSH@HOTES.BN
主　　题：	For documents discrepancies
添加附件	

To: Hassan Ebrahim Bukamal & Sons W.L.L.
Attn: Mr. Jehad Bukamal

Dear sirs,
　　Thank you for your e-mail of June 11, 20××.

　　Your favourable and soonest reply would be highly appreciated.
　　Yours faithfully,
　　Liang Haoran

发送　　　取消

收到梁浩然的邮件后，布卡姆先生感到市场的确有上升趋势，且卖方提交的货样品质也很高，遂同意了梁浩然的建议，并按照梁浩然的意思草拟了协议书(Agreement No.8769905)，通过电子邮件发给梁浩然，并要求其尽快让议付行发来授权电——授权放出提单，以便提货。同时布卡姆先生向银行提交了保函申请书及抵押证明，巴林银行于

20××年6月15日开出了银行付款保函(见示例12.42)。

示例12.42　银行保函

LETTER OF GUARANTEE
UNDER L/C NO. 5092390 AND AGREEMENT NO.8769905

OUR REF. NO.BL039221

DATE OF ISSUING: 20××/06/15

TO: JIQING INDUSTRIAL PRODUCTS I/E CORP.
ADVISED THROUGH: BANK OF CHINA SHANGHAI BRANCH
DEAR SIRS

OUR IRREVOCABLE LETTER OF GUARANTEE NO.BL0387543

WITH REFERENCE TO THE L/C NO.5092390 ISSUED ON 20××/02/26 AND AGREEMENT NO.8769905 AT THE REQUEST OF APPLICANT, WE HEREY ESTABLISH IN YOUR FAVOUR AN IRREVOCABLE LETTER OF GUARANTEE NO.BL0387543 FOR AN AMOUNT NOT EXCEEDING U.S.DOLLARS ONE HUNDRED AND TWENTY-FIVE THOUSAND EIGHT HUNDRED AND FIFTY – SIX ONLY.

WE GUARANTEE THAT APPLICANT SHALL EFFECT PAYMENT TOTALLING USD125 856.00 AFTER INSPECTION OF THE GOODS UNDER L/C. 5092390 BY SGS.

SHOULD THE APPLICANT FAIL TO MAKE PAYMENT WITHIN THE TIME LIMIT, WE UNDERTAKE TO EFFECT SUCH PAYMENT TO THE EXTENT OF THE GUARANTEED AMOUNT FOR THE UNPAID VALUE OF GOODS YOU DELIVERED TO THEM PLUS INTEREST AT 2% P.A. CALCULATED AS FROM 30 JUNE 20×× UP TO 30 AUG. 20×× AFTER OUR RECEIPTS FROM YOUR BANK WITHIN THE VALIDITY OF THIS L/G OF YOUR WRITTEN DEMAND TO BE VERIFIED BY THE APPLICANT.

THIS GUARANTEED AMOUNT OF THIS L/G WILL REDUCE IN PROPORTION TO THE SUM PLUS INTEREST ALREADY PAID BY APPLICANT AND/OR BY US.

THIS GUARANTEE SHALL BECOME VALID FROM THE DATE WHEN THE APPLICANT RECEIVES THE GOODS SPECIFIED IN THE L/C NO.5092390.

THE LETTER OF GUARANTEE IS VALID UPTO 30 AUG. 20×× AND SHOULD BE RETURNED TO US UPON ITS EXPIRY DATE.

Bank of Bahrain and Kuwait B.S.C

koekdjefje

第九节　进口付汇提货与出口收汇退税的模拟操作

一、报关提货

收到国外议付行的授权放单电后，布卡姆先生即于20××年6月17日从开证行领取货运单据，到船公司换取提货单(DELIVERY ORDER)(见示例12.43)，同时向海关报检报关，填制进口货物报关单，办理通关手续。

示例12.43　进口集装箱货物提货单

NO.00030102

港区场站　DAILOOP　　　　　　　　　　　　　　　　船档号　0098765

收货人名称 HASSAN EBRAHIM BUKAMAL & SONS W.L.L		收货人开户银行与账号 Bank of Bahrain and Kuwait B.S.C. 008675438975343		
船名 YUNFENG	航次 9455	起运港 DALIAN	目的港 BAHRAIN	到达日期 20××-06-09
提单号 COSO3456	交付条款 CY-CY	卸货地点 BAHRAIN	进库场日期 20××-06-14	第一程运输
标记与集装箱号	货　名	集装箱数或件数	重量(kgs)	体积(M^3)

船代公司重要提示： 　(1) 本提货单中有关船、货内容按照提单的相关显示填制； 　(2) 请当场核查本提货单内容错误之处，否则本公司不承担由此产生的责任和损失；(Error and Excepted) 　(3) 本提货单仅为向承运人或承运人委托的雇佣人或替承运人保管货物订立合同的人提货的凭证，不得买卖转让 (Non_negotiable) 　(4) 在本提货单下，承运人代理人及雇佣人的任何行为，均应被视为代表承运人的行为，均应享受承运人享有的免责、责任限制和其他任何抗辩理由；(Himalaya Clause) 　(5) 货主不按时换单造成的损失，责任自负。 　(6) 本提货单中的中文仅供参考。 　　　　　外轮代理公司 　　　　　(盖章有效) 　　　年　　　月　　　日	收货人章 1 3	海关章 2 4
注意事项： 　1. 本提货单需盖有船代放货章和海关放行章后方始有效。凡属法定检验、检疫的进口商品，必须向检验检疫机构申报。 　2. 提货人到码头公司办理提货手续时，应出示单位证明或经办人身份证明。提货人若非本提货单记名收货人时，还应当出示提货单记名收货人开具的证明，以表明其为有权提货的人。 　3. 货物超过港存期，码头公司可以按《港口货物疏运管理条例》的有关规定处理。在规定期间无人提取的货物，按《海关法》和国家有关规定处理。	5	6

6月18日布卡姆先生拿到进口关税专用缴款书和代征增值税专用缴款书(一式六联)(见示例12.44和示例12.45)，到银行缴税。

示例12.44 海关进口关税专用缴款书

收入系统：CUSTOMS SYSTEM　　填发日期：June 18, 20××　　号码NO.：(0308)05984373

收款单位	收入机关	CENTRAL GOLDEN STOREROOM			缴款单位(人)	名　称	H.E.BUKAMAL & SONS W.L.L.	
	科目	IMPORT DUTY	预算级次	CENTRE		账　号	9876654876	
	收款国库	B.M.B.				开户银行	BANK OF BAHRAIN AND KUWAIT B.S.C.	
	税号 64034000	货物名称 SAFETY BOOTS	数量 6624		单位 PAIR	完税价格 BHD 50 011.20	税率 5%	税款金额 BHD 2500.56
金额(大写)BHD TWO THOUSAND FIVE HUNDRED AND POINT FIFTY SIX ONLY.						合计 BHD 2500.56		
申请单位编号	98765432009	报关单编号			填制单位		收款国库(银行)	
合同(批文)号		运输工具(号)			制单人3324 复核人 HEYWARD			
缴款期限	JUNE 25, 20××	提/装货单号						
备注								

注：从填发缴款书之日起15日内缴纳(期末遇法定节假日顺延)，逾期按日征收税款总额万分之五的滞纳金。

示例12.45 海关代征增值税专用缴款书

收入系统：Tax affairs system　　填发日期：June 18,2021　　号码NO：(0308)05984373

收款单位	收入机关	CENTRAL GOLDEN STOREROOM			缴款单位(人)	名称	H.E.BUKAMAL & SONS W.L.L.
	科目	IMPORT INCREMENT DUTY	预算级次	CENTRE		账号	9876654876
	收款国库	B.M.B.				开户银行	BANK OF BAHRAIN AND KUWAIT B.S.C.
	税号 64034000	货物名称 SAFETY BOOTS	数量 6624		单位 PAIR	完税价格 BHD 50 011.20	税率 13　税款金额 BHD 6826.53
金额(大写)BHD SIX THOUSAND EIGHT HUNDRED AND TWENTY SIX POINT FIFTY THREE ONLY.						合计 BHD 6826.53	

(续表)

申请单位编号	98765432009	报关单编号	755132690989765653	填制单位	收款国库(银行)
合同(批文)号	XXDO70ASB0701	运输工具(号)	V.9455		
缴款期限	JUNE 25, 20××	提/装货单号	COS03456		
备注				制单人3324 复核人 HEYWARD	

注：从填发缴款书之日起15日内缴纳(期末遇法定节假日顺延)，逾期按日征收税款总额万分之五的滞纳金。

海关查验货物和买方缴纳税费后，由海关在货运单据上签章放行，巴林客户持海关盖章的提货单前往港区仓库提取货物，与此同时向检验机构(SGS检验公司)申请检验货物，经SGS检验公司认真仔细查验，货物品质符合商销与合同要求，SGS检验机构于20××年6月20日出具检验证书(见示例12.46)。

示例12.46　检验证书

SGS　SGS supervise s.a.
June 20, 20××
　　Fax :4+41612714049
　　Certificate No.: 1697/012788
　　Buyer: Hassan Ebrahim Bukamal & Sons W.L.L.
　　Seller: Jiqing Industrial Products Import & Export Corporation
　　L/C No.: 5092390
　　Goods: safety boots
　　Contract No.: XXDO70ASB0701
　　Import permit No.: 908765M
　　Services required: final inspection
　　This is to certify that at the request of applicant and based on their application submitted to us, we have inspected the following goods:
　　1. Inspections results and conclusion: the goods are of good workmanship, quantity and quality is OK.
　　2. Date and place of inspection: June 20, 20×× BAHRAIN.
　　　　　　　　　　　　　　　　　　　　　　　　SGS supervise s.a.
　　　　　　　　　　　　　　　　　　　　　　　　Bahrain office

二、进口付汇

接到检验证书后，布卡姆先生对商检结果表示满意，且市场要货紧急，遂于20××年6月23日向巴林银行付款。巴林银行向中国银行发送贷记报单递出转账通知，支付货款。

三、出口收汇与退税

吉轻公司于20××年6月28日收到从长春中行转来的收汇税单，即出口收汇凭证(见示例12.47),贷款完全收回。于是卖方将发票、增值税专用发票以及其他退税单证一并交税务局退税(现可以通过单一窗口办理)。到此,梁浩然后与卡布姆先生就安全靴而进行的国际货物买卖全部结束。

示例12.47　出口收汇凭证

中国银行
BANK OF CHINA

出口收汇凭证

致：Jiqing Industrial Products Import & Export Corporation

日期：20××.06.28
迳启者：
发票号：SB03038　　　　　　　　　　　金额：USD132 480.00
我行编号：BP84203109　　　　　　　　 信用证号：5092390

上述业务项下实际收汇额USD125 793.60,扣除你司应负担的下列款项后,我行已于即日将人民币848 916.05元贷记贵司 0019010660917900 账户,特此通知。

押汇利率：0.000%　天数：0　　　　　打包利率：6.1%　天数：3个月
押汇金额：USD0.00　　　　　　　　　　打包罚息利率：0.000%　天数：0
押汇利息：RMB0.00　　　　　　　　　　打包金额：76.3万元
打包利息：11 635.75

其他扣款：USD0.00
预先通知费：RMB0.00
通知/保兑费：RMB0.00
修改费：RMB0.00
议付/承兑/付款费：1134.36元
电报费：RMB0.00
邮费：RMB0.00
兑换手续费：USD0.00
汇费：USD0.00
国外银行费：USD62.40

汇率：1∶6.85
核销单号码：225098595

柜员号：EJE7
申报号：2200000101020508N013

中国银行长春分行结算业务处

常用外贸业务网站扫描二维码可见。

二维码——常用外贸业务网站

【本章小结】

进出口模拟实训,依据实际贸易过程展开交易情境和业务工作流程,通过交易前的准备、价格测算和交易磋商、合同履行与开证改证、备货与报检报关、租船订舱与投保、制单理单结汇、进口付汇提货与出口收汇退税的全环节操作,完成了对全书的汇总和融汇贯通的学习目标。

进出口业务具有突出的法律性、规范性和程序模式化等特征,这些特征在本章得到了集中的体现。本章9个步骤的模拟操作,使情境交易与课堂学习和课后作业活动融于教材,实现了理论学习和实训操作的一体化。至此,我们完成了课程的全部教学任务。

参考文献

[1] 祝卫. 出口贸易模拟操作教程[M]. 上海：上海人民出版社，1999.

[2] 黎孝先. 国际贸易实务[M]. 北京：对外经济贸易大学出版社，2000.

[3] 吴百福. 进出口贸易实务教程[M]. 上海：上海人民出版社，2013.

[4] 张晓明，刘文广. 国际贸易实务[M]. 2版. 高等教育出版社，2014.

[5] 刘文广，张晓明. 国际贸易实务[M]. 2版. 北京：高等教育出版社，2019.

[6] 于世明. 国际贸易实务练习题及分析解答[M]. 广州：暨南大学出版社，2004.

[7] 尹哲. 国际贸易单证流转实务[M]. 北京：中国轻工业出版社，1999.

[8] 张红. 国际贸易实务[M]. 北京：中国青年出版社，1996.

[9] 王宗湖. 对外贸易综合技能教程[M]. 北京：对外经济贸易大学出版社，2000

[10] 郭燕，何田田. 出口经营方案范文选[M]. 北京：中国对外经济贸易出版社，1997.

[11] 刘文广，吉庆彬，古东峰. EDI模拟实验研究[M]. 长春：吉林人民出版社，1999.

[12] 张彦欣. 进口实务操作[M]. 北京：中国纺织出版社，2003.

[13] 国际商会中国国家委员会. ICC 跟单信用证统一惯例(UCP600)[M]. 北京：中国民主法制出版社，2006.